JN295430

アジア女性と親密性の労働

落合恵美子・赤枝香奈子 編

目 次

序　章　親密性の労働とアジア女性の構築　　　　　　　［落合恵美子］　1
　1　「親密性の労働」とは何か　3
　　1-1．親密性の労働　3
　　1-2．家事（労働）　4
　　1-3．再生産労働　5
　　1-4．無償労働と「主婦化」　6
　　1-5．ケアと感情労働　7
　　1-6．女性とその活動の構築　9
　2　アジア女性の構築　10
　　2-1．良妻賢母の近代性と伝統化　10
　　2-2．社会主義近代からの移行　14
　　2-3．国境を越える家事労働者・妻・エンターテイナー　19
　3　本書の構成　25

第Ⅰ部
親密性の労働とは何か

第1章　ケアワークの文化，文化をこえるケアワーク　　　［藍　佩嘉］　37
　はじめに　37
　1　文化的枠組みとしてのケアの私事化　38
　2　ケアワークの階層的分業　40
　3　政策のパラメータとケアのレジーム　43
　4　重なり合った意味と文脈化された実践　46
　5　国際移動の文脈におけるケアワーク　49
　結　論　51

i

目 次

第2章　主婦の仕事・母の仕事 ── オランダ社会における家事の文化と
　　　　その変容　　　　　　　　　　　　　　　　　　［中谷　文美］　55
　　はじめに　55
　　1　オランダ社会における家事の位置づけ　58
　　　1-1．内外の区分と女性領域としての家内空間：17世紀　59
　　　1-2．「主婦業」の成立と家事をめぐる知識の体系化：19世紀　63
　　　1-3．専業主婦の普遍化：第二次世界大戦後　65
　　2　主婦の仕事　67
　　3　母の仕事　72
　　おわりに　75

第3章　インド都市中間層における「主婦」と家事　　［押川　文子］　81
　　はじめに：主婦と家事　81
　　1　背景：インドの都市中間層と家事使用人　85
　　　1-1．「ミドル・クラス」から「新中間層」へ　85
　　　1-2．中間層と家事使用人　89
　　2　インタビュー調査：家族史のなかの「主婦」　95
　　　2-1．事例1　Mさん一家（デリー）：拡大家族から複数世帯家族へ　96
　　　2-2．事例2　Nさん一家（ケーララ州T市）：教育する母親の
　　　　　　　　　「柔軟な」就労　99
　　　2-3．ケアにおける親族の役割と家事使用人　103
　　3　事例から考える：主婦の仕事とは何か　105
　　おわりにかえて　108

第II部
〈良妻賢母〉の変奏

第4章　近代初期韓国における「新女性」の困難 ──「女性解放」と
　　　　「賢母良妻」との関係に焦点を当てて　　　　　　［徐　智瑛］　113
　　1　近代国民国家とジェンダーについての問い　113
　　2　1900-1910年代における国家主義的プロジェクトから生まれた，
　　　　女性の解放と「賢母良妻」概念との出会い　115

3　1920年代における「女性解放」と「賢母良妻」思想の対立　117
　4　伝統的でも近代的でもなく
　　　――1930年代韓国における「賢母良妻」の変容　120
　5　「平等」の近代的神話と女性のアイデンティティの分裂　123

第5章　モダニティを売る――1920-30年代上海における「月份牌」と
　　　　雑誌広告に見る主婦の表象　　　　　　　　　［呉　詠梅］　125

はじめに　125
　1　近代都市と消費社会の誕生　128
　2　カレンダー・ポスター，雑誌広告に見る「摩登女性（モダン）」，
　　　「主婦」の表象　134
　　　2-1. 民国期の「摩登女性（モダン）」　134
　　　2-2. 「月份牌」や雑誌広告における主婦　138
　結　論　150

第6章　市場経済の転換期を生きる中国女性の性別規範
　　　　――3都市主婦のインタビューを通して　　　　［鄭　楊］　153

はじめに　153
　1　問題の所在　154
　　　1-1. 中国の主婦とは　154
　　　1-2. 「経済的役割」と「良妻賢母的役割」に揺れる新中国の女性　156
　　　1-3. 軽視・看過されている新中国女性の役割：良妻賢母と
　　　　　 女性内部の多様性　160
　2　調査の概要　162
　3　分析　165
　　　3-1. 経済的条件と学歴（技術）が受動型主婦の選択と
　　　　　 周囲の態度を左右する　165
　　　3-2. 能動型の主婦：良妻賢母的役割への強い責任感と
　　　　　 職業をもつ女性への憧憬　168
　結　論　171

第7章 「公的労働と家事労働をうまくこなすには，三つの頭と
　　　　六本の手が必要である」── ベトナム「現代」女性のジレンマ
　　　　　　　　　　　　　　　［クアット・チュ・ホン，ブイ・チュ・フォン，
　　　　　　　　　　　　　　　　　　　リ・バック・ズン］　175

　はじめに　175
　1　ベトナムの状況から見る家事労働　178
　2　調査データ　180
　3　調査結果　182
　　　3-1．家事労働の社会的構築　182
　　　3-2．農村女性の生活　184
　4　家事労働の貨幣価値　188
　結　論　192

第Ⅲ部
越境する妻と労働者

　第8章　農家の娘から外国人妻へ ── ベトナムの移民送出コミュニティに
　　　　おける結婚・移住・ジェンダー
　　　　　　　　　　　　　　　［ダニエル・ベランジェ，チャン・ジャン・リン，
　　　　　　　　　　　　　　　　　　　リ・バック・ズン，クアット・チュ・ホン］　201

　はじめに　201
　1　移民送出コミュニティにおけるジェンダー・移住・社会変化　205
　2　調　査　209
　3　ジェンダーの再構成　210
　　　3-1．移住した娘　210
　　　3-2．移民世帯の女性　215
　　　3-3．若年単身女性　217
　　　3-4．若年単身男性　221
　　　3-5．息子と娘の再定義　225
　結　論　226

第9章　業者婚をした中国女性の主体性と葛藤　　　〔郝　洪芳〕　231

はじめに　231
1　アジアから来た妻たちは日本でどう描かれてきたか　232
2　調査手法と具体的な事例　234
　　事例1　Hさん　36歳再婚　2006年4月来日（夫　58歳，自営業）　235
　　事例2　Sさん　37歳初婚　2006年9月来日（夫　56歳，会社経営
　　　　　　　　　再婚）　240
　　事例3　Zさん　29歳初婚　2006年7月来日（夫　47歳，
　　　　　　　　　サラリーマン　初婚）　245
3　女性たちの主体性と葛藤　247
おわりに　250

第10章　シンガポールにおける海外出稼ぎ家事労働者の抵抗の諸相
　　　　　　　　　　　　　　　　　　　　　　　　　〔上野加代子〕　253

はじめに　253
1　枠　組　254
2　調査方法　258
3　困難と抵抗　260
4　考　察　274
おわりに　278

第11章　日本における移住セックスワーカー
　　　　――「社会的排除」に遭う変化の体現者　　　〔青山　薫〕　283

はじめに　283
1　外国人女性が性産業で働く環境　284
2　個人的な経験とマクロな社会変化との相互規定性
　　――エイジェンシーを中心に　288
3　近代化，グローバル化と女性　291
4　人身取引と人身取引防止政策　294
5　「不法」滞在者半減計画――外国人「不審者」イメージの創出　296
6　日本における移住セックスワーカーの横顔　298
おわりに――移住セックスワーカーから日本社会へのメッセージ　301

目 次

第12章　韓国の移民政策における多文化家族の役割　［李　惠景］　305
はじめに　305
1　韓国の移民政策の変遷　306
　1-1．初期（1987-1994年）：産業研修生制度という選択　306
　1-2．中期（1995-2003年）：改革の試み　307
　1-3．2004年以降：拡大と包摂の制度化　309
　1-4．韓国移民政策に変化をもたらした要因　310
2　韓国への結婚移民：1990年代以降　312
3　国際結婚家族に関する政策　315
　3-1．背景　315
　3-2．2006年4月26日の「結婚移民者支援対策」　318
　3-3．政府の変化をもたらした要因　319
結　論　323

索　引　327

執筆・翻訳者紹介　330

序章 | 親密性の労働とアジア女性の構築

落合恵美子

　いつの頃からだろう。「日本女性は家庭的」と言われるようになったのは。アメリカの家に住み，フランス料理を食べ，日本の女性を妻にするのが最高の生活，などという冗句が世界に流布している。家庭的な日本女性という言説が日本を訪問した外国人の手記などに登場するのは明治時代のことという（葛目 1991）。外国からの視線ばかりではない。日本人自身もそう思っているふしがあるのは，さりげない日常会話にもあらわれる。しかし，そういう日本女性観が広まった時代には，正確に言えば近代以前から1970年代の初めに至るまで，日本の女性の就労率は多くの欧米諸国より高かった（落合 2004: 26）。歴史を通じてみれば，家事専業になる女性の割合がきわめて低かったことこそが，日本のジェンダーの特徴であったと言える。実態とは無関係に「家庭的な日本女性」というイメージが創られ，世界に流布したのはなぜなのだろう。
　かたや，フィリピン女性を意味する「フィリピーナ」という言葉がある。この言葉には，欧米圏や日本では，水商売など女性としての魅力を売り物にするという連想がつきまとう。あるいは家事労働者（メイド）を意味する場合もある。実際，フィリピン海外雇用庁の2010年の統計によると，国外での就労のために出国するフィリピン人労働者は年間34万人にのぼり，その55％を女性が占め，それらの女性の半数以上は家事労働者やケアワーカーとして働いている。しかしフィリピンはそもそも女性の就労率の高い社会である。高い地位にあったり専門職で働く女性も多い。なぜ特定の職業に就く

フィリピン女性ばかりが強調されるのだろうか。

このように、アジア女性にはある偏りをもったイメージが貼り付けられている。「家庭的」「性的魅力」「家事労働」など、具体像はさまざまだが、それらの間には共通性がある。ひとことで言えば、「女性的」ということだろうか。女性的な役割のさまざまな面を得意とする、いわば「女性の中の女性」として、アジア女性は造形されているのである。

女性的な役割とは、家族などの親密な関係の中で、女性が他者に対して行っているさまざまな活動に関わっている。このような活動を「親密性の労働」と名づけることにすると、アジア女性のイメージは「親密性の労働」に深く結びついたものとして構築されている。イメージはイメージに留まらない。イメージはときには現実を作る。今日の世界のあちこちで（フィリピンばかりでなくさまざまな地域出身の）アジア女性が家事労働やケア労働、そして性労働に従事しているが、それはこうしたイメージの原因でもあるが結果でもあるだろう。

本書では、アジア女性がいかに「親密性の労働」と結びつけられながら構築され、その構築を生きてきたのか（あるいはこなかったのか）を見ていきたい。近年、家事労働やケア労働、あるいは性労働に従事する女性の国際移動に注目が集まり、「親密性の労働」の商品化が論じられている（Boris and Parreñas 2010）。アジア女性はその商品化された「親密性の労働」の担い手として眼差されることが多い。しかし本書では、そればかりでなく、商品化されていない「親密性の労働」に携わる女性たち、すなわち家庭で働く妻や母や娘たちにも同等かそれ以上に光を当てたい。なぜなら、当のアジア女性たちにとってのアイデンティティは、まず自分の社会の自分の家族の中で期待される役割によって構築されており、国境を越えて果たすことになる役割は、なんらかの意味でその延長であったりするからである。つまり本書では、移住労働者を社会問題として眺める外部からの視点ではなく、アジア女性たち自身の視点を強調したい。

アジア女性たちが自分の家族の中で期待される役割の形成には、近代という時代が重要な役割を果たしている。本書では、近代との出会いがアジア女性をいかにして「親密性の労働」と結びつけたのか、歴史をさかのぼって検

討する。そして，構築された女性役割が体制の変化やグローバル化を通してどのように変奏されてきたのか，それぞれの文脈で女性たちはその役割をいかに主観的に意味づけ主体的に選択してきたのか（こなかったのか）を，東アジアから東南アジア，インドまで，アジアのさまざまな場所に舞台を移しながら辿っていく。

1 「親密性の労働」とは何か

1-1．親密性の労働

　本論に入る前に，「親密性の労働」とは何か，概念整理をしておこう。「親密性の労働」とは英語では intimate labor もしくは intimate work ということになろう。日本語圏ではもちろん，英語圏でもまだ新しい概念である。

　「「親密性の労働」再考」をタイトルに掲げたコンファレンスでは，「親密性の労働とは，家族，人間関係，階級的地位，家族生活，そしてケアが必要な人の品位と尊厳を作り上げ維持する労働の，身体的で情緒的でジェンダー化され，しばしば不可視にされるという面を強調する」ものであるとする（Friedman and Mahdavi 2011）。

　Intimate Labors というタイトルを掲げたボリスとパレーニャスの編書では，親密性の労働 (intimate labor) とは，「社会的再生産のためのサービスにおける身体的で感情的な相互作用に関係する仕事」と簡潔に定義している。具体的に言えば「家庭の中や外において個人の親密的必要 / 要求の世話をすること (tending to the intimate needs of individuals inside and outside their home)」である (Boris and Parreñas 2010: 5)。親密的必要 / 要求とは「性的満足だけでなく，身体を良い状態で維持すること，ひとを愛すること，社会的情緒的紐帯を構築し維持すること，健康と衛生状態を維持すること」(Boris and Parreñas 2010: 5) などを含む。親密性の労働は，相手への接触，身体的情緒的接近，個人情報の熟知などを伴う。それは家庭でも病院でもホテルでも街路でも ── 私的な場所ばかりでなく公共的な場所でも行われる。また，専門的な看護から日

3

常的な家事までを含む一連のサービスに対応しており，性労働，家事労働，ケア労働などを含む (Boris and Parreñas 2010: 2)。

このように「親密性の労働」というカテゴリーにはさまざまな仕事が関係しているが，それらの間には共通性がある。相互依存的関係を作ること，女性が支払なしに果たすべきとされてきた仕事であること，それゆえ非市場的活動と考えられがちであり，市場化されても低い経済価値しか持たない活動とみなされて下層階級や民族的なよそ者がすべき仕事とされることなどである (Boris and Parreñas 2010: 2)。

「親密性 (intimacy)」という言葉は，英国の日常的用法では，性的な意味合いが強い。しかし日本でこの言葉が用いられるようになった時には，興味深いことに早い段階から「ケア」に重きが置かれた (斎藤 2003: まえがきなど)。夫婦や男女関係という横の関係か，親子関係のような縦の関係か，どちらを重視する社会かという違いを反映しているのだろうか。しかし今日では欧米圏でも，ボリスとパレーニャスの定義のように，性関係からケアまで含む広い概念としての「親密性」という言葉の用法が広がってきた。

以上からわかるように，「親密性の労働」は，これまで「家事（労働）」「再生産労働」「シャドウワーク」「無償労働」「ケア」「感情労働」などと呼ばれてきたものと関係している。ではこれらと「親密性の労働」とはどのように重なり，どのように異なるのだろうか。簡単に研究史を振り返りながら考えてみよう。

1-2. 家事（労働）

一連の研究史の出発点には「労働」という概念がある。マルクス経済学では，「労働」とは交換価値を生む人間活動とされる。したがって商品を生産しない「家事 (housework, domestic work)」は「労働」ではない，とするのが通常の理解であった。しかし 1960 年代以降，ジェンダーの視点から，「家事は労働ではないのか」とあらためて問う議論が登場してきた。1960 代の日本の第二次主婦論争 (上野 1982)，1970 年代初頭のイタリアフェミニズムの「家事労働に賃金を！」という主張 (Dalla Costa 1986)，イギリスやアメリ

カで行われた家事労働論争（Himmelweit and Mohun 1977 他）などである。

これらの論争は，結局のところ，資本主義経済のもとでの商品生産をモデルとした「労働」という概念により「家事」を説明しようとする限界を明らかにして終息したが，「この論争によって，家庭に基礎をおく女性の労働が，一つの経済システムとしての資本主義の再生産に不可欠の構成要素であることが目に見えるようになり，家事労働の排除が経済における女性の周辺化の重要な側面だと認定」された意義は大きい（Gardiner 2000: 84，竹中 2002: 124）。さらにこのような枠組みを資本主義システムのみならず人類史全体に拡張し，「家内的生産様式 (domestic mode of production)」は，あらゆる社会の再生産に不可欠な役割を果たしてきたとする経済人類学の主張も現れた（Meillassoux 1975）。

では，「親密性の労働」は「家事」だろうか。「家 (house, domus)」という表現が含まれるように，家の中で行われる仕事が「家事」であろう。「親密性の労働」はしばしば家の中で行われるが，家の外でなされることもある。「親密性の労働」を「家事」と等値することはできない。

1-3. 再生産労働

それでは家事が社会の再生産のために果たしている不可欠の役割とは何だろうか。労働力再生産，より広くとれば人間の再生産という役割である。

マルクス主義の文脈では，「再生産 (reproduction)」という概念は，(1) 社会的再生産と，その一部である (2) 人間ないしは労働力の再生産という，二重の意味で使われる。社会的再生産とは，社会構造の再生産ということだが，「それ自体さらに二通りにわかれる。一方では，生活資料の生産，すなわち衣食住の諸対象とそれに必要な道具の生産，他方では人間そのものの生産，すなわち種の繁殖である。」(Engels 1884)。この「人間そのものの生産」を行う労働が「再生産労働」と呼ばれる[1]。

---

1) もっともマルクスは元来，社会の全体的再生産を人間の生産としてとらえていたという（大熊 1974）。マルクスは『経済学・哲学草稿』において「社会主義的な人間にとっては，いっさいの世界史が，人間の労働による人間の生産にほかならない」と書いている（Marx 1844）。

ここに見るように，「生活資料の生産」と「人間の生産」はいずれも「生産」であり，それは同時に他方の「消費」でもあるので (Bertaux 2011)，物については「生産」，人間や生命については「再生産」という表現を用いる必然性はない。しかしヨーロッパ言語では「再生産」を意味する reproduction が「生殖」という意味ももつことから，「人間の生産」をしばしば「再生産」と呼ぶこととなった。

　では，「親密性の労働」は「再生産労働」だろうか。「再生産」とは「労働力の再生産」であるとすれば，現在の労働者の日常の世話は現在の労働力の再生産，出産や育児は未来の労働力の再生産ということになる。しかしもはや労働力とならない高齢者のケアを「再生産」と呼ぶのは難しいかもしれない。また「種の繁殖」という面を強調するなら，出産につながらない性や売春ははずれてしまう。そもそも「生産」という言葉のニュアンスが，産業主義や物の生産への従属を連想させ，人間の生を手段に切り縮めるような印象は否めない。

1-4. 無償労働と「主婦化」

　家事や再生産労働はしばしば報酬を欠く「無償労働 (unpaid work)」として行われる。イヴァン・イリイチはそれを「見えない労働」という意味で「シャドウ・ワーク」と呼んだ (Illich 1981)[2]。

　生命の再生産に関わるような仕事——出産，育児，家事——を「労働」という概念から排除し，それらを不可視にするために発明されたのが，「主婦」という概念であったとマリア・ミースは言う。「主婦」は賃労働者である夫に養われる女性とされ，彼女自身は日々再生産労働を行っているにもか

---

2) 無償労働の「測定と評価」は北京世界女性会議 (1995 年) の行動綱領にも盛り込まれ，評価方法の開発や関連する統計の整備についての政策合意もなされた (竹中 2002: 128)。日本の場合，2006 年の無償労働の評価額は，機会費用法，代替費用法スペシャリストアプローチ，代替費用法ジェネラリストアプローチを適用した場合，それぞれ対 GDP で 26％，21％，18％ を占めると発表されている (経済社会総合研究所 2009)。育児や介護労働に対する現金給付や，育児・介護期間中の年金保険料免除など，社会保障制度にこうした労働の評価を取り入れている国もある (落合 2011: 4-5)。

かわらず，働いていないとみなされる。「資本主義的分業のもとで，このような我々が見慣れた（性分業型の—引用者注）カップルを創り出すこと」をミースは「主婦化（housewifization）」と名づける。「主婦化とは，そうでなければ資本家が負担しなければならないコストを外部化する手段なのである。女性の労働は空気や水のようにただで利用できる自然資源とみなされる。」(Mies 1986: 110)

　資本主義は閉じたシステムではない，資本主義は労働力と資源と市場の拡張のために常に非資本主義的な階層と環境を必要としてきたとするローザ・ルクセンブルクに，ミースの共著者ヴェールホフは強い影響を受けたという（Werlhof 1990 = 2001: 34）。その延長線上で，農民や植民地の自給自足的な経済活動と近代社会において主婦の行う家事を同列に捉え，先進国と第3世界のフェミニズムが連帯する必要を説いた（Mies et al. 1988）。

　では，「親密性の労働」は「無償労働」だろうか。家事労働者や医療従事者，ケアワーカー，セックスワーカーなどが存在するように，「親密性の労働」はしばしば有償で行われる。とはいえ，これらの仕事は，有償労働としてなされる場合も，同程度のスキルを必要とする他の仕事に比べておおむね低賃金である。「親密性の労働」は「無償労働」か，それと隣り合わせの低賃金労働とされる傾向がある。

1-5．ケアと感情労働

　ここまでの研究史はマルクス主義の「労働」概念に導かれ，少しずつずれた意味をもつさまざまな名前をつけられた一群の活動を「労働」のアナロジーで，あるいは「労働」と対比して論じようとするものだった。しかし1990年代には，これらの活動の中身に目を向け，これらを「労働」や「仕事（work）」として見ると，その根本的な性質を見逃すことになるのではないかという疑問が提出されるようになった（Himmelweit 2000: xvii）。そこで起きたのが，「労働」から「ケア」へという視点の転換である。家庭での活動はさまざまあるが，その中核にあるのはケアであるという見方が次第に強調されるようになった。その背景には，家電の普及や家事の市場化により肉体労働と

しての家事が軽減され，その分，家族内の人間関係の維持やそれに関わる家庭内活動の重要性が高まったという現実の変化がある (Gardiner 2000: 98, 本書第 2 章)。世界で実施されている生活時間調査では，家事時間全般は減少傾向にあるものの，育児に費やす時間は軒並み増加している (Budlender 2010)。

人間関係の維持は，「感情労働」という側面をもつ。「感情労働」は，有償労働について論じられることが多いが (Hochschild 1983)，それは逆説だからであって，家庭内の無償労働として行われるケアこそが「感情労働」の原型であろう。しかしそれは「愛」という美名に隠されて，未だなかば不可視なのだが。

「ケア」は別の角度からも脚光を浴びるようになった。ジョン・ロールズの「正義の倫理」に対して，キャロル・ギリガンは「ケアの倫理」を対置した (Gilligan 1982)。自立ではなく依存を人間関係の基本に置き，権利ではなく責任（応答），公平性ではなく特別な関係を重んじる倫理学が今日ではすっかり市民権を得た (Goodin 1985 等)。

では，「親密性の労働」は「ケア」なのだろうか。情緒的な紐帯，特定の関係との結び付きなど，活動の性質という面では両者には共通性がある。しかし，依存せざるをえない存在へのケアが強調される今日の傾向は，関連する多くの活動を射程の外にしてしまう心配がある。そもそもケアしケアされる関係のひとつの典型は，依存する必要のない人間が社会・文化的期待や政治・経済的権力の力により他者にケアすることを命じる，不平等で家父長的な関係であることを忘れてはならない (Gardiner 2000: 96)。そもそも先進国以外では，ケアを支える肉体労働としての家事が，今もかなりの仕事量になる社会が多い（たとえば本書第 7 章）。「ケア」よりも広い範囲の活動をくくる概念が必要であろう。

また，「ケア」という言葉がもつようになった強い道徳性にも注意が必要である。ケアの担い手は，有償であれ無償であれ，肉体的ばかりでなく感情労働にも疲れきっている。ケアの道徳化は，ケアの担い手にさらなる圧迫を与えないだろうか。本書第 1 章のラン・ペイチャも引用しているように，「イデオロギーとしてのケアは天に昇った。しかし実践としてのケアは地獄に堕ちた」(Hochschild 2003: 2) と言われる。「ケア」という概念につきまとう

過度の道徳性は払拭したほうがよかろう。

1-6. 女性とその活動の構築

このように見てくると，「親密性の労働」は，これまで論じられてきた「家事（労働）」「再生産労働」「無償労働」「ケア」などとそれぞれ重なる面はあるが同じではない。先行する概念どうしも重なりつつ微妙にずれている。これらの研究蓄積はほとんど女性の研究者により積み上げられてきたものである。多くの社会で女性が担っている活動をいかに理論化するかをめぐって，努力が続けられてきたのである。社会で不可視にされている活動を可視化し，そこにあるロジックを言語化するという営みは，容易なものではなかった。

「親密性の労働」は，家庭の中でも外でも，有償でも無償でも行われ，再生産やケアより広い範囲の活動を含むことができる概念である。すなわち肉体労働としての家事労働からケアや売春まですべてを括ることができる。「再生産」「無償労働」「ケア」といった概念のように強い理論的・道徳的含意をもたず，現象的に「親密性」に関わる活動を緩やかに指し示すことができる。アジア女性の担ってきた役割を歴史的にしかも東アジアから東南アジア，インドまでを視野に入れて検討する本書では，このもっとも広く緩やかな「親密性の労働」と女性との関係を見ていくことにしよう。

ところで，ここまで検討してきた概念どうしの関係について，クリスティーヌ・デルフィーが重要な指摘をしている。「家事労働の市場からの排除は，それが無償労働であることの原因であって，結果ではない」(Delphy 1984: 16)。すなわちこれらの活動を性質により定義することは原理的にできず，市場化される労働との関係によって定義するしかないという指摘である。「再生産労働」「ケア」そして「親密性の労働」は性質から定義しようとしたものだが，厳密に言えばそのような概念の立て方はできないということだ。たとえば衣類が手作りするものから購入するものになったとき，衣服の縫製は有償労働となり，多くの人にとっては「家事」でなくなった。家事としての裁縫は「再生産労働」に含められるだろうが，工場での縫製作業はそ

うは言いにくかろう。区別は相対的な線引きでしかなく，境界は時代と共に変化する。

本書では，アジア女性がいかに「親密性の労働」と結びつけられながら構築されてきたかを見ていくが，「親密性の労働」もまたその社会で女性が担っている仕事から逆に構築されてきたという自己言及的な関係がある。すなわち，女性の活動を内容から厳密に定義することは原理的にできない。概念的洗練の追究はこのあたりにして，それぞれの歴史的時代にアジア各地の女性たちはどのような活動と関係づけて定義され，自らを定義してきたのか，また女性の活動はどのようなものとして構築されてきたのかを，具体的に見ていくことにしよう。

2 アジア女性の構築

2-1. 良妻賢母の近代性と伝統化

女性役割はしばしば「親密性の労働」と関係づけられながら構築される。それはヨーロッパや北米においても同じだろうが，アジアにおいては何か特徴があるのだろうか。

近代アジアの女性像というと，ひとつの典型として思い浮かぶのが「良妻賢母」である。「良妻賢母」は日本でよく使われる表現だが，中国語では「賢妻良母」，韓国語では「賢母良妻」という言い方がある。アジア的な女性像とは何かを探るヒントがここにあるのではないだろうか。

一般には「良妻賢母」は古風な女性像のように思われている。「新しい女」や「新女性」が欧米の「ニューウーマン」の翻訳であり，その別名である「モダンガール」（日本では「モガ」と呼ばれた）は国境を越えて伝播する近代的女性像と捉えられているのに対し（The Modern Girl Around the World Research Group 2008, Sato 2003），「良妻賢母」は地域限定的であり，儒教的な女性観を色濃く反映したものとして論じられてきた。

たとえば日本の良妻賢母主義についての先駆的研究者と言われる深谷昌志

は書いている。「端的にいって，筆者は良妻賢母を日本特有の近代化の過程が生みだした歴史的複合体とみなしている。すなわち，ナショナリズムの台頭を背景に，儒教的なものを土台としながら，民衆の女性像からの規制を受けつつ，西欧の女性像を屈折して吸収した複合思想である。換言すれば，良妻賢母は，「国体観念」に代表される体制イデオロギーの女子教育版……である。」(深谷 1965 → 1990: 11) 深谷は，良妻賢母を「東アジア的」というより限定して，近代日本特有の思想とみなしているが，その基盤に儒教的な規範があると考えている。

韓国や中国においても，「賢母良妻」や「賢妻良母」は儒教や伝統に由来する女性像とみなされてきた。韓国については「儒教精神に立脚した教育的人間像は，「女有四行」の行動規範を守り，貞淑，順従，勤倹節約，心の厳格さ，深い慈愛，和睦，温雅を兼ね備えた，良き妻，良き母としての家庭主婦となる賢母良妻を理想とするものであった。」(金 1973: 219，陳 2006: 37)，中国については「「賢妻良母」とは，基本的に中国の封建時代，あるいは半封建半植民地時代に造られた女性規範である。」(呂 1995: 79，陳 2006: 48) というように (陳 2006: 第 1 章)。四行とは，婦徳 (女として守らねばならない諸徳)，婦言 (女としての言葉使い)，婦容 (女らしい身だしなみや立居振舞い)，婦功 (女としての手わざ) である (小山 1991: 15)。

ところが，1980 年代にこのような見方を一変させる研究が登場してきた。その嚆矢は，小山静子の「近代的女性観としての良妻賢母思想」(1982) であろう。小山の一連の仕事は後に『良妻賢母という規範』(1991) にまとめられたが，その中で小山はまず江戸時代の女訓書を検討し，母としての心得についてふれたものがほとんどないことを指摘する (同書: 17)。むしろ女はいかに愚かであるかが強調され，「愛に溺れて習はせ悪し」と，母の子への愛は教育を阻害するものととらえられている (同書: 20)[3]。これに対して明治に入ってから 15 年ほどの間に出版された女子用往来物には，母としての徳目が登場する，母役割を国家的な観点からとらえ直している，といった新しい特徴が見られる (同書: 25-35)。

---

3) 江戸時代にはむしろ育児や子供の教育に父親が関わっていたことは，真下 (1990) などにより知られる。父親の育児役割は大正期に後退していく (沢山 1990)。

この歴史的転回は欧米の女子教育観の影響によってもたらされた。中村正直はイギリス留学中に彼の地の母親が子供の教育に高度な役割を果たしているのに驚き（陳 2006: 65）[4]，「絶好ノ母ヲ得レバ絶好ノ子ヲ得ベク，後来我輩ノ雲仍ニ至ラバ日本ハ結好ノ国トナルベク……」という「善良ナル母ヲ造ル説」を著した（中村 1875，小山 1991: 38）。母役割の強調は，次代を担う国民の養成，とくに「質のよい」国民養成を求める近代国民国家にとって，洋の東西を問わず，国家の盛衰にかかわる要因ととらえられたのである（小山 1991: 37-38）。中村は東京女子高等師範学校で週1回担当した講話ではスマイルズの自助論を用いたという（山川 1956 → 1972: 31-32，陳 2006: 72）。すなわち，良妻賢母思想は，女性を愚かな者と見る儒教的男尊女卑思想への訣別と，男女は（本分を異にするものの）相補的で同等な価値をもつものと見る人間観を特徴としていた（小山 1991: 55）。

　1990年代になると，日本の研究に触発されて，中国や韓国でも良妻賢母思想の近代性に目を向ける研究が育ってくる（陳 2006: 5）。日本の中村正直に当たる役割を果たしたのは，中国では梁啓超であったと言われるが，彼もまた西洋の母の教育役割に触れ，女子教育の振興を主張している（梁 1897，陳 2006: 80）。梁は戊戌の政変（1898）が失敗したのち日本に亡命し「東文（日本語 ── 引用者注）がすこし読めるようになったことで，思想が一変した」（石川 1999: 113　陳 2006: 82）と書いているように，日本を経由して西洋近代を学んだ。これに対して韓国では，1910年の日韓併合後，日本の植民地統治の一環として，より直接的に良妻賢母教育が行われた（洪 2006: 36-7）。すなわち「良妻賢母」とは，日本を経由して東アジアに広がっていった西洋起源の近代的女性像であった。

　しかし，良妻賢母の性格をめぐる議論は，これだけでは終わらない。第一に，思想と現実のずれという問題がある。女子教育振興の文脈で語られた良妻賢母思想の持つ革新性は，現実の教育において容易に実現されるものではなかった。日本の場合，当時はまだ女子教育不要論が根強く，父母たちの期待はおもに家事能力や婦徳の養成，つまりは伝統的な女訓にあった（小山

---

[4]　ヨーロッパにおいても母親役割が近代になって強調されたことは Badinter（1980）を参照。

1991: 59)。そもそも当時の女子教育に携わった人々は士族の出身が多く，幼少時代から儒教的教養を自然に身に着けていた。西洋近代的な良妻賢母思想が否定したはずの伝統的女性観が入り込み，折衷が生まれる下地がそこにはあった。

　第二に，良妻賢母のもつ意味は時代と共に変容していった。小山静子は，日本では日清戦争 (1894-95) 後の女子教育論のなかで登場し世紀転換期に確立した良妻賢母思想は，大正期 (1912-26) に入ると第一次大戦 (1914-18) の影響を受けて再編されたと整理する。最初に確立された良妻賢母像は，「男は仕事，女は家庭」という近代的な性別分業に対応し，女性が責任をおう家事・育児・内助などの家庭内活動は国家にとっても意義あるものと価値づけるものであった。第一次大戦期の再編は，国体観念の涵養の強調，儒教的女性観の強化など，良妻賢母思想の保守化と総括されることが多いが (深谷 197: 297)，『青鞜』などの女性運動，「職業婦人」の増加などを背景に，女性の職業従事など社会や国家に直接に貢献する新しい女性像を積極的に打ち出す面ももっていた (小山 1991: 233-36)。

　中国でも，清末から民国初期の「賢妻良母」は外来の理想的な女性像という意味を持っていたが (陳 2006: 第 5 章)，五四運動 (1919) を契機にイプセンのノラのような「独立した個人」としての新しい女性像が脚光を浴びたのに伴い，賢妻良母は一転して古い否定すべき女性像とみなされるようになった (陳 2006: 第 6 章)。1920 年代後半には「むやみな欧化風潮」への批判が強まり，賢妻良母が復権するが，その内実は変容して家庭役割に重点が置かれ，しかも中国の儒教的伝統に連なるものと認識されるようになった (陳 2006: 第 7 章)。

　このように日本と中国のいずれにおいても，第一次大戦を契機に「良妻賢母の伝統化」と言えるような現象が起きた。同時期に女性の職業進出がさかんになり，妻や母に限定されない「新女性」という新たな女性像が登場したことが，どうやらひとつの伏線になっている。

　ここで作用しているのが，第三点目として挙げたい「アジア」という論点である。下田歌子は欧州視察より帰国した 19 世紀末より「東洋温順の婦徳」「東洋女徳の美」といった表現を口癖のように用い，日本のみでなく「東洋」

13

全体と連帯して西洋文明に対抗するため，自ら設立した実践女学校に中国留学生部を設け (1905)，また中国本土での女子教育にも意欲を燃やした（陳 2006: 第3章）。同じ頃，安井てつはシャム（タイ）に招聘されシャム皇后女学校にて貴族の令嬢の教育に従事したが (1904-7 年)，これもチュラロンコーン大王が「東洋女性の教育は東洋女性による方がよい」との考えから，皇太子が欧州留学の帰途日本の女子教育施設を巡視したのを縁に要請したものであった（青山 1949 → 1990: 104）。西洋列強の優位と脅威が，西洋起源の良妻賢母の導入につながったが，同時に西洋への対抗心が，東洋的な女性像の創出を必要とした。「自己オリエンタリズム」とでも呼ぶべきメカニズムである[5]。男性と対等な個人としての「新女性」の出現により，そちらを西洋的女性像と呼び換えて，良妻賢母を東洋の伝統に引き寄せたのは，儒教的伝統の共通性というより，そのような観念的なアイデンティティの政治だったのではなかろうか。近代的な性別分業にもとづく主婦役割が，ことさらにアジア女性と結び付けられるようになった背景には，このような屈折した思想史があったと思われる。

2-2. 社会主義近代からの移行

　西洋起源の「男は仕事，女は家庭」という近代的な性別分業観が導入されることにより，アジア女性が「親密性の労働」を通して国民として構築されたことを見てきたが，「近代」はその一種類だけではない。近代の多様な道筋が「複数の近代 (multiple modernity)」として論じられるようになったが，ジェンダーに関して今日まで顕著な経路依存的な効果を保っている「もうひとつの近代」が「社会主義近代」である。

　社会主義は当初から女性解放をアジェンダに含んでいた。前述のエンゲルスの引用にもあるように，「再生産労働」が社会の再生産にとって不可欠であることを理解していた社会主義は，それを家庭内から引き出して社会化し，社会的労働とすることで女性の解放を実現しようとした。これも前述の

---

[5]　酒井直樹は「逆オリエンタリズム」という表現を用いている（酒井 1996）。

ように，20世紀初めにはヨーロッパでも東アジアでも女性の職業進出が進み，女性解放運動が勢いを得て，「新女性」という新しい女性像が登場した。その動きを背景に，「主婦化」により近代的性別分業を定着させた西欧の資本主義国と対照的な道を提案したのが社会主義であった。最初の社会主義国であるソビエト連邦が成立したのは1922年，アジアでは1945年にベトナム民主共和国，1948年に朝鮮民主主義人民共和国，1949年に中華人民共和国が成立した。社会主義国では家事の共同化が試みられ，共同の食堂や保育施設が作られた。家族の廃絶というほどの極端な試みはいずれの国でも長くは続かなかったが，集団保育と高い女子労働力率は冷戦構造崩壊まで維持された。

現在，旧社会主義圏は「ポスト社会主義社会 (post-socialist societies)」あるいは「移行期社会 (transitional societies)」と呼ばれ，さまざまな面で大きな変化を経験している。ジェンダーに関しては「再伝統化 (retraditionalization)」と「再家族化 (refamilialization)」が指摘されている (Saxonberg and Sirovatka 2006)。自由主義経済への移行に伴い公的保育施設等が閉鎖され，女性の「伝統的」家庭役割が強調されて，女性の労働力率が低下しているのである。人々が頼ることのできる社会制度は家族しかなくなり，家族主義が強まって，フェミニズムは後景に退いたという (Dupcsik and Tóth 2008)。しかし公的支援を失った人々の生活は困難であり，超低出生率にその矛盾は表れている。

今日のアジアの状況はこれと似た面もあるが，違いも大きい。なによりも社会主義体制を維持している国が数か国あり，今やアジアは世界でもっとも社会主義国の残る地域となった。とはいえ，これらの国々も北朝鮮以外は社会主義市場経済を標榜して経済的移行を実現している。ジェンダーに関しては，女子労働力率は依然として高く，イデオロギー的変化もヨーロッパほどあからさまではないものの，社会主義の盛期に構築された女性像は揺らぎを見せている。

「女性は天の半分を支える」[6]と言われた中国におけるジェンダーの変化は，開放経済と現代化の進んだ1980年代に婦女回家論争として始まった。

---

6) 『婦女能頂半辺天』（女性は天の半分を支えることができる）という毛沢東の言葉。

企業が抱える余剰人員問題を解決するため，経済学者などが女性を家庭に戻そうと主張したのである（落合 1989）。「婦女回家」とは 1930 年代の経済危機の中で起きた議論の再燃である（陳 2006: 248-9）。1980 年代には全国婦女聯合会が反対し，なにより 89 年の天安門事件により立ち消えになったが，経済成長の進んだ 2000 年代半ばから次第に現実味を帯びてきた。私自身の調査によると，2002 年時点では失業した中年女性が現実を追認するというかたちでの主婦化が見られた。2004 年には経済的に余裕ができたら子供の教育に専念したいという女性たちの声は聴かれたが，実際にそうした事例はほとんど無かった（落合 2005）。しかし 2007 年には「好太太倶楽部」（よい奥さんクラブ）に集う十数人の専業主婦女性や，少数ながら超富裕層の専業主婦に出会った[7]。人口全体に比べればまだまったくの少数派ではあるが，資本主義社会では 20 世紀初めに規範的女性像となった「主婦」（中国語では全職太太や家庭主婦）が現在出現しつつあるようだ。2000 年代には職場併設の保育施設が急速に減少し，ゼロ歳児保育の受入れが困難になったので，仕事と家庭の両立が難しくなっているという事情もある（Zhang and Maclean 2011）。

　東アジア社会調査の家族比較調査の結果を見ると，共働きの割合は中国では 20-40 代では 8 割に近く，男性が家事をする頻度も東アジア 4 社会（他に韓国，台湾，日本）でもっとも高いにも拘らず，「夫は外で働き，妻は家庭を守るべきだ」「妻にとっては，自分自身の仕事よりも，夫の仕事の手助けをする方が大切である」という意見に賛成する割合は 20-40 代では中国が最も高い。賛成する割合は他の東アジア諸社会では若年層ほど低下するが，中国では年齢層によってほとんど変わらないため，50 代以上と 40 代未満で逆転現象が起きているのである（図 0-1 および図 0-2 参照，岩井・保田 2009: 21, 22, 25, 63）。

　現在の変化は，歴史についての言説の変化も伴う。「天の半分」の礼賛から一転，社会主義盛期の「女性解放」は女性に二重負担を強いて苦しめたという言説もよく聞かれるようになった。つまり女性に主婦となる選択肢が与えられるほうが望ましいという考えである。しかし他方では，社会主義に

---

7)　本書第 6 章参照。

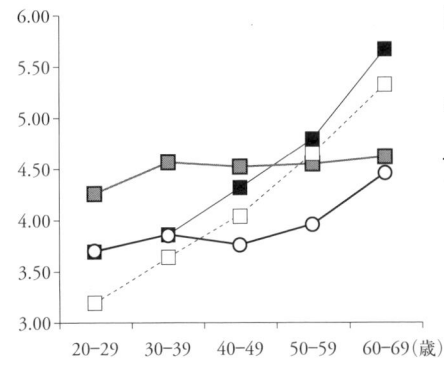

図 0-1 「夫は外で働き，妻は家庭を守るべきだ」に賛成する程度（年齢別平均値）
出典：岩井・保田（2009: 22）
―○― 日本 ‥□‥ 韓国 ―■― 中国 ―■― 台湾

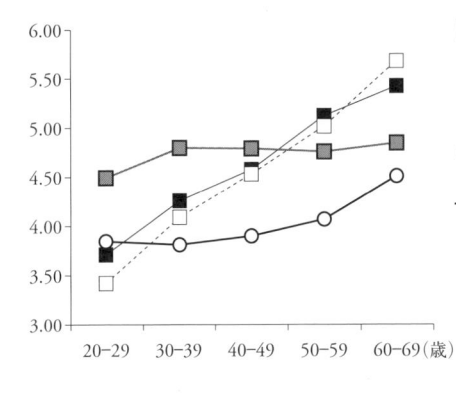

図 0-2 「妻にとっては，自分自身の仕事よりも，夫の仕事の手助けをする方が大切である」に賛成する程度（年齢別平均値）
出典：岩井・保田（2009: 21）
―○― 日本 ‥□‥ 韓国 ―■― 中国 ―■― 台湾
＊得点は賛成する程度を数値化したもの

なって初めて夫の束縛を離れて家の外で働くようになった解放感を語る高齢女性もいる[8]。また社会主義時代にも男女の権力格差は残ったので，平等はまだ実現されていないという見方もある（Stacy 1990）。過去は現在の鏡のように語り直されるものだが，現在，社会主義時代について，まさにそうした「記憶の政治」が行われているのである（Rofel 1999 参照）。

　印象的なのは，「中国女性は本当に解放されているか？」と問う議論が，しばしば「性差」を前提にしており，「女性の特性」「女性の天職」といった表現も用いられることだ。「男ができることは女もできる」というスローガンのもと女性も重労働に参加した社会主義体制への反発が背景にあろう。そ

---

[8]　筆者自身が 2004 年に実施した撫順調査でのインタビュー事例。

れと共に,「性差」とは何かと根源的に問う間もなく女性解放が制度化されてしまったため[9],儒教的性別観と近代的性別分業規範が混然一体となって維持され,今また表面に出てきたとも考えられる。

ベトナムの状況は中国とも異なる。ベトナムで女性を語るときに決まり文句のように使われるのが「犠牲」という言葉である。ベトナム戦争では子どもを戦士として国家に捧げた「英雄的母親」が称揚されたが,そうした女性観のルーツは1930年代のインドシナ共産党に遡るという。インドシナ共産党は女性の法的地位の向上など女性解放を重要課題としていながら,また儒教の三従などは否定しながら,忍耐,貞節,思いやり,自己犠牲などの「女性の生来の徳」に関する比較的穏健な家父長的規範は,国家の大義のために保持しようとした (Pettus 2003: 8-9)。北部は儒教の伝統がとりわけ強い地域であった。また,当時はフランス支配下にあったので,西洋に対抗する精神性と伝統文化をしばしば女性を象徴させようとする「植民地近代」の文化力学が働いたことも考えられる。社会主義国家の成立後も,一夫多妻や幼児婚の禁止,女性の教育や労働参加の促進などの一方で,儒教的な家庭的女性役割である「従順な娘」「献身的な妻」「犠牲的な母」などが社会主義的国家道徳の礎石とされた (Pettus 2003: 10)[10]。

1986年にドイモイ政策が選択され社会主義市場経済に転換した後は,私有化が進み,家族が経済単位として重要になり,家庭経済への貢献が女性の重要な役割となった。国営企業の人員削減の対象にされた女性たちは商売などを始めた。教育や医療への国家補助が削減されたため,その欠落を埋めるのも女性たちの役割となった。勃興しつつある中産階級家族は,栄養,衛生,経済規律,産児制限,良き育児など,近代的な核家族の合理的で科学的な基準を満たすべく求められているが,これは1920年代にベトナムの改革者たちが提唱したものであった (Pettus 2003: 12-13)。「良妻賢母」という表現は見られないが,当時の日本や中国で推奨された近代的主婦役割の内容に非

---

[9] 欧米圏および日本では1960-70年代に起こった「第2波フェミニズム」で性差の根源の問い直しが行われたが,中国はそれを経験していない。

[10] 社会主義と儒教道徳との結合は北朝鮮でも見られ,良い嫁であることが国家への貢献であるとみなされているという(瀬地山 1996)。

常に近い。これにさらに社会主義時代以来の英雄的な無私の女性像が重ねられ，さらに国民的伝統の守り手としての役割，および経済発展の重要な担い手としての役割も負わされているのが，現在のベトナム女性である（Pettus 2003: 5)。

　アジアの（ポスト）「社会主義近代」は，ヨーロッパの場合のような断絶ではなく，連続的な移行を進めている。だから男女平等という建前を下したわけではないが，儒教的な女性観にせよ，近代的性別分業観にせよ，性差を強調するような傾向が生まれている。アジアの「社会主義近代」は男女平等という価値観を次の世代になんらかのかたちで相続していくのか，それとも近代的性別分業の開始を半世紀遅らせただけだったのか，今まさに歴史が創られている。

2-3. 国境を越える家事労働者・妻・エンターテイナー

　近代は「主婦」のみでなく「家事使用人」という女性役割を生み出した。「マダムとメイド」としばしばセットで語られるように，近代ヨーロッパに誕生した中産階級の主婦は家事使用人を使って家事をこなしていた。近代家族発祥の地と言われる17世紀オランダのフェルメールの絵画でも，女主人と共に家事使用人の姿が描かれている。コックや子守など役割が分化した者たちを数人雇うこともあったが，少なくとも一人は雇用していないと中産階級としての生活水準を保てなかったという。なぜならそれ以前の時代に比べて家事の水準が上がり，シャツやシーツにはアイロンをかけてあらねばならず，室内には塵ひとつ無く掃除されておらねばならず，レストランの料理をモデルにした「家庭料理」も出来上がったからである。今日まで連続する「家事」の標準的内容は19世紀に成立したとされる。

　しかし20世紀初頭になると，労働者階級の生活水準も上昇し，家事使用人のなり手がいなくなる。労働者階級の女性たちも次第に主婦となり，主婦みずからが家事をする時代が到来した。20世紀の主婦は，その意味では19世紀の「マダム」ではなく「メイド」の仕事を引き継いだと言えよう。水準の上がった家事を一人でこなすため，掃除機，ミシン，洗濯機など，家事の

電化が進んだ。ヨーロッパではそののち半世紀以上の間，いわゆる「男性稼ぎ主─女性主婦」型の近代家族が社会の主流となった。

　家事使用人が再び目立つ存在となったのは，1980年代以降のことである。サスキア・サッセンはグローバル都市の「『妻』のいない専門職家庭」が外国人家事労働者を雇い始めたと書いている（Sassen 2003）。1980年代以降，欧米圏で共働き家庭が増え，主婦が減少して，ふたたび家事使用人が必要になったというのである。ただし今度は自国の労働者階級からではなく，もっぱら国外から調達することになったのだが[11]。家事使用人の出身国は，フィリピンなどのアジア諸国や北アフリカ，EUに統合された東欧地域などである。性別分業の変化ばかりでなく，1980年代から深刻さを増した欧米圏の人口高齢化も，高齢者ケアの担い手としての家事労働者の需要を押し上げた。とりわけ公的施設介護の発達していない南欧ではこの需要が大きい（Asato 2010）。家事労働やケア労働はもはや家庭内でも一国内でもなく，グローバルに再配置される時代になった。「再生産のグローバル化」と呼ばれる現象である。家事労働者やケア労働者は圧倒的に女性なので，1990年代には国際移動をする人々のうちの女性の割合の上昇，すなわち「国際移動の女性化」も起きた[12]。

　ではアジアにおいてはどうだろうか。中東の産油国に続いて，東南アジアや東アジアの経済的に発展した地域でも，外国人家事労働者の雇用が広まった。代表的な受入国であるシンガポールでは，1970年代初めまで「広東阿媽」と呼ばれた中国からの女性が住み込みで働いていた。その後，1980年代には中産階級の共働き夫婦は現地の人を通いで週1，2回雇うのが一般的だったが，1980年代後半以降，とくに90年代から海外からの住み込み家事労働者が増え始めたという（上野 2011: 3）。アジアでは各地域に存在した家事使用人雇用の習慣が消え去る間もなく，あるいはわずかな間隔しかあけずに，外国人家事労働者の雇用が始まった。プライバシーの空間となった家庭で，主婦がひとりで家事を行うような時代は，アジアでは長くなかった。シ

---

11) 20世紀初頭にも外国人家事労働者は存在したが，出身国はヨーロッパ域内であった。
12) 2005年時点で，世界の国際人口移動の半分は女性の移動であると推計される（Koser 2007: 6）。

ンガポールでは，2011 年 2 月時点で約 20 万人の外国人家事労働者が雇用されている。これは 5，6 世帯に 1 世帯の割合となる（上野 2011: 3）。アジアにおける家事労働者のおもな受け入れ地域は香港，シンガポール，台湾，マレーシア，そして中東であり，おもな送り出し地域はフィリピン，インドネシア，スリランカ，タイ，そしてベトナムである。

家事労働者への依存は，欧米諸国よりアジアのほうが甚だしい。外国人労働者に占める家事労働者の割合は，香港 58％，台湾 27％，シンガポール 18％，スペイン 16％，イタリア 10％，フランス 7％，米国 2％，ドイツ 0.6％，英国 0.5％である（Asato 2010: Fig. 2）[13]。アジアでは福祉国家が未整備であり，育児や高齢者ケアなどの責任を家族に負わす家族主義型の福祉レジームとなっているため，個々の家族が市場でサービスを購入することで対処しているのである（Asato 2010, Ochiai 2009）。ヨーロッパでも家族主義型と言われる南欧では似た傾向が見られるが，アジア諸国ほどではない。特に高齢者ケアについては，アジアでは孝行規範が強いため，家族で世話をしていると言いながら，実際のケアは家事労働者がしているという，「親孝行の下請け」（Lan 2002）になっている。

アジアにおけるもうひとつの特徴は，外国人労働者に原則として年数を限った一時滞在しか認めない政策対応が一般的なことである。シンガポールでは家事労働者のビザでは結婚できず，妊娠すれば国外退去となる。すなわち労働力としては受け入れるが，人間としては受け入れない。また，私的な隔離された空間で雇用される家事労働者は人権侵害を受けやすいが，その問題は欧米圏よりもアジアのほうがより深刻と言われる。

では，家事労働者になる女性たち自身は，どのようにしてその選択をしたのだろうか。もちろん事情は人それぞれで，失恋や結婚の失敗，継母との折り合いなどの私的な事情も含めてさまざまだが，典型的な理由としてしばしば挙げられるのが子供（や弟）の教育である（上野 2011）。わたし自身が台湾でインタビューしたベトナム人家事労働者ファンさんも，4 年前，当時 10 歳と 12 歳の娘を中学校に行かせるために出稼ぎを決意したという。家は田

---

[13] 数値をご提供くださった安里和晃氏に感謝する。

舎の農家なので,誰かが国外に出稼ぎに行かなければ教育費を出せなかった。夫が行けば建設労働者になるだろうから危険を伴う。自分が行けば家でしているのと同じ家事をすればいいので自分が行くことにした,というのである。仕送りは教育費用に充てるほか,家の改築をして台所を清潔にした。田圃を買い足し,両方の親にも渡している(落合 2007)。

「良妻賢母」もそうだったように,教育は近代的母親役割の中核である。それに,夫を守るために自分が犠牲になるという儒教的伝統から社会主義時代を通じて受け継がれた道徳を組み合わせて,ファンさんは理想の女性像を生きている。さらに将来は小さな貿易業を始めるつもりで貯金もしており,ドイモイ時代にもみごとに対応している。出身国で規範とされる女性役割は,国際移動をする女性たちのアイデンティティやライフコースの選択にも大きな影響を与えている。

家事労働者としての移動と並んで,いや,それ以上にアジアを特徴づける女性の国際移動が,国際結婚である。外国人労働者として長期滞在したり市民権をとったりすることが難しいアジア諸国では,結婚はその国に永住ないし長期滞在したい外国人にとって数少ない,というよりほとんど唯一の合法的手段だからである(Tseng 2010: 32, Lu and Yang 2010: 18)。

従来アジアは欧米圏への女性の結婚移動の送出し地域であったが,1980年代にアジア域内での国際結婚が始まった。まず受入国となったのは日本であり,90年代半ばには台湾と韓国が続いた。2000年代になると台湾と韓国は日本をはるかに追い越し,国際結婚が全結婚中に占める割合は,台湾 32-20%,韓国 13-11%,日本 6-5% となった(図 0-3, Lee 2010: 7)。いずれの国でも最初は農村男性の結婚難解消のために始まったが,今日では都市部にも広がり,特に離婚経験者の再婚などに利用されている。日本以外では,男児選好による女児の人工妊娠中絶,その結果としての出生性比のアンバランスも大きな原因である(Lee 2010: 8)。

アジアの国際結婚は,当人どうしの自然な出会いより,結婚仲介業者や知人のネットワークによる紹介というかたちをとることが多い。数日から 1 週間の訪問で見合いから結婚式まで終えてしまう方法も一般的である。ほとんど付き合う時間もなく,金銭の授受を伴うので,女性たちを貧困や家父長制

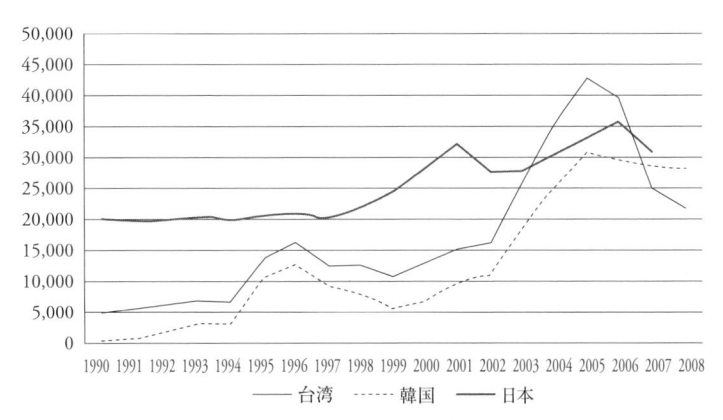

図 0-3　東アジアにおける女性の結婚移動　1990-2008
出典：Lee（2010）

の「犠牲者」とする批判的な見方が強かった。しかしそもそもアジアでは，紹介や見合いによる結婚や，結婚に際しての持参金や嫁資の授受は，ふつうの結婚でも珍しくない。恋愛結婚が唯一の正当な結婚のしかただとする西洋的価値観で評価してはいけないと，パルリワラとウベロイは警鐘を鳴らす（Palriwala and Uberoi 2008: 33, 35）。国際結婚は親や本人による世帯戦略や人生戦略である。とりわけ労働移動の機会の限られたアジア域内移動では，結婚戦略は労働戦略でもある。「妻」の国際結婚と「労働者」の労働移動をまったく別物として扱ってきた従来の国際移動研究の枠組には批判が突きつけられている（Piper and Roces 2003）。

とはいえ，これらの戦略が経済的利益だけをめざすものと考えたら，それもまた狭すぎる。無事に仕送りができれば経済的利益は非常に大きいが，女性たちの考える「より良い暮らし」は，もっとさまざまな面を含む。ナカマツは日本人男性の妻になったアジア人女性たちは「豊かな外国での中産階級の妻としての生活」にあこがれていたという。すなわち，優しい夫と子供たち，愛情，経済的安定，自分のキャリアの上昇などを含むイメージである（Nakamatsu 2003: 186-7）。ここでも近代的女性像の実現が国際移動の動機となっている。

その一方で，国際結婚は伝統的な価値観にも支えられている。国際結婚を

する北タイの女性は，社会保障のない社会で，高齢の親に仕送りをして支えたい「孝行娘（dutiful daughters）」でもある（Tosakul 2010）。また，受入側の台湾や韓国の男性やその親にとって，儒教文化を共有するベトナム女性の従順さや孝行な態度は好ましく映る（Lu and Yang 2010: 23）。26歳年下のベトナム女性と再婚した台湾の男性は，感激しながらそのことをわたしに語ってくれた。「妻は礼儀正しくて，決して親より先に食事を始めません。食事のときに親がいなかったら，まず親の分を取り置いてから，自分たちの分を取ります。ベトナムの習慣は，台湾，韓国と似ていて，しかも古き良き時代のものを維持しているんです。」「高齢の父はわたしが国際結婚をすることに反対でしたが，父が入院したときに妻が親身になって介護してくれたので，今ではすっかり妻を気に入っています。」（落合 2007）

アジア人女性を妻に求める西洋人男性がオリエンタリズム的幻想をもっているということはよく指摘される。夫に仕える「メイドのような妻」を期待するのである（Piper and Roces 2003: 6-7）。しかしこのオリエンタルな視線は，西洋からのみ投げかけられるわけではない。アジア人同士でありながら，一方から他方にオリエンタルな眼差しを向けることは珍しくない。

このことはアジア人同士でありながら強い差別感情をもつことと裏腹である。国際結婚から生まれる子どもが学力等の面で劣っているのではないかという懸念は，メディアが繰り返し取り上げるテーマである。また，国際結婚をした女性が仕事をしようとしても，限られた職業にしか就きにくいという現実がある。台湾でも日本でも，仕事を求めるアジア人妻たちはしばしばケアワークを紹介される。

ここまで見てきたように，「国際結婚した妻」と「家事労働者」という国境を越えるアジア女性の二大カテゴリーは，まったく異なる女性役割のように見えて，実はかなりの共通性をもっている。いずれもケアや家事労働の担い手として，家族に迎え入れられている。それはもちろん，「主婦」であろうと「メイド」であろうと「親密な労働」の担い手であることを期待されるという，女性一般に対する期待の反映なのだが，国際移動したアジア女性にはそれ以外の職業の選択肢が限られていることから，この力がより強く働いてしまう。しかし同時に彼女たちは，出身家庭にとっては頼り甲斐のある稼

ぎ主でもある。

　アジアにおける女性の国際移動の第3のカテゴリーは、エンターテイナーである（Lee 2010）。日本でも興行ビザでの来日は2004年には13万7千人を超えていたが[14]、人身取引や売春の温床となるとの国際的批判を受けて規制を強めたため、翌年から大幅に減少した。エンターテイナーとして来日した女性たちの少なくない部分が性労働に従事すると言われる。

　性労働に従事する人々の労働形態は「性奴隷」から「セックスワーカー」までさまざまである。人身売買やそれに近いケースもあって問題は多い。しかし厳しい人生の中のましな選択肢としてセックスワークを選択するケースがあるのも否定できない（青山2007）。日本で働くタイ出身のセックスワーカーは、女性の地位が高いと言われる女系相続の家族の中で、家族扶養の重責を負った長女という場合がある。儒教社会ではないが、タイも孝行規範の強い社会である。しかしタイ仏教では女性の得度を認めないため、僧になることで親孝行ができる息子と違って、娘は経済的役割を担わされているのだという（青山2007）。規範的女性像が「主体的」選択の背景にあることは、他のカテゴリーの移動する女性たちと、いや移動しない女性たちとも共通している。

　エンターテイナーやセックスワーカーも「親密性の労働」に従事する人々である（Boris and Parreñas 2000）。エンターテイナーが日本人男性と結婚する場合もある。現在、日本人男性の妻となっているフィリピン女性が冗談めかして言った。「若いときは男の人のお世話、結婚したら旦那さんのお世話、今はお年寄りのお世話。」彼女は現在、ケアワーカーとして働いている。立場は変わっても「親密性の労働」から抜けられないアジア女性の受入れ国での状況を、いみじくもとらえた言葉ではないだろうか。

3　本書の構成

　本書は三部構成となっている。以下で各部および各章の概要を紹介する。

14）出入国統計時系列表第3表（入国管理局）。
　http://www.e-stat.go.jp/SG1/estat/List.do?lid=000001035550

第Ⅰ部「親密性の労働とは何か」では，本書のキーワードである「親密性の労働」の歴史的形成をたどり，理論的検討を加える。

　第1章「ケアワークの文化，文化をこえるケアワーク」では，「親密性の労働」のうちでも近年もっとも理論的洗練の進んでいる「ケア」についての概念的検討と問題群の整理を行っている。とりわけこれまでのケアをめぐる議論が，家族的な親密性に関する西洋文化の筋書きを前提としていたことを指摘し，アジアの文化的文脈におけるケアを分析するための概念を示唆する。「マダム」と「メイド」の緊張を解決するため，ケアワークの精神的な側面と単純労働である側面が分離され，後者がメイドに割り振られたという洞察は，台湾の家事労働者と雇い主の関係についての著書 *Global Cinderellas* (Lan 2006) に基づくものだろう。

　第2章「主婦の仕事・母の仕事」は本書で唯一，アジア以外の地域を対象としている。近代家族と近代的性別分業の発祥の地とされるオランダを舞台に，アジアにも深甚な影響を与えた近代的主婦役割がいかに形成されたのか，家の内外の区分と家事そのものの形成がそれといかに関わっていたのかが，歴史的段階を追って論じられる。20世紀前半には既婚女性の就業が禁止され，理念型的な極端な性別分業モデルが法的にも正当化された。1980年代以降，「主婦の仕事」は周縁化される方向にあるが，「母の仕事」(母としての家事ではなく母として子供にかかわること) の重要性がますます高まっている。前述のように，これは世界的傾向でもある。

　第3章「インド都市中間層における「主婦」と家事」では，第2章と対照的に，いわゆる近代的な家事とはまったく異なる秩序のもとにおかれた家事のありようを見る。インドでは今日まで男性の家事使用人がおり，家事は浄不浄により階層化されて，家族 (主婦とそれ以外の大家族女性成員) および異なる種類の家事使用人 (住み込みと通い) により分担されている。「浄」である料理と「不浄」なトイレ掃除を同じ人間が担当できないのはもちろん，料理もプロセスで細分化されている。本章はわたしたちが「親密性の労働」を考えるときに自明の参照点としている近代の家事を相対化する視点を与えてくれる。それと同時に，前の2章でも見たように，「親密性の労働」は常に区分され，価値づけされ，異なる主体に割り振られるという共通性にも気

づかせてくれる。

　第Ⅱ部「〈良妻賢母〉の変奏」では，アジアにおける女性の理想像の形成と変容を見る。導きの糸となるのは，「近代」「伝統」「社会主義」である。近代と伝統を融合した「良妻賢母」というアジアの理想の女性像は，時代と社会体制により変奏されつつも，アジア女性の自己形成に大きな影響力を保っている。前半の2章は20世紀初期の韓国と中国に焦点を当て，「新女性」や「良妻賢母（韓国では賢母良妻，中国では賢妻良母）」といった近代的な女性像がいかに受容され，いかに変容したかを描く。

　第4章「近代初期韓国における「新女性」の困難」は，19世紀末の韓国において「賢母良妻」が「両性の平等と女子教育」を象徴する近代的で先進的な概念として導入されたことから説き起こし，1900-1910年代には矛盾するものと思われなかった「賢母良妻」と「女性解放」が，1920年代には対立すると考えられるようになった過程を追う。その過程で「賢母良妻」は「母性の自己犠牲」などの伝統的な女性の美徳と一体化し，近代でも伝統でもないものに変容した。東アジアの近代的女性像の構築は，中国や日本も含め，ほぼ同様の道筋をたどったようだ。日韓併合後，日本は韓国でも国策として「賢母良妻」教育を進めたが，他方で日本への女子留学生の団体が「女性解放」という思想を広め，『青鞜』に自らを同一視するグループができるなど，女性運動相互の影響もあった。「植民地近代」の力学は単純でない。

　第5章「モダニティを売る」は，近年その複製品がブームになった1920-30年代のカレンダーポスターや雑誌の商業広告を素材に，当時の東洋における近代文化の最先端であった上海で流布した女性像を分析している。想定読者や商品の購買層は都市中産階級の主婦や女学生なので「賢妻良母」の画像が次々に紹介されるが，そのまばゆいばかりの近代性に圧倒される。科学的育児法や主婦みずからが手をかける調理も，こうした憧れと欲望の喚起によって喧伝された。消費文化を享楽する「新女性」でもあった「賢妻良母」と，伝統化した「賢妻良母」とは，人々の心の中でどのように折り合いをつけていたのだろうか。

　第Ⅱ部の後半は一転して現代の中国とベトナムに目を向け，「社会主義近

代」による「男女平等」を経験した二つの社会が，改革開放の時代にいかなる女性役割の変容に直面しているかを検討する。

　第6章「市場経済の転換期を生きる中国女性の性別規範」は，市場経済化の進む中国に出現してきた「主婦」たちにインタビューを実施し，今後の中国で「主婦化」は現実のものとなるのかどうか，見通そうとしている。どの女性も「経済的役割」と「良妻賢母役割」との間で迷っているのは，20世紀初頭の問いの再現のようだ。社会主義は女性に就業機会を与えたが，家庭内の役割分担は再編されなかったからだという。経済的役割を高く評価する傾向が依然として強いが，汕頭市など南部では別の傾向も見られる。

　第7章「公的労働と家事労働をうまくこなすには，三つの頭と六本の手が必要である」は，そのタイトルのとおり，二重負担に苦闘するベトナム女性の現状を扱っている。経済改革以降，社会主義国家が無償サービスの提供をやめ，子供や高齢者のケアは女性の仕事となった。他方，労働力の女性化も急速に進んでいる。しかし文化の根底にはジェンダー不平等が手つかずのまま残され，そればかりか国家統一のため「ベトナムの文化価値」を称揚するという名目で，伝統的家族と伝統的ジェンダー役割を賞賛する運動も始まった。再伝統化や再家族化や再主婦化が起きている中東欧の状況に近いのはベトナムだろうか中国だろうか，さまざまな角度から考えさせられる。本章はまた無償労働の貨幣価値換算も試みている。

　第Ⅲ部「越境する妻と労働者」は，グローバル化の時代に増加している女性の国際移動に目を移し，国際結婚した女性たち，および家事労働者とセックスワーカーという有償で「親密性の労働」に携わる女性たちを取り上げる。できるかぎり女性たち自身の視点に近づいて，彼女たち自身による意味づけや戦略を明らかにし，問題点の摘出をしていく。

　第8章「農家の娘から外国人妻へ」は，女性の国際結婚が送り出し地域のジェンダーにいかに影響を与えているのかを，ベトナムでのインタビュー調査により探究している。ベトナム国内では，女性の国際結婚は「人身売買」や「女性の商品化」さらに「国家の恥」として国家により蔑まれているという。これはいずれの国でも，国際結婚研究でも，しばしば見られるバイアス

である。しかし実際には，国際結婚して送金している女性は出身家庭での発言力を増し，地域で結婚する女性も男性に対する交渉力を増していた。女性の国際移動はジェンダーの権力構造を変容させる可能性がある。

　第9章「業者婚をした中国女性の主体性と葛藤」は，最も問題視されやすい業者婚のケースに対象を絞り，時間をかけた深層面接（インデプス・インタビュー）により女性たちの経験や思いに寄り添って，ステレオタイプ化して一括りに捉えられがちであった「アジア人妻」の多様な主体を描き出す。業者婚というと経済的理由が想像されるが，中国での収入のレベルも多様であり，恋愛や結婚の失敗などの私生活に関する理由も重要であり，先進国への好奇心と憧れもある。日本に来てさまざまな問題にも直面したが，仕事や日本語学習を頑張り，中国人ネットワークにも支えられて，それぞれの理想と戦略をもって生きている姿が浮かび上がる。

　第10章「シンガポールにおける海外出稼ぎ家事労働者の抵抗の諸相」は，長年にわたり積み重ねてきた深層面接と参与観察から，家事労働者たちが駆使する抵抗戦略を描き出したものである。外国人家事労働者はグローバル経済の中で「商品」として扱われ，「個性をもつ人間」の部分を削ぎ落とされがちである。とりわけアジアでは法的保護もなく，有効な対抗戦略はもちえないように見える。しかし彼女たちは，サボタージュ，偽りの服従，感情の偽装，着服，ゴシップ，偽装された無知，職場放棄，家族レトリック，弱者レトリック，黒魔術，自ら編み出した呼称など言葉の駆使といったさまざまな戦略で，雇用者，エージェンシー，地域社会，家族・親族などに抵抗し，自らの尊厳を取り戻そうとしている。

　第11章「日本における移住セックスワーカー」は，タイから日本に来て働くセックスワーカーの深層面接に基き，セックスワーカーにいかにしてなるか，いかにして続けるか，辞めた後はどうするか，などを描いた前著（青山2007）の後，2005年の取り締まり強化を契機に，性産業で働く人々に何が起きたかに焦点を当てる。不法滞在者半減計画は，配偶者ビザか興行ビザをもつセックスワーカーを増やしたと共に，不法就労者のいっそうの「地下化」をもたらし，社会的排除を強化したのではないかと考えられる。人身取引の加害者を処罰し被害者を保護・救済するための法政策にも落とし穴があ

ると指摘する。

　第12章「韓国の移民政策における多文化家族の役割」は，日本に比べて進展の著しい韓国の移民政策の変化とその要因を検討する。外国人労働者受入れ政策に関しては，悪名高い産業研修制度への批判を受けて，2004年に雇用許可制を開始した。社会統合政策に関しては，2006年に「多文化家族」（国際結婚家族）を支援する施策が策定された。国際結婚の増加を受け，従来の制限的な移民政策の緩和と，より体系的な移民政策への転換が必要になったのである。政策転換には，市民運動の力，省庁間の競争，盧武鉉政権の見解が重要であった。しかし多文化家族支援は人口政策とみなされており，外国人妻は独立した人間としてより妻・母・嫁としての役割を強調されるといった問題も残るという。外国人妻はいわば「良妻賢母」としてのみ受け入れられるのである。

　本書を通して浮かび上がってきたのは，「良妻賢母」に代表される理想的女性像の力である。アジア近代の女性像は，西洋起源の近代的女性像と，「伝統」と目された女性の徳との，交渉の結果として構築された。女性たち自身も新しい女性像を積極的に受け入れたことは，現在の（ポスト）社会主義社会に生きる女性たちや，グローバル化の中で国境を越える妻や労働者たちさえも，しばしばそうした自己像をもっていることに示される。しかしアジアでは，自己オリエンタリズムと脱社会主義近代という課題のため，近代的女性像のもつ二面性，すなわち平等と性別分業のうちの後者が，「伝統」と混同されて強調されやすいという文化力学が働く。また，グローバルな労働の再配置の中で，アジア女性は周辺的な位置におかれやすく，無償や低賃金の労働を割り振られがちである。この理念と現実が相互作用して，アジア女性は立場を変えても国境を越えても「親密性の労働」に結び付けられ，抜け出せないでいる。

　21世紀アジアの「新女性」はどこから生まれてくるのだろうか。

　＊本書は，国際日本文化研究センターと京都大学グローバルCOE「親密圏と公共圏の再編成をめざすアジア拠点」の共催により2009年1月に開催されたシンポジウム「いま構

築されるアジアのジェンダー」における報告論文を大幅改訂して収録したものである。また本書は，2007年度から2008年度まで開催された国際日本文化研究センター共同研究「アジアにおける家族とジェンダーの変容：近代化とグローバル化の時代に」(メンバーは井上章一，安里和晃，粟屋利江，石井正子，石田あゆみ，上野加代子，奥井亜紗子，押川文子，嘉本伊都子，金貞任，小林和美，小山静子，施利平，鈴木伸枝，瀬地山角，タンタン・アウン，長坂格，中谷文美，朴宣美，橋本泰子，姫岡とし子，藤田道代，宮坂靖子，ミン・サン，大和礼子，山根真理，山本理子，井波律子，パトリシア・フィスター，劉建輝）の成果出版である。

＊本書の英訳版 (Asian Women and Intimate Work, Brill, 2013) は，アメリカ図書館協会，大学・研究図書館協会発行の Choice 誌が選定する Outstanding Academic Titles 2014 を受賞した。

●参考文献●

＊一覧のうち X→Y は X が初版刊行年，Y が増補版等の刊行年をさす。

青山薫 2007『セックスワーカーとは誰か』大月書店。

青山なを 1949→1990『安井てつ伝』大空社。

Asato Wako. 2010. "Narrowing the Care Gap: Migrants at Home, Institutions and Marriage Migrants." *Journal of Intimate and Public Spheres: Asian and Global Forum* Pilot Issue, 83-100.

Badinter, Elisabeth. 1980. *L'amour en plus: histoire de l'amour maternel, XVIIe–XXe sièle*. Flammarion. 鈴木晶訳『母性という神話』筑摩書房。

Barbieri, Magali and Daniele Belanger eds. 2009. *Reconfiguring Families in Contemporary Vietnam*. Stanford: Stanford University Press.

Bertaux, Daniel. 2011. "Antroponomy: The Production by People of People Themselves." A presentation at Kyoto University on October 22.

Boris, Eileen and Rhacel Salazar Parreñas eds. 2010. *Intimate Labors: Cultures, Technologies, and the Politics of Care*. Stanford: Stanford University Press.

Budlender, Debbie. 2010. *Time Use Studies and Unpaid Care Work*. Routledge.

Dalla Costa, Mariarosa. 伊田久美子・伊藤公雄訳 1986『家事労働に賃金を』インパクト出版会。

Delphy, Christine, translated and edited by Diana Leonard. 1984. *Close to Home: a Materialist Analysis of Women's Oppression*. The University of Massachusetts Press.

Dupcsik Csaba and Olga Tóth, 2008, "Feminizmus helyett familizmus" (Familism instead of feminism), *Demográfia* 5(4): 307-328.

Ehrenrich, Barbara and Arlie Rusell Hochschild, (ed.) 2003. *Global Woman: Nannies, Maids, and Sex Workers in the New Economy*. New York: Metropolitan Books.

Engels, Friedrich. 1884. *Der Ursprung der Familie, des Privateigenthums und des Staats*. 戸原四郎訳『家族・私有財産・国家の起源』岩波書店。

Friedman, Sara L. and Pardis Mahdavi. 2011. "Rethinking Intimate Labor through Inter-Asian Migrations: Insights from the 2011 Bellagio Conference." *Asian and Pacific Migration Journal* 20(2): 253–261.

深谷昌志 1965 → 1990『増補　良妻賢母主義の教育』黎明書房。

Gardiner, Jean. 2000. "Domestic Labour Revisited." In Himmelweit, Susan ed. 2000. *Inside the Household: From Labour to Care*. Macmillan Press.

Gilligan, Carol. 1982. *In a Different Voice*. Cambridge, Mass.: Harvard University Press. 生田久美子，並木美智子訳『もうひとつの声』川島書店。

Goodin, Robert E.. 1985. *Protecting the Vulnerable*. Chicago, Illi.: University of Chicago Press.

Himmelweit, Susan (ed.) 2000. *Inside the Household: From Labour to Care*. Macmillan Press.

Himmelweit, Susan. 2000. "Introduction: From Labour to Care." In Himmelweit, Susan (ed.) 2000. *Inside the Household: From Labour to Care*. Macmillan Press.

Himmelweit, Susan and Simon Mohun. 1977. "Domestic Labor and Capital." *Cambridge Journal of Economics* 1977–1.

Hochschild, Arlie Russell. 1983. *The Managed Heart: Commercialization of Human Feeling*. Berkeley, Calif.: University of California Press.

―――. 2003. *The Commercialization of Intimate Life: Notes from Home and Work*. Berkeley, Calif.: University of California Press.

Illich, Ivan D. 1981 *Shadow Work*, London: Marion Books. 玉野井芳郎・栗原彬訳 1982『シャドウ・ワーク』岩波書店。

石川禎浩 1999「梁啓超と文明の視座」狭間直樹編『梁啓超　西洋近代思想受容と明治日本』みすず書房。

岩井紀子・保田時男編 2009『データで見る東アジアの家族観―東アジア社会調査による日韓中台の比較』ナカニシヤ書店。

陳姃湲（Jin Jung-won）2006『東アジアの良妻賢母論―創られた伝統』勁草書房

経済社会総合研究所『季刊国民経済計算』139 号。
　　　（http://www.esri.cao.go.jp/jp/sna/sonota/satellite/090824/mushou_houkoku3.pdf）

金仁子 1973「韓国女性　教育的人間像　変遷過程」『亜細亜女性研究』12。

Koser, Khalid. 2007. International Migration. Oxford: Oxford University Press.

小山静子 1982「近代的女性観としての良妻賢母思想」『女性学年報』3。

―――― 1991『良妻賢母という規範』勁草書房。

葛目よし 1991「日本女性像の変遷：アメリカにおける日本女性研究に見る」『日米女性ジャーナル』1：3-47.

Lan Pei-Chia. 2002. "Subcontracting Filial Piety: Elderly Care in Ethnic Chinese Immigrant Households in California." *Journal of Family Issues* 23: 812–835.

―――. 2006. *Global Cinderellas: Migrant Domestics and Newly Rich Employers in Taiwan*. Durham: Duke University Press.

Lee Hye-Kyung. 2010. "Family Migration Issues in North-East Asia." *Background Paper WMR*

2010. International Organization for Migration (IOM).
梁啓超 1897「変法通議・論女学」『時務報』23・24。
呂美頤 1995「評中国近代関于賢妻良母主義的論争」『天津社会科学』1995-5。
Lu Melody Chia-Wen and Yang Wen-Shan eds. 2010. "Introduction." In Yang Wen-Shan and Melody Chia-Wen Lu (eds.) *Asian Cross-border Marriage Migration*, Amsterdam: Amsterdam University.
Marx, Karl. 1844. *Oekonomisch-philosophische Manuskripte*. 城塚登・田中吉六訳『経済学・哲学草稿』岩波書店
真下道子 1990「出産・育児における近世」女性史総合研究会編『日本女性生活史 3 近世』東京大学出版会。
Meillassoux, Claude. 1975. *Femmes, greniers et capitaux*. Paris: Francois Maspero. 川田順造・原口武彦訳 1977『家族制共同体の理論——経済人類学の課題』筑摩書房。
Mies, Maria, 1986, *Patriarchy and Accumulation on a World Scale*, Zed Books. 奥田暁子訳 1997『国際分業と女性』日本経済評論社
Mies, Maria, Veronika Benholdt-Thomsen and Claudia von Werlhof. 1988. *Women: the Last Colony*. London and New York: Zed Books. 古田睦美・善本裕子訳 2001『世界システムと女性』藤原書店。
Nakamatsu, Tomoko. 2003. "International Marriage through Introduction Agencies: Social and Legal Realities of 'Asian' Wives of Japanese Men." In Piper, Nicola and Mina Roces (eds) 2003. *Wife or Worker?: Asian Women and Migration*. Oxford: Rowman and Littlefield.
中村正直 1875「善良ナル母ヲ造ル説」『明六雑誌』明治 8 年 3 月。
落合恵美子 1989「中国女性は家に帰るか——現代化路線と「婦女回家」論争のゆくえ」『近代家族とフェミニズム』勁草書房。
——— 2004『21 世紀家族へ——家族の戦後体制の見かた・超えかた(第 3 版)』有斐閣。
——— 2005「現代アジアにおける主婦の誕生——グローバル化と近代家族」『日本学報』24：3-28.
——— 2007「グローバル化する家族——台湾の外国人家事労働者と外国人妻」紀平英作編『グローバル化時代の人文学』京都大学学術出版会。
——— 2008「アジアにおけるケアネットワークと福祉ミックス：家族社会学と福祉社会学との結合」『家族研究年報』33：3-20.
——— 2011「特集・高齢女性の所得保障　特集の趣旨」『海外社会保障研究』175 国立社会保障・人口問題研究所。
大熊信行 1974『生命の再生産の理論(上)』東洋経済新報社。
Palriwala, Rajni and Patricia Uberoi. 2008. *Marriage, Migration and Gender*. Sage.
Pettus, Ashley. 2003 *Between Sacrifice and Desire: National Identity and the Governing of Femininity in Vietnam*. Routledge.
Piper, Nicola and Mina Roces. "Introduction: Marriage and Migration in an Age of

Globalization." In Piper, Nicola and Mina Roces (eds.) 2003. *Wife or Worker?: Asian Women and Migration*. Oxford: Rowman and Littlefield.

Rofel, Lisa. 1999. *Other Modernities: Gendered Yearnings in China after Socialism*. Berkeley, Calif.: University of California Press.

齋藤純一編 2003『親密圏のポリティクス』ナカニシヤ書店。

酒井直樹 1996『死産される日本語・日本人—「日本」の歴史-地政的配置』新曜社。

Sassen, Saskia. 2003. "Global Cities and Survival Circuit." In Ehrenrich, Barbara and Arlie Rusell Hochschild, ed. 2003. *Global Woman: Nannies, Maids, and Sex Workers in the New Economy*. New York: Metropolitan Books.

Sato, Barbara. 2003. *The New Japanese Woman*. Durham and London: Duke University Press.

沢山美果子 1990「子育てにおける男と女」女性史総合研究会編『日本女性生活史4 近代』東京大学出版会。

Saxonberg, Steven and Tomas Sirovatka. 2006. "Failing Family Policy in Post-Communist Central Europe." *Journal of Comparative Policy Analysis* 8(2): 185-202.

瀬地山角 1996『東アジアの家父長制』勁草書房。

Stacy, Judith. *Patriarchy and Socialist Revolution in China*. University of California Press. 秋山洋子訳 1990『フェミニズムは中国をどう見るか』勁草書房。

竹中恵美子 2002「家事労働論の現段階」久場嬉子編『経済学とジェンダー』明石書店。

Tosakul, Ratana. 2010. "Cross-border marriages: Experiences of Village Women in Northeastern Thailand with Western Men." In Yang Wen-Shan and Melody Chia-Wen Lu eds., *Asian Cross-border Marriage Migration*, Amsterdam: Amsterdam University.

The Modern Girl Around the World Research Group ed. 2008. *The Modern Girl Around the World: Consumption, Modernity and Globalization*. Durham and London: Duke University Press.

Tseng, Yen-Fen. 2010. "Marriage Migration to East Asia: Current Issues and Propositions in Making Comparisons." In Yang Wen-Shan and Melody Chia-Wen Lu eds., *Asian Cross-border Marriage Migration*, Amsterdam: Amsterdam University.

上野千鶴子編 1982『主婦論争を読む』勁草書房。

上野加代子 2011『国境を越えるアジアの家事労働者』世界思想社。

Werlhof, Claudia von. 1990. "Warum Bauern und Hausfrauen im Kapitalistischen Weltsystem nicht Verschwinden." Man. 善本裕子訳 2001「農民と主婦が資本主義世界システムの中で消滅しないのはなぜか」『世界システムと女性』藤原書店。

山川菊栄 1956→1972『おんな二代の記』平凡社。

Zhang Yanxia and Mavis Maclean. 2011. "The Rolling Back of the State?: Multiple Roles the State Played in Child Care in Urban China." Presented at 'Conference on Shifting Boundaries of Care Provision in Asia' held at Asia Research Institute, National University of Singapore on March 14 and 15.

第Ⅰ部
親密性の労働とは何か

第1章 ケアワークの文化，文化をこえるケアワーク[1]

藍　佩嘉(ラン　ペイチャ)

（山本理子訳）

はじめに

　ケアワークとは，他者の世話（care）をする仕事（work）を指す。家族や友人に対する無償のケアも，患者等に対する有償のケアも含まれる。ケアワークは再生産労働の一種であり，個人や家族，コミュニティを維持するうえで必要不可欠なものである。子ども，高齢者，病人，障害者に対する感情的・看護的なケアばかりでなく，料理や掃除のような家事も含む（Misra 2007）。研究者や運動家は，「ケアワーク」という用語を使用することで，その価値が過大評価されたり，一方で低賃金であったりするものの，ケアは（身体的にも感情的にも）たいへんな仕事であることを，強調している。このようにみると，ケアは女性の自然な感情や素質が表出されたものではなく，社会で行われる具体的な労働（labor）なのである。

　本章では，わたしたちのケアワークの理解やそのやり方が，文化によりどのように構成されるのかを論じる。「文化」とは，ここではふたつの意味を指す。第一に，ケアワークの文化とは，どのようにケアを組織し実行するべ

---

[1] この論文のオリジナルは，英語で出版された。Pei-Chia Lan. 2010. "Culture of Carework, Carework across Cultures," in John Hall, Laura Grindstaff, and Ming-Cheng Lo(eds) *Handbook of Cultural Sociology*, London and New York: Routledge.

きか，ということに関するイデオロギー，価値，規範，慣習，そして常識を指す。ここでいう文化は，文化的資源の「道具箱（tool kit）」を提供し（Swidler 1986），個人や家族はそれを用いて行動の戦略を立てる。第二に，ケアワークのスクリプトや実践は，社会文化的な文脈をこえて変化し移動する。ここでいう文化とは，特定の民族集団，宗教的コミュニティ，あるいは国民国家によって共有されている世界観やライフスタイルを指す。

既存の研究では，ケアの私事化（privatization）が支配的な文化フレームであるとして論じてきた。しかし，研究者たちは，「私的な（private）」という用語にさまざまな意味をもたせて使用している。筆者は，家庭性（domesticity），情動性（emotionality），女性化，および市場化を含む，そのさまざまな意味合いを特定し区別したい。公的と私的，愛情と金銭，有償と無償についての二元的思考は拒否すべきであろう。家族の親密性や私的な家庭性に関する自民族中心的な想定を避けるため，ケアワークがいかに特定の制度的レジームや文化的な文脈に埋め込まれているのかを検討する必要がある。さらにケアワークは，労働の階層的分業を形作る権力闘争の場として分析されるべきである。また，市場と親密性の領域にまたがる意味を持つ，家族というものを構築する文脈化された実践としても分析されなければならない。

1　文化的枠組みとしてのケアの私事化

私事化とは，人々のケアについての見解やケアに対する態度を特徴づける，世界各地でみられる文化的枠組みである。しかし，「私的（private）」という用語は，「公的（public）」という反意語と同様，さまざまな歴史的・社会的文脈にまたがるさまざまな理論的前提と関係する，多義的な意味を含んでいる（Weintraub 1997）。ケアを「私的（private）」なものとして説明するときには，次の四つのいずれかのしかたで公的／私的の区別がなされている。これらは分析的には区別できるが，現実においてはからまり合っている。

第一に，ケアの私事化とは，ケアは家族の責任であり，私的な家庭で行わ

れることが好ましいという見方を示している。ここでの「私的 (private)」とは，その外側にある領域と対比されたものとしての家庭の領域を指している。産業資本主義の力により，19世紀の欧米において影響力をもつようになった「領域分離」の原則のもとでは，商業的な世界と対照的に，私的な家庭が道徳的なものだとされる。しかし，無償の再生産と有償の生産との境界は，実際には歴史のなかで変化してきた。かつて家庭でなされてきた多くの再生産労働は市場に外注されるようになったが，有償労働から無償労働への「ふりかえ」もまた，小売業や医療といったいくつかの産業で起こっている (Glazer 1993)。

公的／私的の別はさまざまな方法で再構成できるが，一貫しているのは，再生産労働が「女性のもの (female)」と概念化されていることである (Nakano 1992)。これが私的なケアの第二の意味である。すなわち，ケアをすることは，家庭であれ労働市場であれ，女性の自然な素質や社会的使命だとみなされるのである。ここでは，「公的」である男性的と対照され，「私的」であることは女性的という意味をもつ。公的／私的というカテゴリーを男性と女性の同義語として使用する人さえいる (Hansen 1987)。ケアワークのジェンダー化された分業は，歴史的に家庭性および感情の女性化につながっている。ビクトリア時代の文化的遺産としての「家庭性の崇拝」は，家庭での仕事を女性の天職とし，ケアワークを母性愛と女性的美徳に関係づけた (Cott 1977)。男性（異性愛者であろうとクィアであろうと）が，父親役割と有償ケアワークに次第にかかわるようになっているが，女性はいまなお，感情やケアにかかわる仕事の大部分を担い続けている。

第三に，ケアの私事化はケアの感情化を意味する。それは，女性的な家庭性の崇拝と共に構築されたものである。ケアワークは，「愛の労働 (labor of love)」とみなされ，通常の賃労働と区別される。公／私二元論においては，親密性と感情が，経済合理性と市場取引から区別される。新自由主義の経済学者は，素人の考えと同調して，ケア労働者は，それが有償であれ無償であれ，利他的な動機を持ち，ケアの提供を通じて道徳的報酬を受け取るとみなしている。すなわちこの「愛の囚人 (prisoners of love)」説は，ケアワークが低賃金で低価値であることを説明している (England 2005)。

最後に，ケアの私事化という際には，ケアの市場化と商品化も含まれている。この考え方は，公/私の区分を，行政と市場経済との区別ととらえている。ケアの市場化は，公的サービスや福祉の供給の代替として，ケアサービスが市場にもちこまれて売買されるという過程を説明している。このトレンドはとりわけ，現在ヨーロッパで重要なものとなっている。公的サービスは莫大な費用がかかり，ケア依存を導くものであるという批判に直面し，福祉国家は再構築を迫られているが，これに対する新自由主義的解決法として市場原理が導入されたのである（Knijn 2000）。

　ケアの私事化という文化的枠組みは，他者をケアしたり，ケアされたりするときに，ケアのしかたについての人々の好みを方向づけ，諸行為への潜在能力（習慣，感情および感性）を形作る。それはまた，行政，市場，家族およびボランティアセクターのあいだで，どのように適切な資源分配を行うかについての政策論議に，議論の枠組みと道徳的理念を提供する。さらに，それが多面的な意味を持つことは，ケアワークの文化や提供方法が，利害の競合する社会集団の対立の結果として，交渉の対象となり変化しやすいことを示している（Laslett and Brenner 1989）。

　次に，ケアの私事化という文化的枠組みが，無償ケアの道徳化と有償ケアの価値低下との両立というパラドックスへとどのようにつながるのか，そして女性たちが，自分たちの労働と市場化したその代替労働とに分けられる，ケア労働の階層化に関わることで，どのようにこのパラドックスと折り合いをつけるのかを説明したい。次の二節では，公/私，有償/無償，そして愛情/金銭という二項対立を複雑化する，マクロな制度的文脈とミクロな個人間のダイナミクスを考察する。最後に，ケアワークの文化，意味および実践が，人間の主体性と制度的環境によるたえまない変容を受けるという一例として，高齢移民へのケアを取り上げる。

2　ケアワークの階層的分業

　先進国でも途上国でも，家事使用人であるメイドや子どもの世話をするナ

ニーを雇う世帯が，上層中産階級と中産階級の双方において増加している。メイドやナニーの大部分は，民族的マイノリティーや移民の女性である。その一方でこれらの国では，母性とケアのイデオロギーとしての重要性が以前より増している。シャロン・ヘイズ（Hays 1996）は，子育ては子ども中心的でなければならず，専門家による指導が必要で，感情的にのめりこめる，そして金のかかるものだという育児観を描写するために，「インテンシブな母親業（intensive mothering）」という用語を作り出した。無償ケアの道徳的価値の高まりは，有償ケアワークの金銭的・象徴的な価値の低下と対照的である。アーリー・ホックシールド（Hochschild 2003; 2）が述べるように，「イデオロギーとしては，『ケア』は天に昇った。実践としては，それは地獄へ堕ちた」のである。我々は，そのようなパラドックスをどのように説明できるだろうか。また，人々はどのように，ケアの道徳的評価の上昇と，ケアワークの市場化と人種化という現実との折り合いをつけるのだろうか。

　移民家事労働者を採用する動きが広がっていることは，ケアの私事化の結果のひとつである。ケアはいまだ，多くの社会において家族の義務とみなされ，女性の責任とされている。そのような社会では，社会的ケアの施設は不足したままであり，夫による労働の分担も限られている。女性は，彼女たちの「影の労働者（shadow laborers）」となるような代替物を市場に求める（Macdonald 1998）。彼女たちは，妻として，母として，そして嫁としての義務を果たすために，別の女性の「目に見えない労働」に頼る。さらに，女性たちは住み込みのヘルパーを雇いたがる。それは，彼女たちが，家でのケアを，専業主婦や家族成員によってなされるケアという理想に近い，よりよいやり方とみなすからである。しかし，市場からの外部調達という方法は，それらの女性たちに罪悪感，嫉妬あるいは喪失感を引き起こす（Lan 2006）。このような不安なマダム（女主人である主婦）は，ケアワークの意味の再定義を行い，労働の分業を細かく管理するという戦略に頼るのである。

　ケアワークは，一連の実践から成り立っており，その実践は分業されうる。トロント（1993）は，ケアを次の四つの要素に区分した。caring about（ケアの必要性を認識すること），taking care of（特定されたニーズになんらかの責任を負い，それにいかに対応するかを決めること），care-giving（ケアのニーズを直

接満たすこと），そして care-receiving（ケアの対象が受け取るケアに応えること）
である。ケアの市場への移転は，ジェンダー，階級，人種/民族そして市民
権により区別された異なる主体のあいだでの階層的秩序を維持しつつ，労働
を分割した。「caring about と taking care of は，力ある者の義務である。care-
giving と care-receiving は，それより力の弱い者たちに任される」(Tronto 1993:
114)。

　研究者たちは，母親たちが子育てのためにケアの供給者をどのように雇う
かによって，ケアワークの「単純労働である」側面と「精神的な」側面が区
分され，労働の階層的区分が維持されていることを立証している。この区分
があるために，中産階級の女性は家にいる母親の重要性を拡大解釈する一方
で，ナニーの存在感を最小限にすることができるようになった（Macdonald
1998)。それによって，彼女たちは，女性の家庭性や，家庭の道徳性という
規範を撹乱することなく，ケアワークの一部を，有色の，または労働階級の
女性たちにまかせることができるのである（Roberts 1997)。

　私事化されたケアワークの概念（家庭の，女性の仕事）は，雇用されたケア
労働者の労働条件（低賃金，非熟練，低地位，きわめて女性が多い）と，それら
労働者の感情・認知的経験（転用された母性，架空の親族）に大きく影響して
いる。ケアをするという労働を，家族における女性の義務であるかのように
社会が定義しつづけると，女性の雇用主（マダム）は労働者を「自律した使
用人というよりも，女性雇用主がすべき単純労働を彼女の体の延長として行
う者」(Rollins 1985: 183) として扱いがちである。彼女は代替者に仕事を移転
するだけでなく，無償のケアワークに伴う女性への社会の期待も移転するの
である。それだからこそ，マダムはしばしば，雇用契約で定められた基準か
らすると不合理な要求を使用人に対して行い，感情的な関わり合いや家族の
責任に結びついた道徳的規範に使用人の仕事が縛られるわけではない，とい
うことを無視するのである。

3 政策のパラメータとケアのレジーム

　ケアワークにかんする（とくに北米での）社会学の研究は，雇用関係のミクロポリティクスに大きな関心を払ってきた。そこでの議論の中心は，メイドとマダム，母親とナニーという二者関係，さらには移民のメイドが出身国で雇う現地のメイドやほかの女性親族など，グローバルなケアの連鎖に関わる女性たちの個人的なつながりについてであった（Parreñas 2001）。そこでは夫と子どもたちの役割は見過ごされてきた。そして，マクロな文脈（ケアワークが制度にどのように埋め込まれているかということ）も，どちらかというと背景に埋もれてしまっている。

　それに反して，社会政策の（とくに英国やスカンジナビアでの）研究は，ケアの政策的パラメータに焦点を当ててきた。各国の横断的な制度の違いを比較するために，この分野の研究者はケアレジームのさまざまな類型を確立した。「レジーム」とは，価値，規範そしてルールを統合したもので，それは行動や政策を形作る規範的・規定的な枠組みとなる（Sainsbury 1999: 77）。筆者は，この論文に基づいて，ケアワークの文化をふたつのやり方で描き出そうと思う。第一に，ケアワークが特定の制度的レジームにどのように埋め込まれているのかを浮き彫りにする。公と私は，その制度的レジームによって特徴的なパターンに組織される。第二に，文化的・政策的な文脈をこえた，さまざまなケアレジームを比較するためのパースペクティブを提供する。

　ケアレジームという考え方は，イエスタ・エスピン＝アンデルセンの影響力の大きい研究（Esping-Andersen 1990）を拡張し修正するものである。エスピン＝アンデルセンは，三つの側面を用いて福祉レジームを特徴づけようとした。それは，(1) 福祉の供給にあたっての国家と市場の関係，(2) 福祉国家が階層化に与える影響，そして (3) 社会的権利の特徴（脱商品化）である。フェミニストの研究者たちは彼の理論，とくに脱商品化の概念がジェンダーに盲目的であると批判した。脱商品化という概念は，フォーマルな賃労働を基準としており，そこでは家族の無償ケアワークは視野の外に置かれている。研究者たちは，家族とボランタリーセクターを国家−市場の結合体（statemarket nexus)に包含し，階層化がジェンダー関係にもたらす影響を検証し，ケアは基本的な社会的権利であるとすることで，この枠組みを再構築した (Daly and Lewis 2000; Orloff 1993)。

　ケアレジームの違いは，ジェンダーと家族についての文化的スクリプトと関連した政策論理によっても区別される。ジェーン・ルイス(Lewis 1992)は，政策論理が「男性稼ぎ主モデル」にどの程度近いかによって，ケアレジームを区別している。イギリス，ドイツそしてアイルランドは，「強力な」男性稼ぎ主国家である。フランスは，「修正された」男性稼ぎ主国家だとみなされている。そして，スウェーデンやデンマークでは，共稼ぎ家族が標準である。ダイアン・セインズベリ(Sainsbury 1999)は，三種類のケアレジームを区別している。(1) 男性稼ぎ主レジーム(ケアワークは私事化され，無償である)，(2) ジェンダー役割分離レジーム(女性は家族においてケアの責任を担うことで国家から給付を受ける)，そして (3) 個人が稼ぎ手兼ケア提供者であるレジーム(individual-earner-carer regime)(家族の内外におけるケアに，国家が補助する)である。

　移民の社会的権利は，つい最近まで福祉国家の比較研究において，無視されてきたトピックである。ケアワークの制度的な埋め込みの分析枠組みに，ヘルマ・ルッツは「移民レジーム(migration regime)」という概念を付け加えた。これは，移民の入国や雇用を促進したり，阻止したりする国家のさまざまな規制に関係するレジームである。ケアレジームと移民レジームとのさまざまな組み合わせによって，それぞれに異なる政策パターンが生まれる。一部のヨーロッパの国々は，自国民の女性の仕事と家庭の調和を助けるために，一定数の移民ケア労働者に門戸を開いた(スペイン，イタリア，ギリシャ)。あるいは，移民に国境を開放した国もある(イギリス，アイルランド)。その他のたとえばドイツ，オランダ，北欧諸国は，そのような労働移住の必要性をほとんど認めていない。しかしながら，これらの国に移民ケア労働者がいないわけではない。彼らは違法に居住し働いているだけである(Lutz 2008)。

　これらの研究は，例外なく西洋の先進国に焦点をあてている。非西欧や地域を越えたケアレジームに関する比較研究はほとんどない。東アジアでは広く，ケアの家族主義的モデルが存在し，国家による公的ケア供給は限られて

いた。しかし，移民ケア労働者の採用に関する政策は各国により異なっている。香港とシンガポールは，移民レジームの同じようなモデルを共有している。両国は，自国の女性を労働力として動員するために，外国人家事労働者に対して門戸を開放した。対照的に，最近まで韓国と日本は，自国の主婦の雇用を促進せず，移民労働者の採用を歓迎しなかった（海外に居住する韓国人，日本人は例外である）(Oishi 2005)。

ケアレジームの政策的パラメータは，移行し変化しやすいことに注目すべきである。イト・ペング (2002) によると，日本では 1970 年代に福祉国家の拡大がみられたものの，1980 年代に家族のケアの責任が再度強調され，制度の再構築に直面した。1990 年代以来の少子化の危機は，若年コーホートの女性の無言の抗議という役割を果たし，ケアの社会化に向けた政策改革への圧力を政府にかけた。ケアレジームは，ニーズに基づいたケアの供給モデルから，権利に基づいた普遍的な社会保険スキームへと移行した。しかし，社会的ケアの拡大は，サービスの市場化と連動して起こった。そこにはインドネシアやフィリピンからケア労働者を募集するという計画も含まれている。

さらに，ケアレジームに関する既存の研究は国民国家を分析単位としてきたため，各国内のレジームの定式化は，方法論的ナショナリズムという落とし穴に陥りがちである。ニコラ・イェーツ (Yeates 2005) は，国家を超えたケアの移転と超国家的組織の影響を包含するために「グローバルなケアレジーム」という概念を提起した。ケアのグローバルな政治経済が重要であるのと同様に，遠く離れた場所での母親業や介護のような，トランスナショナルなケアの日常の実践も重要である。後の節では，政策レジームというマクロレベルと家族関係というミクロレベルをつなぐトランスナショナルな文脈において，ケアの文化的スクリプトとケアの制度的配分のあいだのつながりを明らかにするための一例として，移民高齢者へのケアを取り上げる。

第Ⅰ部　親密性の労働とは何か

4 重なり合った意味と文脈化された実践

　ケアに対する支払いは，インフォーマルな関係を腐敗させたり，断ち切ったりするのではないか，そして親密性の商業化やケアの商品化という有害な結果につながるのではないかという懸念をしばしば生じさせる。ヴィヴィアナ・ゼリザー（Zelizer 2005）は，この種の考えを「領域分離（separate spheres）」説あるいは「敵対世界（hostile worlds）」説と呼ぶ。それは，経済活動と親密な関係とは明らかに異なる領域であり，したがって，それらが混じりあうと，混乱は避けられないとみなす考え方である。市場での対価の支払いは道徳的義務を汚し，弱体化させる一方で，感情的な結びつきは，ビジネスライクなサービス関係を複雑にし，その関係を損なうこともありうるというのである。

　ゼリザーは，利潤と自己の利害のみが市場を支配するという仮説を認めない。その代わりに，彼女は「つながりあった生活」という別のアプローチを提示する。そこでは，道徳的義務が市場での対価の支払いによって確認され，保証されうる。たとえば，信頼できる非家族ケア提供者によって提供される集中的で質の高いケアを購入するために費用を支払うことは，ケアの行為であり愛情表現であると認識される。ポーラ・イングランドもまた，愛情と金銭という二元的な考え方に異議を唱える。彼女は「民間セクター会社の有償労働によってケアがなされるかぎり，これらの問題は解決されないと想定するよりも，市場，家族または国家における行動の，どのような構造的・文化的特質がどのような結果をもたらすのか」（England 2005: 394）を特定するための実証的な調査が必要だと提案する。

　筆者はこれらの意見に同意するが，さらに一歩進めて，市場と親密性，愛情と金銭に関する二元的な思考は，家族的な親密性に関する西洋文化のスクリプトに根ざしていると主張したい。ツァイ・イェンリン（Tsai 2008）によって批判されたように，現存のケアワークについての研究は，ヨーロッパのブルジョア家族の理想に基づいた，家庭的な親密性というア・プリオリな特定の考えを前提としている。「領域分離」というカノンに基づき，家庭は第一に，

不確実で打算的な商業生活からの避難場所として，第二に「社会的・個人的道徳性の場」(Laslett and Brenner 1989: 387) として定義された。そのうえ，これらの研究で暗に想定されているのは，婚姻によって結びついた夫婦と子供から構成される核家族が，家族の原則的な組織形態だということである。核家族を標準とする考え方は，それが実際には，白人，プロテスタント，北西ヨーロッパおよびアメリカ合衆国に限られた，近年の社会組織形態であるという現実と矛盾する (Dalley 1988: 30-31)。

ギリアン・ダレー (Dalley 1988) は，ブルジョア家族の理想が「所有個人主義 (possessive individualism)」という原則を含んでいると論じている。それは，自己決定，個人の自律，プライバシー，侵入からの自由を重視する考え方である。この私的な家庭性という考えは，西洋的，近代的というだけはなく，階級化・ジェンダー化されてもいる (Armstrong and Armstrong 2005)。婚姻家族の親密さは，「金持ちの『虚栄に満ちた』社交と，貧民の見さかいない交際」(Cott 1977: 92) より優れた中産階級的な理想として好まれる。「英国男性の家は，彼の城である」ということわざは，家族の親密性への希求が女性や子どもといった従属的な家族成員からの家族の長（夫／父親）の自立を中心に据えている様子を非常によく言い表している。そのような個人主義的家族主義イデオロギーは，「領域分離」のジェンダー化された構成とともに，核家族モデルおよびケアワークの女性化を規範とするのである。

ダレーはその後，「集団主義的ケア」モデルを代替案として提示する。集合体としてのコミュニティが全構成員，とくに自立できないメンバーに対する責任をもつ。コミュニティは，親族を基本とする拡大家族や伝統的な村落など，出自に基づいて形成される場合もあるだろう。あるいは，宗教的または政治経済的な基盤の上に意識的に形成されたコミュニティ（後者には社会的ケアの理想を実践する福祉レジームも含まれる）もありうる。

世界の一部の地域では，多世代による共同生活がいまだ一般的であるが，このような地域では家族主義と集団主義の考え方や実践も他とは異なる。これらの国々では，家族主義的イデオロギーは個人主義の原則とではなく，集団主義の原則と関係している。家族は，分かちあい，献身，協力という価値に基づいて，依存的な構成員のケアの責任を果たす。しかし，集団主義は権

力の不均衡（とりわけジェンダー，年齢，世代に従った）の影響を受けないわけではない。ケアワークのイデオロギーと実践もまた，家族の内部における支配，従属そして権力闘争に根ざしている可能性もある。

　台湾の成人した子どもが，子どもの義務である高齢の両親のケアを，家族ではない使用人に移転することを筆者は，「親孝行の下請（subcontracting filial piety）」と呼んだ（Lan 2006）。子どもの代理や仮の親族としてケア労働者をとりこむことにより，成人した子どもは，孝行という文化的理想や，三世代同居という伝統的な家族を維持することができる。一方，親族関係というアナロジーを用いることにより，成人した子どもは，契約関係による仕事の域を超えた親族としての期待をケア労働者に託すことが可能となる。

　ケアワークへの支払いは，核家族にとって，私的な家庭性という理想を達成するための手段ともなりうる。多くの台湾人の嫁は，義理の母親との同居を避けるために，ナニーやヘルパーを雇おうと画策する。伝統的に，台湾人の祖母は，その息子の子どもたちの世話に重要な役割を果たしてきた。そして今でも，嫁が外に働きに出るのであれば，義理の母親が孫の世話をするという習慣が残っている。しかし，このようにすると，育児スタイルの違いから世代間の緊張が生じ，若い母親の親としての自律性を侵害しかねない。

　漢族社会では，高齢の両親の「ケアをする（taking care of）」ことは，実際の「ケア労働（care-giving）」は大半が息子の妻に課せられているものの，伝統的に息子の務めとされてきた。ケアの伝統的な考えは，「ケアをする（caring）」というより平等な概念よりも，「仕える（serving）」という階層的な概念と結びついている（Liu 1998）。移民のケア提供者を雇うことは，台湾人の嫁にとって，家父長制的家族の権威に従属することを避けるための，「家父長制的取引（patriarchal bargaining）」というひとつの戦略になっている。いいかえれば，ふたつのつながりから構成される「息子によるケアの移転の連鎖（transfer chain of filial care）」がある。まず，息子から嫁へと，子どもとしての務めをジェンダー間で移転する。次に，嫁から非家族成員である使用人（いまだにその大部分は女性である）へと，ケアワークを市場へ移転する。

　以上のような社会的・文化的状況において，有償ケアワークは，台湾の中産階級家族が，家庭における親密性という理想を維持するための慣行となる。

家族に住み込みのヘルパーを組み込むことによって，結婚したカップルは実際のケア労働を担うことなしに，三世代同居という，子どもとしての理想を維持することができる。あるいは，結婚したカップルは祖母ではなく有償労働者に育児を外注することによって，上の世代との同居や，上の世代からの干渉を避けることができる。そうして彼らは，西洋近代の文化的転移である核家族モデルに基づきながら，私的な親密性という彼らの理想を達成するのである。

5　国際移動の文脈におけるケアワーク

　国際移動という文脈においてケアワークをみてみると，ケアワークを論じる枠組みと制度的な取り扱いが，文化的・社会的な文脈を超えるといかに変わりうるのか，またケアの文化は境界を越えていかに移植され変容されるのかを探究するための重要な事例となる。この節における分析は，北カリフォルニアにおける台湾移民の高齢者ケアに関する筆者の以前の研究に基づいている（Lan 2002）。

　合衆国の国勢調査のデータを分析した研究者は，アジアとラテンアメリカからの移民は，先住のアメリカ人に比べて，高齢の両親と成人した子どもが同居する傾向が強いことを発見した（Kritz et al. 2000）。これは移民の送出国の集団主義的規範および家族主義的規範が大きな一因となっている。しかし，高齢者ケアを民族集団がどう実践するかは，時間と世代の移り変わりにより文化的に変容する傾向にある（Pyke 2004）。

　高齢の移民は，他の高齢者と同様，身体的な弱さと孤独感からだけではなく，独立と自律を得るためにケアが必要である。後者の独立と自律という目的は，外国においては，言語的・文化的な障壁が高く，親としての権威が低下するために，達成がより難しいだろう。成人した子どもたちに頼ると，子どもの要求に従順に服従せざるをえなくなるかもしれない（Treas and Mazumdar 2002）。

　筆者が研究のなかで出会った台湾移民は，高齢の親との別居を正当化する

ために，合衆国における個人主義の規範に言及することが多かった。ケビン・リー（仮名）は次のように言った。「アメリカの法律ではこうだよ。子どもは成長すれば両親の元を離れるので，子どもに親の世話をする義務はない。でも，われわれの民法は違う。台湾では，もし両親を養わなければ，親を捨てたという罪になる。それは犯罪なのだ。」

　台湾の家族法は，子どもは親を尊敬し支えなければならないと規定している。法律は，遺棄にたいする刑事責任に加えて，父系血縁家族主義的な道徳的契約を尊重し強制する。育児は，あとからの返済という期待を込めた社会的投資だとみなされる。とくに息子は，高齢の両親をケアすることによって負債を返さなければならない。ケアワークを家庭領域に委託することで，台湾政府は1990年代半ばまで，高齢の市民に対する社会保障や社会福祉のプログラムを何ら導入しなかった。

　新しい土地に移住し，新しいケアのレジームのもとで暮らす台湾からの高齢移民は，遅延も不平もなく毎月送金してくれる「アメリカの親孝行な息子（American filial son）」を獲得した。この「孝行息子」とは，彼らがカリフォルニア州政府を呼ぶ言い方である。彼らの多くは，合衆国においてほとんど資産がなく，収入もないので，低収入高齢者への給付金を受け取る資格がある。多くの高齢者は，成人した子どもと郊外に住むよりも，公的助成金のもとに高齢者用アパートに住むことを好む。なぜなら，高齢者用アパートは公共交通機関を利用したり，仲間の集まりに通ったりするのに便利だからである。これらの公的ケアプログラムは，移民の高齢者が外国で自分自身をエンパワーするのを手助けする，新しい制度的資源を提供している。

　カリフォルニア州は，在宅支援サービス（IHSS）というプログラムを通じて，高齢者に在宅ケアサービスも提供している。とくに，IHSSは，家族ではない労働者によるケアサービスの購入に補助を出すだけではなく，家族，主に女性によって行われるかつては無償だったケアワークへの補償も行う。低収入の親と同居する成人した子どもは，食費と住居費の補助を申請することもできる。これらの方策は，中国の文化的文脈におけるケアの家族モデルとは対照的である。筆者のインフォーマントのなかには，これらのプログラムを「ばかげている」または「正しくない」と批判した人もいた。彼らは，

私事化された（家族的・感情的な仕事としての）ケアという文化的スキームを支持し，したがって政府や市場の介入には抵抗する。

福祉国家による介護家族に対する補助金の支給は，社会的ケアという進歩的な理想や，家族ケア責任からの女性親族の自律の達成を後追しする。しかし同時に，ケアの市場化の結果についての論争を招くことにもなる。これらの懸念は，先に言及したように，愛情と金銭，市場と親密性についての二元的な思考に根ざしている。

我々は，世代間関係の市場化を，額面通りに受け取ることはできない。たとえば，台湾移民のなかには，成人した子どもが自分の家に住む親に家賃を払わせるケースもある。これには，政府から家賃補助を受けられるようにすることと，高齢者が収入を子どもに移転することよって低所得者向け給付の受給資格を維持する，というふたつの目的がある。親族間における経済的資源を取引するには強い家族の絆がなければ不可能だろう。

表面的には，公的ケアの受給条件は，中国の親孝行の規範によれば家族ケアの欠如を示す。しかし，移民の家族はひそかに，親が低所得者向け給付の受給資格を書類上は得られるように，親族間で経済的資源を循環させている。彼らは，親と子は経済的に独立しているという個人主義的な仮定に基づいた政策論理をもつ新しいケアレジームにおいて，福祉供給を引き出すために家族で共謀している。結果として，ケアの市場化は家族の絆を弱めるのではなく，実際には経済的結びつきとしての親族の結合を強化しているのである。

結　論

ケアワークの文化は，「道具箱」を提供する。社会的主体はその道具を使って，個人間の日々の実践を組み立てる。ケアワークの文化はまた，福祉レジームの政策論理も提供する。支配的な文化的枠組みとしてのケアの私事化は，複雑で，ときには矛盾した意味を持つ。つまり，ケアワークの文化や取り決めは，権力闘争の結果として変容する可能性があるが，イデオロギー

的な一貫性と歴史的な継続性は労働分業のさまざまな型を超えてみられるということである。女性化と人種化は，男性と女性，マダムとメイド，裕福な自国民と貧しい移民のあいだにおけるケアワークの階層的分業の特徴となっている。

　ケアワークのスクリプトと実践は，文化的・社会的文脈を超えて変容し移行する。移民高齢者に対するケアの例は，文化は静的な遺産ではなく，人間の営みや制度的レジームによって絶え間なく変容するものであることを示している。ケアの責任を政府，家族，市場およびコミュニティでどのように分配するかはレジームによって異なる。移住後のケアの手配における変化は，移民家族が，新たなケアレジームに対応して，文化的規範と親族関係をどのように調整するのかを示すものである。ケアワークに支払う，あるいはケアワークへの支払いを受け取ることは，家庭内の親密性やケアの品質への干渉を必ずしも意味するのではなく，家族にとって，愛情と金銭，私的領域と公的領域を区別することでケアの意味を調整するためのひとつの手段になりうるのだ。

　筆者は，メイドとマダムの相互作用，あるいは愛情と金銭の交渉というミクロダイナミクスを，ケアレジームのマクロな過程に位置づけるべきだと主張したい。そうすることで，公と私の多面的な組織化が，いかに特定の文化的文脈や政策パラメータによって媒介されているのかを検証するのである。そして，人々の行為戦略を特定の構造的状況，すなわち選択を可能にしたり制約をくわえたりする文化的・社会的資源を提供する状況のなかに文脈化してみるのである。ミクロとマクロの問いをつなぐための調査が，これから一層必要となる。とくに，国際比較や国境を越えたトランスナショナルな事例研究は，文化を超えたケアワークの形成と変容を研究するための，実りの多い調査デザインとなるだろう。

●参考文献●

　Armstrong, P. and H. Armstrong. 2005. "Public and private: implications for care work." *The Sociological Review* 53(2): 167–187.

Cott, N.F. 1977. *The Bonds of Womanhood: "Woman's Sphere" in New England*. New Haven: Yale University Press.

Dalley, G. 1988. *Ideologies of Caring: Rethinking Community and Collectivism*. Basingstoke, Hampshire: Macmillan Education.

Daly, M. and J. Lewis. 2000. "The concept of social care and the analysis of contemporary welfare states." *British Journal of Sociology* 51: 281–298.

England, P. 2005. "Emerging theories of care work." *Annual Review of Sociology* 31: 381–399.

Esping-Andersen, G. 1990. *The Three Worlds of Welfare Capitalism*. Princeton, NJ: Princeton University Press.

Glazer, N. 1993. *Women's Paid and Unpaid Labor: The Work Transfer in Health Care and Retailing*. Philadelphia: Temple University Press.

Hansen, K.V. 1987. "Feminist Conceptions of the Public and Private: A Critical Analysis." *Berkeley Journal of Sociology* 32: 105–128.

Hays, S. 1996. *The Cultural Contradictions of Motherhood*. New Haven: Yale University Press.

Hochschild, A.R. 2003. *The Commercialization of Intimate Life: Notes from Home and Work*. Berkeley: University of California Press.

Knijn, T. 2000. "Marketization and the struggling logics of (home) care in the Netherlands." in M. H. Meyer (ed.) *Care Work: Gender, Class, and the Welfare State*. New York: Routledge, pp. 232–248.

Kritz, M., D.T. Gurak, and L. Chen. 2000. "Elderly immigrants: Their composition and living arrangements." *Journal of Sociology and Social Welfare* 27: 84–114.

Lan, P. -C. 2002. "Subcontracting Filial Piety: Elder Care in Ethnic Chinese Immigrant Households in California." *Journal of Family Issues* 23: 812–835.

―――. 2006. *Global Cinderellas: Migrant Domestics and Newly Rich Employers in Taiwan*. Durham, NC: Duke University Press.

Laslett, B. and J. Brenner. 1989. "Gender and social reproduction: historical perspectives." *Annual Review of Sociology* 15: 381–404.

Lewis, J. 1992. "Gender and the development of welfare regimes." *Journal of European Social Policy* 3: 159–173.

Liu, Z.-D. 1998. *Women's Medical Sociology*, (in Chinese). Taipei: Feminist Bookstore.

Lutz, H. 2008. "Introduction: Migrant domestic worker in Europe," in H. Lutz (ed.) *Migration and Domestic Work: A European Perspective on A Global Theme*. Burlington, VT: Ashgate, pp. 1–10.

Macdonald, C. 1998. "Manufacturing Motherhood: The Shadow Work of Nannies and Au Pair." *Qualitative Sociology* 21: 25–53.

Misra, J. 2007. "Carework." In G. Ritzer (ed.) *Blackwell Encyclopedia of Sociology*. Malden, MA: Blackwell.

Nakano, Glenn, E. 1992. "From servitude to service work: historical continuities in the racial division of paid reproductive labor." *Signs: Journal of Women in Culture and Society* 18(1): 27-69.

Oishi, N. 2005. *Women in Motion: Globalization. State Policies and Labor Migration in Asia*. Stanford, CA: Stanford University Press.

Orloff, A.S. 1993. "Gender and the social rights of citizenship: the comparative analysis of gender relations and welfare states." *American Sociological Review* 58: 303-328.

Parreñas, R.S. 2001. *Servants of Globalization: Women, Migration and Domestic Work*. Stanford, CA: Stanford University Press.

Peng, I. 2002. "Social care in crisis: gender, democracy, and welfare restructuring in Japan." *Social Politics* 9(3): 411-443.

Pyke, K. 2004. "Immigrant families in the US." In J. Scott, J. Treas, and M. Richards. (eds.) *The Blackwell Companion to the Sociology of Families*. Malden, MA: Blackwell, pp. 253-269.

Roberts, D. 1997. "Spiritual and Menial Housework." *Yale Journal of Law and Feminism* 9: 49-80.

Rollins, J. 1985. *Between Women: Domestics and their Employers*. Philadelphia: Temple University Press.

Sainsbury, D. 1999. "Gender and social-democratic welfare states." In D. Sainsbury (ed.) *Gender and Welfare State Regimes*. New York: Oxford University Press.

Swidler, A. 1986. "Culture in action: symbols and strategies." *American Sociological Review* 51(2): 273-286.

Treas, J. and S. Mazumdar. 2002. "Older people in America's immigrant families: Dilemmas of dependence, integration, and isolation." *Journal of Aging Studies* 16: 243-258.

Tronto, J.C. 1993. *Moral Boundaries: A Political Argument for an Ethic of Care*. New York and London: Routledge.

Tsai, Y.-L. 2008. "Strangers who are not foreign: Intimate exclusion and racialized boundaries in urban Indonesia." Ph. D., diss., Department of Anthropology, Santa Cruz: University of California.

Weinstraub, J. 1997. "The Theory and Politics of the Public/Private Distinction." In J. Weinstraub and K. Kumar (eds.) *Public and Private in Thought and Practice: Perspectives on a Grand Dichotomy*. Chicago, IL: University of Chicago Press, pp. 1-42.

Yeates, N. 2005. "A global political economy of care." *Social Policy and Society* 4: 227-234.

Zelizer, V.A. 2005. *The Purchase of Intimacy*. Princeton, NJ: Princeton University Press.

第2章

主婦の仕事・母の仕事
オランダ社会における家事の文化とその変容

中谷文美

はじめに

　1970年代初めに家事や主婦研究の先鞭をつけたイギリスの社会学者オークレーは,「家事は単一の活動ではない」と書いた（オークレー 1980: 55）。たしかに家事とは,異なるタイプの技能を要する,種々雑多な業務の集積である。家事という言葉から私たちが思い浮かべる代表的な行為といえば,さしずめ「炊事,洗濯,掃除」といったところだが,洗濯は洗濯機に衣類を移し,スイッチを入れるだけでは終わらない。洗いあがった洗濯物を干し,取り入れ,必要に応じてアイロンをかけ,たたみ,決まった場所に収納しなくてはならない。夫婦間の家事分担を尋ねるアンケート調査などで,「夫と妻のどちらが,どれくらいの頻度で洗濯をするか？」という質問を見かけることがあるが,こうした単純な問いだけでは,現実の作業分担の実態は見えてこないといえるだろう。
　また,炊事,洗濯,掃除のいずれをとっても,家屋の構造,道具や技術,電気・水道といった基本的設備の有無や生活習慣の違いなどが,具体的な作業の内容や費やす時間を大きく左右するはずだ。文化人類学者が調査対象としてきた多くの社会では,調理を始める前に遠方の井戸や給水タンクまで水汲みに行ったり,燃料用の薪を集めたりしなければならない状況は珍しくないが,同じ社会の中でも,時代の変化に従って家事の内容や求められる水準

は変化しうる。

　そしてもうひとつ，家事をめぐる問題を考える上で見落とされがちな点がある。それは，イギリスの歴史学者ダヴィドフが先のオークレーとほぼ同時期に発表した論文で述べたように，「家事は文化の一部」ととらえることができるということだ (Davidoff 1991: 59)。いいかえれば，家事とは何か，それを誰が担うべきか，そしてどのように遂行されるべきかといった問題は，各社会の文化的・歴史的特定性の中で規定される。

　そればかりでなく，それぞれの社会で家事として大きく括られる行為の中には一定の序列があり，家事のどの部分をとくに重要視するか，という点にはかなりの違いがあるのではないだろうか。つまり家事と呼ばれる一連の営みの中でも中核とみなせるような行為を社会ごとに，あるいは時代ごとに特定できるのではないか，というのが本章の出発点となる問題意識である。

　たとえば，現代日本の主婦がこなす家事の中でとくにエネルギーを傾けているもののひとつは，子どものための弁当作りだろう。生協などのカタログには彩りがよく，かわいい弁当を作るためのグッズが数多く紹介され（図 2-1），インターネット上のブログには人気キャラクターを模したり，文字を入れたりと手の込んだ弁当の写真が山と並ぶ。海外在住の日本人の母親たちの間でも，子どもが地元の学校に通う平日には簡単なサンドイッチなどですませているにもかかわらず，日本人向けの補習校に行く土曜日には，海苔巻やタコ型ウインナーなどの詰まった，いわゆる日本的お弁当をわざわざ作って持たせるという話をよく聞く。

　アメリカの文化人類学者アリソンは，この弁当作りには「子どもに栄養のある食事を与えるという，実用的かつ機能的な意義をはるかに超えた関心が注がれて」おり，「女性がよき母であることの証」ともなっていると分析した (Allison 2000: 83)。

　むろんブログや雑誌に掲載されているような，凝った「キャラ弁」（キャラクター弁当）を日々作って持たせる母親は少数派かもしれない。それでも現代日本において，弁当作りあるいは受験生の夜食作りなど，食にまつわる営みが母として遂行する家事の中核を占めていることは間違いないように思える。2000-2001 年時点での日本とイギリス，オランダの生活時間データを比

第 2 章　主婦の仕事・母の仕事

図 2-1　生協カタログに並ぶ「かわいい」弁当作りのための小道具

較した品田（2007: 88-89）によれば，17 歳以下の子どもを持つ女性の場合，家事の中で「食事の管理」に費やす一日あたりの平均時間は，日本がずば抜けて長い（日本の 151 分に対して，イギリスは 83 分，オランダは 82 分）。それにひきかえ，「子どもの世話」にかける時間は 3 カ国の中で日本が一番少なくなっている。「子どもを直接に世話するよりも，食事に手をかけることに時間を割いている」（品田 2009: 24）という見方も成り立つのである。

　いいかえると，日本の場合，家事の一つである弁当作りは，「主婦の仕事」である以上に「母の仕事」としての象徴的価値を付与されているように思える[1]。

1）　2006 年にテレビ朝日系列で放映されたドラマ『家族』には，家を出た妻に代わって家事・育児を引き受けることになった主人公の男性にとって，最大の難関となったのがかわいく見栄えのいい弁当作りであったというエピソードが織り込まれていた。このドラマのオフィシャルサイトには，「キャラ弁」作りの指南も登場した（http://www.tv-asahi.co.jp/kazoku/special/susume/index.html15/612020，アクセス日 2010 年 5 月 25 日）。
　また，朝日新聞のデータベースを「弁当」というキーワードで検索すると，家庭で作られる日

このことは，1970年代のイギリスで主婦に対するインタビュー調査を行ったオークレーの議論とも呼応する。「子どもの世話は好きですか？」という問いかけに対して「はい，でもおしめがねえ。手で洗うんですけど，真っ白に仕上がらないといやなんです」と答えたある女性の例から，女性が家庭内での再生産労働に従事する際に期待される主婦としての役割と母としての役割がしばしば混同される状況をオークレーは読み取っている。その結果，「育児はすなわち家事であるということになる」という（オークレー 1980: 194, 196）。

とはいえ，具体的にどのような家事行為が育児と結びついて象徴的な意味を持つかは，社会によっても時代によっても異なる。そこで本章の目的は，その日常性ゆえに「家事」としてひと括りにされがちな家庭内の再生産労働を，個別社会の文化的文脈に照らして再考してみることにある。家事を構成する個々の行為を「誰が」「いつ」「どのように」遂行することになっているのか，それらの行為の間にどのような序列があるのか，といった点に留意しつつ，家事の中身や位置づけの変遷を時代背景と共に追ってみたい。

ここで事例として取り上げるのはオランダ社会である。近代前期の段階で女性の活動領域としての家内空間が成立したヨーロッパのなかでも，オランダは「主婦化」と「脱－主婦化」のプロセスがいずれも社会全体を巻き込む形で進行した国であるということができる。以下は，その変化の軌跡を「主婦の仕事」「母の仕事」という側面に注目しつつたどる試みである。

1　オランダ社会における家事の位置づけ

現代のオランダは，既婚女性の圧倒的多数が当然のように家事・育児に専念する時代を経て，いまやEU諸国平均を大きく上回る女性労働力率（2009年時点で71.5％）を誇る状況となった。そのオランダにおいて，家事をめぐ

常的な弁当にまつわる記事の多くは生活・家庭面の「ひととき」に掲載された読者投稿であり，母親の立場もしくは子の立場から，弁当にこめられた母の気遣いや愛情を語るものが圧倒的に多い。

る一般的認識や実践，とりわけ女性たちの日常の中で家事が持つ意味や重みは歴史的にどう変化してきたのだろうか。

　先行研究を概観する限り，オランダ史の中で家内領域およびそこで遂行される家事とその担い手をめぐる状況が重要な変化を遂げたと考えられるのは，以下の3つの時点である。第1はオランダが新興の共和国として経済的繁栄を誇り，都市部で台頭した市民層を中心に公私の分離が進んだといわれる17世紀，第2は家事の合理化・プロフェッショナル化が進み，近代的な専業主婦像が形成された19世紀，そして第3は既婚女性が主婦となることが階層差にかかわらず平均的実践となった，第二次世界大戦後10年あまりの時期である。まず本章では，家事の歴史的位置づけを通時的に理解するために，その3つの時点それぞれについて，家事の社会的・文化的意味，具体的内容とその担い手を先行研究に拠りつつ検討しておこう。

1-1．内外の区分と女性領域としての家内空間：17世紀

　オランダ史においてしばしば「黄金時代 (Gouden Eeuw)」と呼ばれる17世紀は，さまざまな点で特別な意味を持つ時代であるが，とくに近年になって，この時期に大量に描かれた風俗画 (genre paintings) を素材とし，市民の日常や家族生活に光を当てた研究が数多く出ている (Van Deursen 1991; Schama 1991; Franits 1993; Kloek et al. 1994; トドロフ 2002；尾崎 2008；小林 2008 他)。

　中でも社会史家のシャーマと美術史家のフラニッツの二人は，それぞれ膨大な数の絵画と当時の出版物を手がかりに，夫婦関係のあり方や期待される男女の社会的役割がどのようなものであったかを詳しく解き明かした。

　たとえば図2-2は，医師であり政治家でもあったファン・ベフェルワイク (Van Beverwijck) が1639年に著した「女性という性の優越性について」の挿絵として，この二人の著作のいずれにも登場する図版である。紀元前5世紀の彫刻家フィディアスが製作したという亀の上のヴィーナスをモチーフとし，背景に耕す男と屋内で糸を紡ぐ女を配したこの版画は，家内の諸事を取りしきり，家を自らの居場所と定める女性を「甲羅を背負う＝家とともに動く」亀になぞらえたとされる (Franits 1993: 68)。

第 I 部　親密性の労働とは何か

図 2-2　亀の上に乗る女性
出典：Kloek et al. (1994: 71).

　戸外で生活の糧を得るための仕事に従事する夫と，家の中にとどまり，掃除・食事の支度・子どもの世話に加えて使用人の監督という任務をつかさどる妻との間の明確な分業を夫婦関係の基盤に置く考え方は，先のファン・ベフェルワイクのほか，17 世紀を通じて人気の高かった著述家・道徳家のヤーコブ・カッツ（Jacob Cats）の著作にも繰り返し登場する（Van de Pol 1994: 73)[2]。夫婦間の分業それ自体は，オランダ特有の考え方とは言い難く，当時豊富に出回っていた結婚生活や家庭運営の指南書の類には，イギリスの同様の出版物の翻訳も多数含まれていた（Franits 1993: 64）。ただし次の 2 点については，同時代の周辺諸国とは異質な，オランダ固有の特徴が伺える。
　まずは，住まいの外と内との間に明確な境界を引く意識が浸透しつつあったという点である。
　オランダ風俗画に頻繁に描かれた室内は，危険に満ちた外界と対比される清潔で安全な空間であった（Van Daalen 1993: 11；トドロフ 2002: 31）。現実には

---

[2]　カッツが著した『結婚（*Huwelijck*）』という韻文形式の著作は，少女期から老年期にいたる 6 段階のライフステージのそれぞれについて，女性のあるべき生き方を説いた書物として人気を誇っていた。豪華な装丁のオリジナル本のほか廉価版も発売されており，17 世紀のうちに 21 回も版を重ねたという（Franits 1993: 5）。

第 2 章　主婦の仕事・母の仕事

商人，貿易商，医師，公証人といった自営業者を中心とする都市市民層にとって，事業や商取引の大半は住居の中で行われるものだったが，家族の居住空間と仕事空間とははっきりと分けられていた (Van Daalen 1993: 10; Schama 1991, 391)。そして家族の住まいとしての家内領域は，妻が家事全般を掌握し，使用人の素行に目を光らせながら整理整頓を徹底しつつ，清潔さを保つべき場であった[3]。カッツによるロングセラー『結婚 (*Huwelijck*)』は，家の中のすべてのモノが洗い清められ，あるべき場所に収まっているような秩序を維持することの重要さを説き (De Mare 1999: 18)，同じく人気の高かった『経験豊富で博識のオランダ人家政管理者 (*De Ervarene en Verstandige Holladsche Huyshoudster*)』というマニュアル本では，週間の清掃スケジュールとその内容が事細かに記載されていた (Schama 1991: 375)[4]。

　このように執拗なまでのきれいさ，清潔さの追求がもう一つのオランダ的特徴である。17世紀オランダの社会状況に関する研究の多くは，他国からの旅行者の観察記録に頻繁に言及している。とりわけシャーマは，数多くの旅行記にオランダ人が道路や家の内外を丹念に洗い清め，磨きあげる様子が記されていることに注目した。当時のヨーロッパ内の旅行者は他国の第一印象として清潔さの度合いを引き合いに出すことが多かったというが (Laurence 1994: 130)，ことオランダに関しては，「度を越したこぎれいさ (excessive neatness)」「清潔さの完全な奴隷 (perfect slaves to cleanliness)」とイギリス人が書き記すほどの徹底ぶりが広く知られていたようである (Schama 1991: 375ff)[5]。

　オランダ人にとってこの清掃という行為は，物理的な意味での健康や衛生

---

[3] フェルメールと並んで17世紀オランダを代表する画家の1人ピーター・ド・ホーホ (Pieter de Hooch) は，静謐な室内での日常を描写した作品を数多く残している (Sutton 1980) が，そこに箒やバケツを携えた姿で描かれるのはほとんどが使用人の女性である。主婦たる妻は，子どもの相手をしながら使用人に買い物の指示をしたり，野菜の皮をむくなどの作業に携わっていることが多い。

[4] このマニュアルには，曜日ごとの清掃プログラム（月曜と火曜は客間と寝室の塵払いと磨き仕事，木曜はごしごし洗い・こすり洗いの日など）に加え，枕は毎日膨らませて羽毛に空気が入るように立てておくこと，床は灰汁で，壁は石灰とテンペラを混ぜて拭くこと，といった具体的な指示が記載されている。

[5] このほか，年中行事であった「春の大掃除」はフランス人の訪問者に「世にもおそろしい作戦 (frightful operation)」と呼ばれた (Sutton 1980: 47)。

への配慮を超えて，道徳的な意味を帯びるものだったとシャーマは分析する。ゴミや泥を一掃することは，混沌とした状態に区切りをつけ，他を排し，オランダ社会を神に選ばれた存在として差別化することを意味した。したがって家の中を徹底的にきれいにするという妻の任務は，外界に満ちた邪悪なるものの侵入を防ぎ，安らかな内なる世界を守ることと同義であった（Schama 1991: 380, 391; cf. Sutton 1980: 45）。

　社会全体を見渡せば，女性は法的に男性に従属する存在であり，政治などの公的世界から制度的に排除されていた。しかし結婚生活において，夫は外，妻は内という空間的規範の下で天職（*beroep*）として与えられた家内の職務を全うする限り，妻は対等とはいえないまでも夫の伴侶として相互補完的な役割を担う存在であり，夫はその役割に敬意を払わなければならなかった（Franits 1993: 68, 130; Schama 1991: 425）。さらに，妻が君臨するその家庭は「権威の基盤にしてその源泉」であり，コミュニティ，さらには国家の縮図と位置づけられた。よって家庭の平和は社会全体の安定と基盤を保障するものとみなされたのである（Franits 1993: 213n25, 384; Schama 1991: 391）。

　この頃，家の内側の世界がその外と完全に切り離され，独自の情緒的価値を帯びた空間であったかどうかという点については議論の余地がある。ド・マーレ（1999）は，家内領域に公的世界とは対比的な，たとえば暖かく親密な家族関係が展開される場という性格が与えられるようになる，つまり家内性（domesticity）と呼ばれるものが成立するのはあくまでも19世紀以降のことであり，17世紀の時点では，家の内外にはむしろ共通の行動規範が適用されたと指摘している。

　ただそうであったとしても，女性の活動空間としての家内領域が，男性の活動の場である公的世界と区別され，並置されたばかりでなく，後者以上に優れた美徳を体現するという価値を付与されていたことは間違いない。そして，その空間を清潔で秩序あるものに整えることに大きな社会的関心が払われていた。この点にこそ17世紀オランダの特異性を見出すことができるのではないだろうか。

1-2.「主婦業」の成立と家事をめぐる知識の体系化：19世紀

　先に触れた 17 世紀オランダの風俗画の登場人物の多くは，ビュルヘル (*burgher*) と呼ばれる，家や資産を備えた新興市民層である。廉価版が合わせて発売されていたとはいえ，豊富な図版を添えて結婚生活や女性役割にまつわる道徳を説く数々の書物の読者もまた，その大半は「持てる人々」であった。同時代の庶民の生活に光を当てたファン・ドゥールセンが史料調査に基づいて断言するように，さまざまな職人を含む労働者世帯の場合，夫一人の稼ぎではとうてい家族を養うことはできなかった。したがって，庶民の妻たちは糸紡ぎ，洗濯，掃除といった賃仕事をこなし，娘たちは織物工場で働くか，住み込みの家事使用人となった (Van Deursen 1991: 8-9)。その意味で，家内領域や家事のあり方をめぐる上述の議論は，基本的に限られた階層にのみあてはまるものだったといえる。

　その後都市化・産業化が進み，社会全体が大きな変化を経験した 19 世紀になってもなお，家事をめぐる観念は，社会階層によって大きく異なっていた。社会の上層，たとえば貴族や政府高官，工場主，大農場主などの裕福な家庭では多くの使用人を抱え，女主人は使用人の監督者という役目を負っていた。一方，職人や工場労働者の妻たちは，17 世紀同様，夫の少ない賃金を補填するために自ら戸外で働く必要があったが，むろん使用人を雇う余裕はなく，賃労働と家事労働の二重負担を強いられる状況にあった。そして中間層，つまり小規模の自営業者や親方，小農の妻たちは，家業を手伝う傍ら，女中の助けを借りて家事を行っていたとされる (Oldenziel & Bouw 1998: 15)。

　家事の中でも掃除に関する水準の歴史的変遷を考察したオルデンズィールらは，19 世紀末の重要な変化として，近代的な専業主婦像を実践する層の登場を指摘する。それは，行政官，教育者，公務員や工場監督者などの妻や娘のように，品格を守るために戸外就労を慎む一方，上位階層のように大勢の使用人を雇う経済的余裕はないことから，家庭内で家事に専念した女性たちであった (前掲書)。ここで重要なのは，そうした女性たちが専業主婦としての自覚を持ちつつ，より合理的な方法でより多くの家事を自ら遂行するよ

第Ⅰ部　親密性の労働とは何か

図 2-3　初版が 1890 年頃に発刊された家政マニュアル Ik Kan Huishouden（私，家事できます）の表紙

うになっていったという点である。

　19 世紀は，技術の進歩や衛生観念などの普及を背景に，家事の合理化，プロフェッショナル化が進んだ時代でもあった。とりわけ 19 世紀後半には，家事の知識は母から娘へと受け継がれるものではなく，専門的な知識と技術を要するものとみなされるようになり，数多くの百科事典的マニュアル本が出版された（Groffen & Hoitsma 2004: 16）（図 2-3）。それ以前から存在していた家政百科的な出版物との違いは，インフォーマルに蓄積され，伝えられてきた経験的知識の列挙ではなく，体系化され，科学的な根拠に基づいた知識の提示にあった。さらに，1891 年にはアムステルダムに最初の家政専門学校が設立され，その後オランダ中に広がっていく。つまり，体系化された家事の知識と技法は，書物や学校教育を通じて伝達すべきものとなり，独身女性は妻・母・主婦としての将来の任務に備えてフォーマルな家政教育を受ける

ことが望ましいと考えられるようになった (Wilke 1998: 61)。

　家政専門学校の講師陣が執筆することの多かったといわれる各種家政マニュアルが想定していたのは，職場での仕事に従事する夫と，家内ではあっても夫の職場と同じような規律に従い，知識や技術を駆使した家事に従事する妻の間の分業であった。つまり，主婦であることは意識的に選択された「職業」に就くことを意味し，女性たちは手だけでなく，頭も使って家事を遂行することが求められていた (Van Daalen 1993: 12)。苦労やトラブルの多い職場から帰宅する夫に対し，その職場とは対照的な，「穏やかさに満ちた場所である〈家庭〉を提供する」ことが妻の役割だという記述もみられる。

　また，家の中を整理整頓し，清潔さを保つことの重要さは依然として強調されており，家事の中でもとりわけ重要とされたのが窓磨きであった。ぴかぴかに磨かれた窓は，家の中もまた十分に清潔な状態に保たれていることを示し，その家の住人の社会的地位につながる象徴的意味を持っていたのである (Van Daalen 1993: 13)。

1-3. 専業主婦の普遍化：第二次世界大戦後

　しかし，このように女中の手を借りながら家事をこなす主婦の姿は，20世紀に入ってさらに変化を遂げていく。家と家族のケアに全面的に献身する専業主婦であることが，階層差を超え，しだいに社会の平均的な実践として広まっていったからである。

　たとえば，20世紀初頭の時点で郵政関係の業務についていた女性公務員の大半は未婚女性であったが，少数ながらそこには既婚者も含まれていた。しかし1904年に，就業資格を持つのは未婚女性のみという王令 (Koninklijk Besluiten) が出されたため，女性公務員は結婚と同時に退職を余儀なくされるようになった (Van Eijl 1994: 259)。「名誉ある解雇 (*eervol onstlagen*)」と呼ばれたこの措置は，その後女性の多かった教員や看護婦といった職種にも適用されていく。1937年に既婚女性の全面的な就業禁止を定める法律案を提出した当時の社会問題担当相 (Minister van Sociale Zaken) は，次のような演説をしている。

> 自然の秩序に従うなら，男性は一家の稼ぎ手であり，女性の任務は家族の世話であります。一般に女性がこの任務を逃れ，異なる仕事の領域を求めるとすれば，それはよこしまなことと言えましょう（Plantenga 1998: 53）。

このような夫＝稼ぎ手，妻＝主婦という夫婦間の明確な分業モデルは，二つの世界大戦後もいっそう広く深く社会に浸透していった。その背景には，イギリスやアメリカのような規模で戦時労働力としての女性の動員が起こらなかったこと，戦後のオランダは好景気が続き，夫一人の収入で家計が賄えるようになっていたこと，さらに20世紀前半から進んだ「柱状化（verzuiling）」と呼ばれるオランダ特有の社会構造の中で，特定のイデオロギーが階層差を越えて浸透しやすい状況が生まれていたことなどが主要な要因として働いたといわれる（Bussemaker 1998; Schuyt & Taverne 2004）。「柱状化」とは，個人が宗派，思想信条に従って縦割りの集団に帰属するシステムを指す[6]。高度に組織化された個々の集団は，さまざまな政治課題をめぐって異なる立場に立っていたが，家庭内での女性の役割をめぐっては見解の一致をみていたとされる（Bussemaker 1998: 6, 29）。

さらに第二次世界大戦終結直後の1945-55年は，政府や各政党が「家族政治」を展開し，家族，とりわけ，夫が稼ぎ手，妻が専業主婦という夫婦の組み合わせから成る核家族をモデルとした上で，家族の重要性を強調する時代でもあった。そんな中，階層にかかわりなく，女性は結婚後は主婦として家庭に入ることが当然の選択と考えられるようになっていったのである。実際に専業主婦率は高く，1947年の既婚女性の戸外就労率は2％，1960年には7％だったという。同じ1960年，4歳未満の子を持つ女性にいたっては，戸外就労者はわずか0.6％であった（Oldenziel & Bouw 1998; Morée 1992: 102-

---

[6] プロテスタント，カトリック，社会民主主義といった個別の「柱」ごとに，学校，病院，政党，労働組合，経営者団体，メディア（新聞社，ラジオ・テレビ局）などが系列化されており，多くの人々は家族ぐるみで自分たちの所属するネットワーク内の諸組織と強いかかわりを持ちながら生活を送っていた。たとえばもっとも組織化が進んでいたとされるカトリックの場合，カトリック系の病院で生まれ，カトリック教会で洗礼を受け，カトリック系の学校に幼稚園から高校・大学まで通い，カトリック系の労働組合に所属し，カトリックの信者同士で結婚し，カトリック系の新聞を購読して暮らす，といった状況が十分にありえたという（Andeweg & Irwin 2005: 23-25）。

103; Schuyt & Taverne 2004: 259)。むろん統計上専業主婦とカウントされていても，実際には何らかの賃労働に従事しているケース，たとえば家で内職をしたり，他の家庭に家事手伝いとして通う女性などは少なからず存在したと考えられる。しかし強固な社会通念の広がりを背景に，そうした存在はますます「見えにくく」なっていったといえるだろう。実際のところこの時代，結婚しない女性は稀であったし，夫と妻の役割分業を前提とした家族モラルが強調される中で，既婚女性が働こうとすれば多くの困難に直面したことは間違いない[7]。

2 主婦の仕事

では，戦後オランダ社会にあまねく浸透したかにみえる夫婦分業モデルにしたがって専業主婦となった女性たちは，どのような日常を過ごしていたのだろうか。

まず家事に費やす時間は非常に長く，1956年の調査によれば，1日あたり12時間から14時間，1週間あたり70時間以上に及んだ（De Groot & Kunz 1984: 119-120, Tijdens 2000: 10に引用）。家事使用人を雇用する家庭はすでに激減しており，1960年時点では自営業者を中心に4％未満に過ぎなかった（Tijdens 2000: 10）。経済的余裕のある家庭は，住み込みに代わって，通いの掃除婦や女中を週数時間ずつ雇うようになっていた。

1955年に実施された主婦対象の生活時間調査によると，この当時の主婦は曜日によって重点的に取り組む家事内容が異なり，それが一定のパターンを確立していたことがわかる。月曜日は洗濯，火曜日はアイロンかけと繕いもの，金曜日は念入りな掃除，土曜日は買い物といった具合である（Groffen & Hoitsma 2004: 22）。ちなみに約10年後の1964年に実施された詳細な生活

---

[7] 筆者のインタビュー対象者の一人であった70代の女性は，娘2人を出産したのち，看護婦としての仕事に復帰するため，勤務先に簡易保育スペースを設けてもらった。だが実の母や姉妹らは彼女の選択に理解を示さず，子どもを預かるなどの援助は全く得られなかったという。1960年代の前半当時，公的保育所はシングルマザー向けのものが少数存在するに過ぎなかった。

図2-4 オランダの開放的な窓辺

時間調査では，主婦の労働時間が週当たり平均60時間に減少していたが，月曜日が洗濯日，金曜日が家の中の大掃除，土曜日が買物という曜日別のパターンはほぼ維持されていた (Philips Nederland 1966)。

1954年刊行の「家政ハンドブック (Handboek voor Huishoudkunde)」には，2歳から8歳までの5人の子を持つ母親の詳細な日課が記されている。週3回通いの女中を雇っているにもかかわらず，女中と分担しながら主婦自身があらゆる家事に従事している様子が伺える (Wilke 1998: 83)。

これらの家事の中で象徴的な意味でも実際にも重要視されていたのは，やはり窓磨きや窓辺の装飾であった。窓磨きは前述のように以前から重要な意味を持っていたが，とくに1950年代から大きく開放的な窓を設ける建築が流行ったことで，まるで温室のように表通りから中の様子をのぞき見ることが可能になった (図2-4)。その窓をカーテンで覆うことなく磨き上げ，家外に向けて窓辺を飾ることが，住人の潔白性と開放性の誇示につながったといわれる。その後60年代，70年代を通じて，この大きな窓辺の装飾は主婦の重要な仕事となった。窓辺は多くの鉢植え，手づくりの手工芸品，あるいは旅行先の土産物などが趣向を凝らしてディスプレイされる空間であった。ち

なみに1964年の全国調査では，都市居住者の65％が夜もカーテンを引かないと回答している（Cieraad 1999: 38ff）。

ところが1980年代に入ると，若い世代を中心に，窓の装飾にはあまり関心が払われなくなっていく。新たにブラインドが導入され，昼間からブラインドやカーテンが下りている家も増えていく一方で，窓拭きが「好きではない家事」の筆頭に上がるようにもなる。シェラードは，女性の領分と意味づけられていた窓辺の装飾の放棄は主婦の地位の周縁化を象徴するものであり，ブラインドのかかった窓は「モダンなオランダの家庭イメージを作り出し，そこでは妻が家事とパートタイム勤務を両立させている」（Cieraad 1999: 49）と述べる。

たしかに1980年代は，既婚女性を含め，女性の就労が急増した時期であった。1971年には38％だった女性（15-64歳）の労働力率が1990年には53％となる（Henkens et al. 1993: 332）。80年代から90年代にかけて，結婚と同時に仕事を辞める女性が圧倒的に多かった状況が一変し，結婚後も就業を継続したり，あるいは一旦退職した後再び働き始めたりする女性の数が急速に増えたためである。さらに2000年代に入ると，結婚や出産によって就労を中断する女性が極端に減るという状況が生まれた。この結果，年代別の女性労働力率のカーブは，ほぼ台形型に近づきつつある（図2-5）。

こうした変化の背景には，1980年代以降に矢継ぎ早に展開された労働政策と雇用環境の変動がある。とくに年金制度や所得税の個人単位化，パート・有期・臨時のフレキシブルワーク推進につづいて1996年11月の労働法改正によるパートタイム労働とフルタイム労働の均等処遇化，2000年7月の「労働時間調整法」でパートタイムとフルタイムの転換が認められたことなどにより，フルタイム社員とほぼ同等の条件で少ない時間働くという選択が可能になった。この結果，子どもの年齢や育児環境などに合わせて柔軟な働き方を選ぶ女性が急増した（Nakatani 2010; 水島 2010）[8]。

---

8) 2008時点で，未婚者も含む女性のパートタイム就労率（労働時間が週12時間以上の就労者のうち，35時間未満の者の割合）は69.2％となっている（Beckers et al. 2008: 89）。OECDの定義（週30時間未満の就労者をパートタイムとする）にしたがうと，パートタイム就労の女性は全就労女性の60％となるが，この比率の高さはOECD諸国の中で突出している（Keuzenkamp 2009: 17）。近年は，未婚女性も積極的にパートタイム就労を選ぶ傾向にある。

第 I 部　親密性の労働とは何か

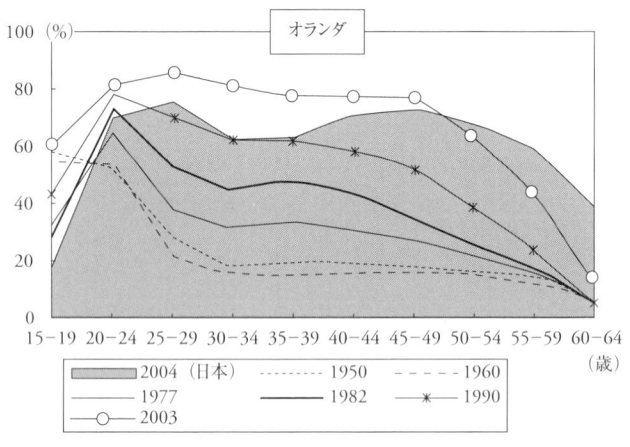

図 2-5　オランダ人女性の年齢階級別労働力率の推移
「平成 16 年版　働く女性の実情」概要, 厚生労働省

　それとひきかえに, 家事に割く時間が年を追って減少していったことは, 生活時間の推移をみるとよくわかる（表 2-1）。

　表 2-1 は 5 年ごとに実施されている大規模な生活時間調査の結果をまとめたものであるが, 女性の場合, 有給労働がこの 30 年間で 9.4 時間増加した一方で, 無給労働の中でも週当たりの家事時間数が 1975 年の 30.6 時間から 2005 年の 23 時間へと 7.6 時間分減少している。ただし同時に注目すべきは, 子どもやその他の家族成員の世話という項目に関しては, 家事と同様に減少することなく, むしろ増えているという点である。また, 男性のほうはわずかではあるが, 家事時間が増え, 子どもの世話時間も増えている[9]。

　「専業主婦」の減少は, 家事の中でもとりわけ掃除や炊事の外注化をもたらした。上述のように家事使用人のいる家庭は戦後から 1960 年代にかけて一旦激減したが, 既婚女性の就業率が上昇し始めた頃から, 再び家事補助者

---

[9]　日本の場合も, 1980 年代から 2000 年代にかけては, 家事時間が減少する一方で育児時間が増加するという傾向は同じように見られる。6 歳未満の子を持つ女性の 1 日あたり家事関連時間は, 1986 年の 302 分から 2006 年の 256 分へと減少し, 育児時間は 146 分から 187 分へと増加した（Tamiya & Shikata 2009: 20）。ただし, 日本では仕事を持つ女性と持たない女性の間で育児時間に極端な差が生まれるのに対し, オランダではその差があまり大きくないのが特徴である（品田 2007: 89）。

表 2-1　オランダ人男女の生活時間の変化 1975-2005 年（週当たり時間数）

	1975	1980	1985	1990	1995	2000	2005
【女性】							
無給労働	42.6	44.4	43.3	39.1	37.3	35.5	34.7
家事	30.6	30.2	28.8	26.1	25.3	23.9	23.0
子ども・その他の家族成員の世話	4.6	5.2	4.7	5.0	5.1	5.0	6.0
DIY 活動	5.7	7.1	7.5	5.6	5.0	4.6	3.8
親族/非親族への援助	0.9	1.0	1.1	1.2	1.1	1.1	1.1
ボランティア活動	0.8	0.9	1.1	1.1	1.2	0.9	0.8
有給労働	3.9	4.4	5.9	7.7	9.3	12.0	13.3
【男性】							
無給労働	17.4	18.5	20.4	19.7	21.1	20.0	20.0
家事	8.5	8.8	10.3	10.0	11.2	11.4	11.3
子ども・その他の家族成員の世話	1.9	1.9	1.8	1.9	1.9	2.1	2.8
DIY 活動	4.9	5.5	5.6	5.2	5.2	4.3	4.0
親族/非親族への援助	0.7	0.7	1.2	0.9	1.2	0.9	0.7
ボランティア活動	1.5	1.6	1.5	1.8	1.7	1.4	1.3
有給労働	27.3	25.6	25.1	27.3	28.6	29.8	29.0

Portegijs et al. 2006: 102

を雇用する家庭が増加した（De Ruijter 2004: 227）。需要に供給が追いつかないために，希望はしていても現実に家事補助者を雇うことができない世帯も相当数あると見られている。

　一方，どういう状態を「十分にきれい（*schoon genoeg*）」とみなすか，という規範はここ 100 年で大きく変わったといわれる。たとえば，家中を地下室から天井まで徹底的に掃除し，絨毯を屋外で叩いて干す「春の大掃除（*voorjaarsschoonmaak*）」はもはや季節の風物詩ではなくなった（Oldenziel & Bouw 1998: 27）。また世代によって「きれいさ」の規準が異なることは，老人ホームでのインタビューからも明らかになっている。かつて自分の家を「ぴかぴかできれいな状態」にすることそれ自体に喜びと誇りを感じていた，高齢の女性たちは，若いスタッフがおざなりな掃除をしただけで「十分きれい」とみなす姿勢に不満を持っているという（Van Daalen 1993: 15）。

つまり，家の中や窓を磨き上げることが主婦である女性の能力の証でもあり，誇りの源泉でもあった時代に比べると，家事に費やす時間が減少する一方の現代においては，主婦という存在や主婦がすべき仕事というものが次第に周縁化されている状況を読み取ることができる。

3　母の仕事[10]

上の表2-1でみたように，女性が純粋な家事に割く時間が大きく減少したこととは裏腹に，男女の育児関連時間は増加傾向にある。このことは，子どもに対するケア，つまり母としての仕事の重要性が薄れてはいないということを示している。

表2-2は女性の育児関連時間の経年変化（1975-1995年）を内訳とともに示したものであるが，専業主婦の母親も就労している母親も，子どもの世話にかける時間はこの間増加している。しかも内訳を見ると，身の回りの世話に比べ，しつけ・遊びというカテゴリーに入る時間の増加が目立つことが注目される。ここでは「しつけ・遊び」と訳したが，原語の *kinderbegeleding* は，子どものそばにいて教え導くというニュアンスを持つ。つまり，食事を与えたり，寝かしつけたりといった物理的な世話以上に，一緒に遊んだり精神的なケアをしたりという側面がこれまで以上に重視されるようになっていることがわかる。

では，「母の仕事」の具体的な中身とは何であろうか。

もともとオランダで定型化された母イメージとして繰り返し言及されるのは，「紅茶ポットとクッキーの傍らで子どもを待つ母」という決まり文句である。

かつてほぼ全員が専業主婦だった母親たちは，実際に子どもたちが下校す

10）本章の記述の大半は，2002-2008年に数回に分けて実施したオランダでのフィールド調査に基づいている。調査ではテーマに関連する新聞記事，雑誌記事などの収集のほか，女性24名，男性18名（13組のカップルを含む）に対し個別インタビューを実施した。調査の一部は，科学研究費補助金（基盤B）「〈仕事〉の多様性と変容に関する人類学的研究 ―― ジェンダー視点による国際比較」（代表者: 中谷文美）によって可能になった。

表 2-2　既婚（同棲者を含む）女性の育児時間の変化　1975-1995 年（週当たり時間数）

子どもの年齢	主婦（無職女性）			有職女性		
	1975/1980	1985	1995	1975/1980	1985	1995
0-5 歳						
子どもの世話	15.9	20.4	22.4	13.4	15.5	16.8
身の回りの世話	10.1	12.8	11.8	7.8	9.5	8.7
しつけ・遊び	5.8	7.5	10.6	5.7	6.0	8.2
6-14 歳						
子どもの世話	5.8	6.7	8.1	5.1	5.6	5.4
身の回りの世話	3.0	3.1	2.9	2.3	2.5	1.9
しつけ・遊び	2.8	3.7	5.3	2.8	3.1	3.5

出典：Niphuis-Nell (1997: 143).

る時間に合わせてお茶の用意をして待っていたらしい。先に引いた 1954 年の「家政ハンドブック」に載る主婦の日課にも、学校から戻った子どもたちと一緒にお茶を飲む時間がきちんと入っている。しかし、「働くお母さん」が非常に多くなり、放課後学童保育に通う子どもも増えている現代オランダでは、「紅茶ポット」も過去の話としてノスタルジックなトーンで語られることが多い。1960 年代生まれの筆者と同世代の友人たちも、母親が紅茶を入れて自分の帰宅を待っていてくれたという記憶を共有しているが、同じことを自分の子どもにしている人はほとんどいない。それでも友人の息子が母の日に小学校から持ち帰った工作は、紅茶ポットを象った色紙に本物のティーバッグとお母さんについての詩のコピーを貼り付けたものであった（図 2-6）。

　他方、働く母親に今も問題を投げかけているのは「ランチタイム」である。「学校は勉強を習うところであって、生活する場でも、働く親のために子どもを預かる場でもない」という理由から、オランダの小学校には給食がない。一般に 1 時間あまりの昼休みが設定してあり、その間に生徒たちは自宅に戻って昼食をとるのが原則である。低学年の子どもたちは親が学校まで送り迎えしなければならないため、登校時と下校時、加えて昼食のための往復を数えれば、親たちは日に 4 回も自宅と学校の間を行き来することになる。昼食時に帰宅することができない共働き家庭の子どもたちは、学校に「居残

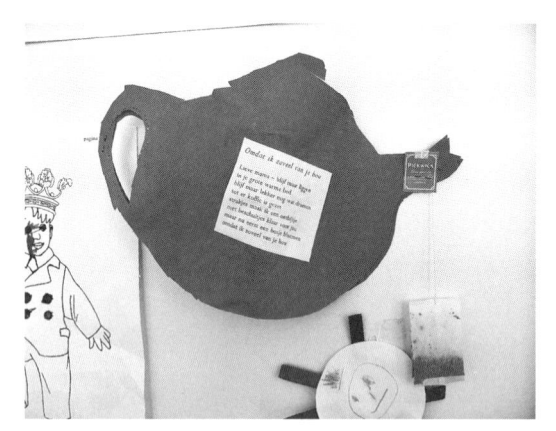

図 2-6 「母の日」にちなんだ小学生の工作

り（*overblijven*）」して持参した弁当を食べる。筆者が聞いた範囲では、帰宅組と居残り組が半々という感じのところが多かったが、その比率は学校や地域によってかなり異なる。

キャリア女性向けのある雑誌の記事では、「子どもが居残りを嫌がり、他の子のように家でランチを食べたがる」ことを気に病む母親の声が取り上げられていた[11]。実際働く母親の多くは頭を悩ませており、「いっそ子どもたちが全員居残りするシステムだったらいいのに」という声もよく聞いた。

実は制度的には「継続的時間割（*continurooster*）」という選択肢が存在しており、学校側がこのシステムを採用すれば、昼休みを短くして、全員が学校でお弁当を食べ、そのまま午後授業を続けることが可能になる。どの学校でも、継続的時間割に変更するかどうかの論議が続いてきたが、子どもが家で昼食をとれないことに対して専業主婦の母親が反対する一方、昼休みが短縮されると、その分下校時間が繰り上がるため、迎えが間に合わなくなるという理由で働く親からも反対が出たり、となかなか踏み切れない学校が多い。

---

11) "Terug naar de theepot?" *VB Magazine*, 1997 年 5 月号。記事のタイトルを和訳すると「紅茶ポットに逆戻り？」である。また、仕事を辞めて家にいることを選択した母親を紹介する別の雑誌記事には、"Terug bij de theepot"（紅茶ポットのそばに戻る）というタイトルがついていた（*Vrij Nederland* 2001 年 10 月 27 日号）。

図 2-7　オランダの小学生（低学年）のお弁当

　しかし「お母さんが働いているからお昼に家に帰れなくてかわいそう」というイメージがつきまとう学校での居残り組であっても，母親の愛情の証としてとくに手をかけた弁当を持参することはない。ほぼ例外なくハムやチーズ，ジャム，チョコレートスプレーなどをはさんだサンドイッチ 2 組に丸のままの果物，といった具合で（図 2-7），高学年にもなれば子どもが自分で作ることもできる。他方，家で昼食をとる場合も，その場でサンドイッチを作って食べるのが普通である。
　調査で出会ったオランダ人の親たちを見ていても，「母の仕事」の重要なポイントは料理に手間をかけることではなく，学校や習い事の場所への送り迎えのほか，子どもと一緒にいる時間を持ち，積極的に相手をするという側面にあるように思われる。後述するように，このことがとくに子どもを持つ女性たちの就労パターンに大きな影響を与えてもいる。

おわりに

　17 世紀に早くも家の内と外の境界を明確に意識し，掃除のあまりの徹底ぶりで他国からの旅行者を驚きあきれさせたオランダであるが，そこでは公私の空間的・観念的分離と女性の家事専業化が深く結びついていた。その後

も，家の中をきちんと整え清潔に保つことは妻の主要な任務であり，主婦業を全うする上で重要な意味を持ち続ける。主婦としての仕事は戸外で夫が従事する仕事と並置され，後者に劣ることのない女性向けの天職（*beroep*）ととらえられた。19世紀に進んだ家事の合理化や体系化も，家事がまぎれもない仕事とみなされていたことの証とみることができる。

　家事をめぐる通念も実践も階層によってまちまちだった状況は，やがてすべての女性が結婚と同時に専業主婦として家と家族のケアに専心するというライフコースが規範化される状況へと移り変わり，その規範は実践されるようになった。しかし1980年代以降は，結婚・出産後もパートタイムの形で就業を継続する女性が増え，もはや「主婦の仕事」，つまり純粋な家事は一人の人間が一日を費やすような職業には値しなくなっている。他方，「母の仕事」は料理に代表されるような「母としての家事」ではなく，純粋に「母として子どもにかかわること」という意味において今なお重要視されている。

　だからこそ，既婚女性たちの多くはパートタイム勤務を選択する[12]。ランチタイム問題にも象徴されるように，学校の授業時間割と親の就労とが両立しにくい状況の中でも，有給労働か，子育てかという二者択一ではなく，両方をバランスよくこなすことを理想とするがゆえの選択ともいえる。ただし，そのバランスはどちらかというと子育てのほうに傾いている。乳幼児を持つインタビュー対象者の大半は保育所に子どもを通わせていたが，週3日までが限度であり，それ以上の日数を保育所で過ごす子どもはいなかった。また子どもが4歳で小学校に上がると，小学校の授業がない水曜午後は家にいて子どもと一緒に過ごすなど，子どものスケジュールに極力合わせた働き方を選ぶのが一般的である[13]。

---

[12] 2006年時点の調査で子どもを持つ女性に望ましい働き方を尋ねると，未就学児の母親の回答で最も多いのは週2日勤務であり（32％），次いで週3日勤務（27％）となっていた。就学児の母親の場合は週3日勤務の希望者がもっとも多い（41％）。いずれのグループも，フルタイム勤務が望ましいとする割合は非常に少ない（それぞれ2％，5％）。ちなみに，男性でも未就学児を持つ人の4割が，週5日ではなく週4日勤務が望ましいと回答している（Portegijs 2008: 40）。既述のように，オランダにおけるパートタイム勤務は，日本での短時間勤務制度に相当するもので，フルタイムとの均等処遇が原則となっている。

[13] オランダのほとんどの小学校は水曜の午後が休みとなっており，子どもたちは昼食前に

と同時に重要なのは,この「母の仕事」が必ずしも母親自身だけでなく,子の父親や祖父母によっても担われているという事実である。先に引いた全国規模の生活時間調査によれば,専業主婦の妻を持つ夫の育児時間が減少する一方で,共働き家庭の夫が子どもと一緒に過ごす時間は,有職女性,無職女性と同様,増加している (Van den Broek et al. 1999: 180)。また仕事を持つ母親の47％は,子どもを週平均11時間,その祖父母に委ねている (Plantenga 2005: 5)。産休明けに母親が仕事に復帰すると同時に,週1日のペースで祖父母が乳児を預かる例はめずらしくない。したがって多くの共働き家庭は,子どもが保育所に通う日,母親が家にいる日のほか,父親が同じく仕事に出ずに育児を担当する日(「パパの日 *Papa Dag*」と呼ばれる)や祖父母が孫を預かる日を織り交ぜた週単位のケア・スケジュールを組んでいる(中谷 2008, Nakatani 2010)[14]。

かつて職業としての主婦業に従事し,長時間の家事労働をこなすことで,有給労働に従事する夫との間に明確な性別分業を行っていたオランダ女性たちにとって,「主婦の仕事」としての家事それ自体の重要性は相対的に薄れてきたといえる。現代の女性たちは「主婦の仕事」の一部を外注するか,もしくは家事の水準を下げるという方策を取りつつ,むしろ「母の仕事」と有給労働の間の正しいバランスを追求している。そしてそんな彼女たちの営為を支えているのは,柔軟な働き方の制度化や保育施設の充実といった社会政策の後押しばかりでなく,「母の仕事」を母親以外の家族成員が積極的に担う状況なのである。

その意味で,家事労働の価値は相対的に低下しても,家内領域に付与される価値そのものは決して軽減していないことに注目する必要があるだろう。保育所を利用する家庭であっても,週3日が限度とされるのは,家の外の,

---

帰宅する。そのため毎週水曜の午後には,水泳を始めとするさまざまな習い事に行く子どもも多い。両親が働いている場合,学童保育は夕方まで預かってくれるが,通常の曜日より保育時間が長くなることと,子ども自身が友だちと一緒にさまざまなイベントに参加したがることから,仕事と学童期の子育てを両立している母親の圧倒的多数は,水曜日を休みにして,その午後を子どもと一緒に過ごせるようにする。子どもの成長に合わせて働き方を変える女性たちの実例については,中谷 (2008),Nakatani (2010) を参照のこと。

14) 孫を預かる祖父母向けの育児雑誌『Ook!』には,子どもが喜ぶ食事メニューや遊び方のガイドが掲載されている。

公的な空間での（しかも身内でない人の手になる）子育てというものへの抵抗感が広く共有されているためである。昼休みに学校ではなく家で簡単な昼食を食べさせることにこだわる親が多いことについても，学校という公的空間と家という私的空間の対比の重要性が背景にあると考えられる。この点は，もう1つの種類のケア，すなわち高齢者介護の場をめぐる議論とも重ね合わせながら，別稿で改めて検討したい。

• **参考文献** •

Allison, Ann. 2000. *Permitted and Prohibited Desires*. Los Angeles, CA: University of California Press.

Beckers, Ingrid, Brigitte Hermans and Wil Portegijs. 2009. "Betaalde Arbeid." In Ans Merens and Brigitte Hermans (eds) *Emancipatiemonitor 2008*. The Hague: Sociaal en Cultureel Planbureau.

Bussemaker, Jet. 1998. "Gender and the Separation of Spheres in Twentieth Century Dutch Society: Pillarisation, Welfare State Formation and Individualisation." In J. Bussemaker and R. Voet (eds) *Gender, Participation and Citizenship in the Netherlands*. Aldershot: Ashgate, pp25-37.

Cieraad, Irene. 1999. "Dutch Windows: Female Virtue and Female Vice", In I. Cieraad ed., *At Home: An Anthropology of Domestic Space*. Syracuse: Syracuse University Press, pp. 31-52.

Davidoff, Leonore. 1991. "The Rationalisation of Housework." In D. Leonard and S. Allen (eds) *Sexual Divisions Revisited*. London: Macmillan, pp. 59-94.

de Groot, M. and T. Kunz. 1984. *Libelle 50. 50 Jaar Dagelijks Leven in Nederland*. Utrecht: Het Spectrum.

de Mare, Heidi. "Domesticity in Dispute: A Reconsideration of Sources." In I. Cieraad ed., *At Home: An Anthropology of Domestic Space*. Syracuse: Syracuse University Press, pp. 13-30.

Franits, Wayne. 1993. *Paragons of Virtue: Women and Domesticity in Seventeenth-Century Dutch Art*. Cambridge: Cambridge University Press.

Groffen, Mayke and Sjouk Hoitsma. 2004. *Het Geluk van de Huisvrouw*, Amsterdam: SUN.

Henkens, K, K. A Meijer and J. Siegers. 1993. "The Labour Supply of Married and Cohabiting Women in the Netherlands, 1981-1989." *European Journal of Population*, 9: 331-352.

Keuzenkamp, Saskia ed. 2009. *Deeltijd (g)een problem*. The Hague: Sociaal en Cultureel Planbureau.

Kloek, Els, Nicole Teeuwen, and Marijke Huisman eds. 1994. *Women of the Golden Age: International Debate on Women in Seventeenth-Century Holland, England and Italy*. Hilversum: Verloren.

Laurence, Ann. 1994. "How Free Were English Women in the Seventeenth Century." In E. Kloek et al. (eds) *Women of the Golden Age: International Debate on Women in Seventeenth-Century Holland, England and Italy*. Hilversum: Verloren, pp. 127–135.

Morée, M. 1992. *Mijn Kinderen Hebben er Niets van Gemerkt: Buitenhuis Werkende Moeders tussen 1950 en Nu*. Utrecht: Jan van Arkel.

Nakatani, Ayami. 2010. "From Housewives to 'Combining Women': Part-time Work, Motherhood, and Emancipation in the Netherlands."『日蘭学会会誌』第 34 巻 1 号, pp. 1–22.

Niphuis-Nell, Marry ed. 1997. *Sociale Atlas van Vrouw*, deel 4, Rijswijk: Sociaal en Cultureel Planbrueau.

Oldenziel, Ruth and Caroline Bouw. 1998. "Huisvrouwen, Hun Strategieen en Apparaten 1898–1998." In R. Oldenziel and C. Bouw (eds) *Schoon Genoeg: Huisvrouwen en Huishoudtechnologie in Nederland 1898–1998*. Nijmegen: SUN, pp. 9–30.

Philips Nederland. 1966. *De Nederlandse Huisvrouw*. Eindhoven.

Plantenga, Janneke. 1998. "Double Lives: Labour Market Participation, Citizenship and Gender." In J. Bussemaker and R. Voet (eds) *Gender, Participation and Citizenship in the Netherlands*. Aldershot: Ashgate, pp. 51–64.

Plantenga, Janneke. 2005. Reconcilliation of Work and Private Life in the Netherlands. External Report to the EU Directorate-General Employment and Social Affairs, Unit G1 "Equality between Women and Men."

Portegijs, Wil et al. 2006. *Emancipatiemonitor 2006*. The Hague: Sociaal en Cultureel Planbureau.

Portegijs, Wil. 2008. *Nederland, Deeltijdland*. The Hague: Sociaal en Cultureel Planbureau.

Ruijter, Esther de. 2004. "Trends in the Outsourcing of Domestic Work and Childcare in The Netherlands." *Acta Sociologica*, 47(3): 219–234.

Schama, Simon. 1991. *The Embarrassment of Riches: An Interpretation of Dutch Culture in the Golden Age*. London: Fontana.

Schuyt, Kees and Ed Taverne. 2004. *Dutch Culture in a European Perspective*, vol. 4, Basingstoke: Palgrave Macmillan.

Sutton, Peter C. 1980. *Pieter de Hooch, Complete edition*. Oxford: Phaidon.

Tamiya, Yuko and Masato Shikata. 2009. The Political and Social Economy of Care: Japan Research Report 2. Geneva: UNRISD.

Tijdens, Kea. 2000. Employment, Family and Community Activities: A New Balance for Men and Women, A Report for the European Foundation for the Improvements of Living and Working Conditions.

van Daalen, Rineke. 1993. "Van "Lekker Schoon" tot "Schoon Genoeg": Veranderingen in de Schoonmaak van het Privé-huis." *Huishoudstudies*, 3(3): 10-19.

van de Pol, Lotte C. 1994. "The Lure of the Big City. Female Migration to Amsterdam." In Els Kloek, Nicole Teeuwen, and Marijke Huisman (eds) *Women of the Golden age: An International Debate on Women in Seventeenth-Century Holland, England and Italy*. Hilversum: Verloren.

van den Broek, Andries, Wim Knulst, and Koen Breedveld. 1999. *Naar andere tijden?: Tijdsbesteding en tijdsordening in Nederland*, 1975-1995. The Hague: Sociaal en Cultureel Planbureau.

van Deursen, A. TH. 1991. *Plain Lives in a Golden Age: Popular Culture, Religion and Society in Seventeenth-Century Holland*. Cambridge: Cambridge University Press.

van Eijl, Corrie. 1994 *Het Werkzame Verschil: Vrouwen in de Slag om Arbeid 1898-1940*. Hilversum: Verloren.

Wilke, Magrith. 1998. "Kennis en Kunde: Handboeken voor Huisvrouwen." In R. Oldenziel and C. Bouw (eds) *Schoon Genoeg: Huisvrouwen en Huishoudtechnologie in Nederland 1898-1998*. Nijmegen: SUN, pp. 59-90.

オークレー，アン　1980『家事の社会学』渡辺潤・佐藤和枝訳，松籟社（Oakley, Ann. 1974. *The sociology of housework*. Oxford: Martin Robertson）。

尾崎彰宏　2008『レンブラント，フェルメールの時代の女性たち：女性像から読み解くオランダ風俗画の魅力』小学館。

厚生労働省，雇用均等・児童家庭局「平成16年版　働く女性の実情・概要」http://www.mhlw.go.jp/houdou/2005/03/h0328-7c.html（アクセス日，2010年5月30日）

小林頼子　2008「フェルメール作品に潜むジェンダーの視点」『ユリイカ』2008年8月号，175-95頁。

品田知美　2007『家事と家族の日常生活』学文社。

品田知美　2009「家族の食卓と炊事時間」『vesta』第75号，20-25頁，農山漁村文化協会。

トドロフ，ツヴェタン 2002『日常礼賛：フェルメール時代のオランダ風俗画』塚本昌則訳，白水社（Todorov, Tzvetan. 1993. *Eloge du Quotidien*. Adam Biro）。

中谷文美　2008「働くことと生きること——オランダの事例に見る『ワーク・ライフ・バランス』」倉地克直・沢山美果子編『働くこととジェンダー』世界思想社，214-239頁。

水島治郎　2010「雇用多様化と格差是正——オランダにおけるパートタイム労働の「正規化」と女性就労」安孫子誠男・水島治郎編『労働——公共性と福祉・労働ネクサス』勁草書房，251-270頁。

第3章 インド都市中間層における「主婦」と家事

押川文子

はじめに：主婦と家事

　「主婦」とは何をする人のことなのか。あるいは，何をしていれば，その人は主婦と呼ばれるのだろうか。また，妻が就労するか否かの選択に，この「主婦」の仕事はどのようにかかわっているのだろうか。アジア諸社会における「主婦化」を議論するときに，まず問われるのは，この点であろう。

　いうまでもなく「主婦」とは，歴史的な家族の形態としての近代家族の出現，すなわち生産と再生産の分離，再生産役割とジェンダー役割の結合，夫婦を中核とするプライベートな領域としての家族の確立，無償の愛情の領域という家族イデオロギーの成立等によって特色づけられる近代家族を前提とした概念である。この前提に従えば，主婦とは，公的領域から分離されたプライベートな領域である家庭において再生産にかかわる活動をつかさどり，無償の愛情をもって家族を支える女性ということになり，その基本的な性格については輪郭を与えられている。

　しかし，上記の定義は，主婦が実際に，どのように時間を使い，何をしているのか，については実はほとんど何も語っていない。「再生産にかかわる活動」自体，その家族が位置する社会によって異なり，またそれぞれの家族，あるいは「主婦」個人の解釈において実に多様な内容をもちうることは，日本の「主婦論争」（上野 1982）においても論じられたとおりである。また，

家庭における再生産にかかわる活動を「担う」実態についても，実は様々な形態がありうる。近代家族という家族の歴史的形態の議論から敷衍される「主婦」像は，実態的な（経験的な）概念というよりも，家族概念の論理的帰結とみなすべきであり，ある社会において，実態としておきている「主婦化」といった現象をとらえる操作概念としては極めて不十分である。

　この点は，近代家族という概念が形成された西欧近代のブルジョワ階層の社会ではなく，非西欧世界で展開されてきた，あるいはグローバル化の進む今日の世界各地で現出している地域的特性をもつそれぞれの家族の近代とその主婦の様相を考えるうえでは，さらに複雑な問題をもたらす。伝統的な家族形態や規範の多様性に加えて，近代以降の国家と私的領域の関係は，社会主義体制や福祉国家に典型的に示されるように明確な二分化はあり得なくなっている。公的世界から切り離された私的領域としての家族という近代家族論がその出発点において前提としていた家族は，少なくともその想定されたかたちではもはや存在していないといっていいだろう。今日の世界，とくに高度近代の段階に達した先進諸国の社会では，家族とはもはや呼べないような形を含めて多様な親密性の形態が見られるようになっていることについてもすでに多くの論考がある。しかしその一方では，近代家族のイデオロギー，とくにジェンダー化された家族のイデオロギーはむしろ世界中に浸透し，家庭を愛情にみちたアジールと見なす言説は，新自由主義の時代にあってむしろ勢いを増しているようにさえみえる。この実態としての家族の変容とイデオロギーとしての「近代家族」の浸透は，「主婦」の自己アイデンティティにも影響を与えており，「主婦」と名乗る女性に詳しく日常を聞くと，実は様々なかたちで収入を得ているといったことも珍しいことではない。還元すれば，ジェンダー・イデオロギーを象徴する存在として「主婦」イメージが拡大する一方で，その「主婦」の実態についてはますます多様なあり様が語られるようになっているといってよいだろう。

　こうした状況を考慮すれば，アジア諸社会における「主婦化」を考える際には，まず，家族のなかで「家事」がどのように分担されているのか，「主婦」は何を担当することによって主婦となるのか，を実態に即して整理することが必要であろう。つまり，ある特定の概念にあてはめて「主婦」である

か否かを論ずるよりも，主婦イデオロギーと交差しつつどのような生活実態としての主婦像が現出しているかを考えることである。その際にとくに問題となるのは，家事と一括されがちな様々な仕事のうち，主婦にとって何が決定的に重要なのか，つまりそのことによって「主婦になる」家事とはなにか，という視点である。この点に関して言えば，さしあたり以下の諸点が問題になるだろう。

　その一つは，家事の外部化，とくに家事使用人の存在である。還元すれば家事労働と家事の「監督」役割との関連と言ってもいいかもしれない。そもそも近代家族が誕生したヨーロッパのブルジョワ社会においては家事の多くは家事使用人によって担われており，戦前における日本の近代家族においても，住み込みの「女中」の存在は一般的だった。この意味において近代家族における主婦の行う家事は，すくなくともその歴史的成立過程においては，より厳密には家事労働そのものというよりも家事の統括（自身も家事を担うか否かは別として），もしくは家庭経営（ホームマネジメント）というべきものだった。欧米だけでなくアジア等においても，近代以降の女子教育の中心的な内容に，「家庭経営」の思想がつよく現出したこともよく知られていることである。こうした家事使用人が存在する場合，使用人と「主婦」の実質的な「家事」の役割分担については，各社会，時期，階層等を反映した様々な形態がありうる。主婦が行わなければならない家事とは何か，家事使用人に任せてもよい家事とはなにか，それはいかなる理由によるものなのか，が問題となる。

　第二点は，再生産にかかわる活動，とくに子供や高齢者のケアにおける公的／行政的システムの有無である。とくに社会主義的経済システムが導入された社会では，子育てから高齢者にいたるまでケアに関する公的サービスが提供された場合が多い。この場合，女性は結婚・出産後も働くことが期待され，多くの女性が就労しているが，そのことをもってジェンダーによる役割分担が完全に解消されるとは限らないことに留意する必要がある。伝統的なジェンダー規範に加えて，近代家族のジェンダー規範が「開明的な」家庭像と重なりつつ，再生産にかかわる活動の分担に影響を与えることは十分に予想されることである。

　第三点は，家族成員や親族，場合によっては近隣ネットワークなどの存在

である。アジア諸社会の場合，家族制度に加えて，親族や近隣のネットワークが，家事において重要な役割を果たしてきた例も多い。また，消費の高度化にともなって収入源の複数化が必要とされ，共働きについての規範が変わるなかで，従来の家族，親族，近隣等の相互扶助ネットワークがあらたな展開を見せているケースもある。そのなかで，代替することが不可能な「主婦」の役割とは何なのだろうか。

　本章は，上記の諸点を，今日のインド都市部中間層の主婦と家事を例にして考えようとする試みである。考察にあたっては，とくに家事のなかの区分と「ランク」に注目し，それを手掛かりに「主婦」「家族成員」「家事使用人」の役割と責任の分担という点を考えてみたい。周知のように，近年インドでは急激な経済成長にともない，都市部を中心に「新中間層」と呼ばれる階層が形成されてきた。比較的高学歴で安定的な職域をもつこの階層は，旺盛な購買力をもち，インドの消費社会化を支えるとともに，情報へのアクセスもきわめて活発なことで知られており，ASEAN 等アジア諸国で先行した中間層と近似的な性格をもっている。この階層の場合，すでに 1970 年代前後から子供数の減少がみられ，現在では子供数もほぼ 2 人程度の世帯が多く，高学歴の妻が「品位のある仕事」（レスペクタブル・ジョブ）につくことも多い。同時にインドには，家父長とその妻のもとで既婚の複数の息子がその妻や子供とともに家産を分割せずに同居する「拡大家族」などに典型的に見られるように，年齢，ジェンダーおよび成員間の関係によって家族内における地位や役割を定める強い家族規範をもつこと，カースト階層性と結合した特定の仕事を賤業視するイデオロギーが存在してきたこと，すくなくとも 19 世紀以降，ある程度の階層の家庭では様々なかたちで家事使用人（場合によっては複数の）を使用することが一般的であり家事使用人を使う文化があること，国内に安価な労働力を供給する地域が存在すること，といった地域特有の条件もあり，家事使用人や家族間の家事役割分担を考えるうえでは興味深い地域となっている。

　なお，本報告で取り上げる事例は，科学研究費補助金（A）「アジア諸社会における主婦化」（研究代表者：京都大学大学院文学研究科落合恵美子，平成 18 年度〜20 年度）の一環として 2006 年 12 月末から 1 月初めにかけてデリー，およびケーララ州トリヴァンドラムで実施した聞き取り調査に基づいてい

る。調査においては筆者を含む複数の調査者が手分けをして聞き取りを実施し，それぞれの記録を持ち寄って共通のデータを作成した。総件数は20件程度である。調査は，全体として予備調査の域を出ないもので，インドにおける主婦化を考察する場合の視点析出を目的としており，サンプリング等は一切行っていない。また，家族関係，家族史，就労歴，家事使用人雇用の有無など，一定の項目については可能な限り質問項目に含めたが，質問票は用いず，基本的に自由聴取の形態をとった。一件あたりの聴取時間は，1時間半〜2時間程度である。聴取場所は自宅または職場であり，同居する家族とともに聴取した場合もある。また，知人，友人のネットワークによってインタビュー対象者を選定したため，新中間層と呼ばれる人々のなかでは比較的上層に属するケースが多かった。こうした調査の限界を考慮して，本報告ではなんらかの数量的データを加味して一般的な傾向を論じるよりも，個々のケースから論点を探ることとしたい。なお，個別事例の記述については，個人情報保護のためとくに必要と思われない限り詳細は省いている。

1 背景：インドの都市中間層と家事使用人

個々の事例について触れるまえに，今回とりあげる事例の背景と用語について，事例の分析に必要な範囲に限定して，若干の説明を加えておきたい。

1-1.「ミドル・クラス」から「新中間層」へ

地域や階層，コミュニティにおいて家族のあり方に大きな相違があるインドの場合，インドの「家族」を一括して取り上げることは不可能であり，本章は，現代インドの都市中間層を対象とする。その理由は，今日のインド社会のなかで近代家族的な家族の特質がもっとも鮮明に表れているのがこの階層であることに加えて，そのライフ・スタイルが文化的モデルとして強い影響力をもっており，今後のインド社会の変化の方向を考えるうえでも重要と思われるからである。では，この「中間層」とは，どのような人々を指すの

だろうか。どういった社会的特色をもつ階層なのだろうか。ここでは植民地期に形成された「ミドル・クラス」が中間層の女性像構築に大きな意味をもったインドの特殊性を考慮して，歴史的概念としての「ミドル・クラス」から今日の都市中間層への流れについて，簡単に触れておきたい。

　インド史のなかで中間層といえば，19世紀以降，カルカッタ（現コルカタ），ボンベイ（現ムンバイ），マドラス（現チェンナイ）など植民地都市を中心に形成された，英語高等教育を受けた専門職（法曹家，学者，官僚，ジャーナリスト，実業家，芸術家，社会改革活動家など）をもつ人々の一群を指す「（インディアン・）ミドル・クラス」をまず想起するのが通例であろう。その多くは上位カーストの出身者であり，カルカッタの後背地ベンガルのように土地私有制が導入された地域では，なんらかの土地財産（所有地，あるいは土地にかかわる権益）をもっている場合も多い。南部諸州のように，19世紀末には，在地の中間的カーストの権益が保護されるようになった地域では，これらの層の農村離れは比較的早くに進行した。全インドの人口からみれば「顕微鏡的マイノリティ」と呼ばれるほど少数者であったにもかかわらず，このミドル・クラスは，いわば西欧とインドの接点として植民地支配と在地社会を仲介し，また19世紀後半から徐々に形を現し始めたインド民族主義の担い手として，インド史に大きな役割を果たした。「世界最大の民主主義国」と標榜されるような諸制度の形成と定着，学歴や教養の重視，インド憲法にも見られるような理念としての平等や公正の導入など独立後のインド国家の特質にも，この階層の価値観や政治的選択が色濃く反映されている。

　ミドル・クラスは，またライフ・スタイルの面でも，近代以降，インドにおける文化的なモデルを提供し，階層を超えて広く影響を与えてきた。そのジェンダー編成の特質については，近年，インド民族主義の見直しのなかで多くの論考が発表されている。19世紀後半植民地状況下で西欧近代を受容せざるを得なかったミドル・クラス，とくにベンガルの知識人社会のナショナリズム構築において，公の世界（外界）は西欧近代の場，私の世界はインド伝統の場とみなして，インドの「伝統」の婦徳を再構成しつつ私の世界の中心に女性を想定したとするパルタ・チャタジーの強い影響を与えた論

(Chatterjee 1990)，当時の女性の残した様々な記録等を手掛かりに女性たちが上記の想定を超えて家産経営や家庭運営に発言権をもっていたことを実証したマーラヴィーカ・カルレカルの論考（Karlekar 1993），さらに当時多数刊行された家庭経営のマニュアル本を資料に，男性中心の視点から新しい家庭の「妻」「母」役割が再構築されたプロセスを論じた最近のジュディシュ・E・ウォルシュ（Walsh 2004）の研究などがその代表的な傾向をしめす例であろう。これら近年の研究の深化は，この時期に「ヒンドゥーの伝統」がイギリス中産階級の女性像なども取り入れながら改編され，植民地近代という状況のもとで妻役割，母役割を強調しながら構築されたことを明らかにしている。このミドル・クラスの女性像は，その後独立インドにおいても，徐々に底辺を拡大しながら，ある程度の経済的社会的地位を得た人々の間で，女性のあるべき姿として基本的に継承されてきたと筆者は考えている。たとえば，ミドル・クラスの女性を対象とした英語女性雑誌『Women's Era』をみると，少なくとも1970年代から80年代までは，よき妻，よき母として家庭を守ることが女性として社会に貢献する道である，ミドル・クラスの女性は堅実な家庭の形成を通じてインド社会の範とならなければならない，という言説が繰り返し強調されていた（押川 2000）。

　この歴史的な背景をもつ「ミドル・クラス」とは別に，1980年代半ば頃から，より本格的には1990年代半ば頃から，「新中間層の台頭」と呼ばれる現象に注目が集まるようになった。この場合の中間層とは，基本的には消費水準を基準とする概念であり，一定の可処分所得をもつ層を指す。本章では，歴史的な概念としてのミドル・クラスと，この新しい中間層を区別するという意味で，前者をミドル・クラス，後者を新中間層，両者をあわせて用いる場合は中間層と表記することにする。

　新中間層の台頭の背景には，独立以降の輸入代替，あるいは一国主義による国民経済形成の行き詰まりのなかで，1980年代半ば以降，徐々に経済の自由化策がとられるようになったことがあった。重化学工業中心の経済建設期には「我慢すべきもの」，あるいは奢侈を嫌い精神性を重視する視点からみれば「不徳」というマイナス価値を与えられていた消費への眼差しが，一転して美徳へと転換したのである。都市部，とくに人口200万を超えるよ

うな大都市部では強い消費志向をもつ階層が現れ，マスメディアに大きくとりあげられるようになった。ただし，この「新中間層」の規模や社会的性格については，実証的な議論はきわめて少ない[1]。規模については，インド応用経済研究所（Indian Council of Applied Economic Research）がまとめる消費動向調査が用いられることが多いが，この調査は基本的には市場調査であり，特定の物品の浸透度をはかることはできるが，所得データ，あるいは家計データとしてはきわめて不備なものである。中間層とされる階層が拡大していることは事実だが，その所得水準はそれほど高くないことにも注意が必要である。さらに，もともと「新中間層」は消費行動への関心から展開された概念であり，かつてのミドル・クラスのように，なんらかの意味で社会的，文化的，政治的な同質性をもつ社会階層としてとらえることができないことにも留意が必要である。1980年代から今日にいたる時期のインドは，一方においてはヒンドゥー・ナショナリズムやカーストにもとづく政治運動のように，コミュニティ（ここでは，宗教，カースト，出身地域などにおいて共通性をもち，婚姻や社会生活において単位となる集団というインド的な意味で使っている）の文化的伝統を掘り起こすような思潮が台頭する一方で，フェミニズムや個人主義的傾向も顕著になるなど，多様なイデオロギーが拮抗する思想状況にあった。当然ながら同程度の所得をもつ人々の間でも，家族やジェンダーについても異なる系譜の考え方が併存したと考えるべきであろう。

　しかし，新中間層とミドル・クラスとが基本的に異なる概念であるとしても，両者を無縁の存在であると考えることもできない。新中間層の出自は多様で，その底辺はミドル・クラスのそれよりもはるかに拡大しているが，かつてのミドル・クラスの系譜を引く階層の多くも新中間層の一翼を担っている。ミドル・クラスの価値観は，尊敬すべきモデルとして，映画やテレビ，学校教育など様々なチャネルを通じて，日常生活の隅々まで浸透してきたのも事実である。今回のインタビュー調査では，20歳代から60歳代の親世代

---

1) 現代インドの中間層の社会的性格についての本格的な論考としては，Leela Fernandes (Fernandes 2006) がおそらくはじめての試みだろう。Fernandes は，この階層を何らかの実態的な共通性によって括られる人々というよりも，下層を他者として認識することによって成立する本来的に相対的で，ハイエラルキカルなアイデンティティを基盤とする概念としてとらえ，その政治的性格を論じている。

第3章　インド都市中間層における「主婦」と家事

には家庭重視の傾向が強く、20歳代の子世代になると結婚観や女性の就労に対する考え方などに大きな変化が見られる事例が多くあった。ミドル・クラスの家族と新中間層の家族は、一定の連続性をもちつつ、世代交代とともに次第に遷移している状況といってもよいと思われる。この点については、具体的な事例を通じて、後述する。

1-2. 中間層と家事使用人

　インド中間層の家事を考えるうえで、家事使用人の存在は重要である。今回の調査においてもほぼすべての事例において、家事の一部について家事使用人が雇用されている。インドの家事使用人については、カースト制度の遺制、あるいは貧富の格差などを理由に便宜的に理解されることが多いが、家事使用人の社会的な性格と役割を理解するためには、その歴史的な系譜を考えておく必要がある。
　そのひとつは、カースト制度とそのイデオロギーに含まれる浄・不浄の概念である。ヒンドゥーイズムにおいて、汚れや血液、汚物など特定のモノやそれらにかかわる行為等を不浄とみなし、それらに接触することを禁忌する慣習が存在したことはよく知られている。これら「不浄」のものは人間が生きている過程で不可避的に生ずるものであるだけに、浄であるためには「不浄」なモノや活動を他者にゆだねることが必要とされた。汚物処理、死体処理、死牛処理、出産（産婆）、洗濯、理髪などについては、それぞれを生業とする「不可触」民コミュニティがサービスを提供し、一定の報酬を得ていた。地域によって、異なるカーストに属する世帯間でパトロン・クライアント的関係を結ぶジャニマニ（Jajimani）制度のような形態をとる場合も、村単位でカーストの持ち分を規制するワタン（Watan）制度のような形態をとる場合もあったといわれている。土への接触も不浄ととらえられた地域もあり、地域によってはバラモン（Brahman）の場合には農家であっても、実際の耕作を下位カーストの農業労働者や小作人に行わせることも珍しくなかった。これらの「不浄」と看做された仕事のなかには、清掃、汚物処理、洗濯等、今日の一般的な観念では「家事」に含まれるものもある。この意味では、カー

第Ⅰ部　親密性の労働とは何か

写真 3-1　中間層以上の世帯では，床やトイレの掃除は通いの家事使用人の仕事である。撮影：落合恵美子。

スト社会は，その原理において，すくなくとも相対的に上位にあるカーストにとっては，他者の労働なくしては自身と家族の再生産が不可能という構造をもっていた。

　上記の再生産にかかわるサービス労働のうち，その影響が今日まで強く残っているのが，汚物処理と清掃であろう。今回の調査事例では，汚泥処理を要する住宅はなかったものの，ほぼすべての調査世帯においてトイレ掃除や床清掃については通いの「掃除婦(スィーパー)」が雇用されていた（写真 3-1）。その一方で，洗濯や理髪等については，洗剤・洗濯機の普及による自宅での洗濯の増加や近代的な理容店・美容院の普及など，都市部ではカーストとの結びつきは弱まっている。出産など，かつては特定カーストの女性の役割とされた産婆の関与が不可欠だった行為も，今日の都市部では病院出産が一般的となった。また上記のトイレ掃除や床清掃についても，その労働形態は，カー

第 3 章　インド都市中間層における「主婦」と家事

スト分業ではなく底辺の雑業的就労の一つとなっており，従事者は必ずしも清掃カーストの成員とは限らない。今回の事例では，床掃除と皿洗いをセットにして，通いの使用人が雇われているケースもあった。このように，少なくとも今日のインド都市部では家事にかかわるカーストの役割は，「カースト分業」という意味合いにおいてはほぼ消滅しつつあるが，トイレ掃除や床掃除が他の家事から分離される傾向が見られるように，明確に意識されているか否かを問わず，特定の仕事については家族成員の仕事とはみなさない感覚は残存している。

　その一方で，上記のカースト分業においては，料理や子育ては対象にされていない。むしろ穢れやすく細心の注意を払って行うべき食品管理や調理，あるいは大切に穢れから守るべき子供にかかわる行為は，不浄な領域を他者に委ねることと同じ論理の裏側として，家族や親族の領域とみなされた。とくに，ヒンドゥーの多くのコミュニティで家族のあるべき姿と考えられた拡大家族[2]においては，家長の妻が複数の嫁を統括しつつ家族や寄宿する親族，客人の世話を行ったようである。時として同居人数が 20 人から 30 人にも達し，複数の既婚の息子がその妻子とともに同居する拡大家族では，家事の分担は家事使用人（カースト分業にもとづく）と家族成員の分担の問題ではなく，むしろ姑と嫁たちの間の問題だったといってよい。複数の嫁が同居する拡大家族の円滑な運営のためには，家計や食事の共同だけでなく，自分の子供だけを可愛がらない，自分たちだけの時間をもたない，といった配慮も必要であり，家族内において子育てや高齢者のケアが分担されやすい環境と規範があったと考えられる。

　インドにおける家事使用人の性格を考えるうえで，カーストとともに重要なのは，前述の植民地下で形成されたミドル・クラスのライフ・スタイルに典型的にみられる近代以降の「イギリス風」の影響である。当時の自伝や回想録等の分析を通じて，19 世紀ベンガルのミドル・クラスにおける家事使用人の問題を取り上げたスワプナ・M・バネルジーは，ミドル・クラス上層の間では，大勢の使用人を雇用していたイギリス人の影響を受けて，執事，

---

[2]　インドにおける家族についての論点を手際よくまとめた論考として（Uberoi 2003）がある。

写真 3-2　馬車係の現在の姿。最近ではオーナー・ドライバーが増えているが，今も運転手を雇っている場合も多い。撮影：落合恵美子。

書記といった家産経営にかかわる人々から料理人（バラモン Brahman），子守り，妻付きのメイド，掃除人，庭師，等々，馬車係等々，職種別に細かく区分された多数の使用人を雇用していたこと（写真 3-2），この多数の「サーヴァント」の存在が，イギリス人と対等に付き合うための社会的地位の獲得に不可欠だと考えられたことを明らかにしている（Banerjee 2004）。その当時インドに赴任したイギリス人官僚や実業家にとって，ライフ・スタイルのモデルとなったのは貴族層のそれであり，植民地インドという地は，彼らに本国では難しい貴族的生活を可能にしたのであった。上層のミドル・クラスの家庭では，イギリス流に倣って女性の家族成員や子供たち一人一人に専属の使用人が雇われたケースもあった。バネルジーによれば，子守りの女性の支配下にあったことを幼年期の思い出とする例にも見られるように，子育ては実質的に使用人のもとで行われることもあったようである。こうした記述は，前述のヒンドゥーイズムで論理化された家事使用人，つまり料理や子育ては家族成員の女性が行うことを前提とした家事使用人雇用とは全く異なる論理によって，家事使用人が雇用されたことを示している。調理や子育てから自由になった妻の役割は，家庭経営や社交に重点が移されることになり，前述のウォルシュの研究にもあるように，イギリスで出版されたものも含めて多

数の「主婦の家庭経営マニュアル」が持ちこまれることになった（Walsh 2004）。20世紀に入ると，自由な時間をもつ女性たちは，社会活動，民族運動，女性運動の担い手となり，専門職域の仕事に参加していくことになる。職能で分けられた複数の家事使用人を使う生活様式は，現在でも一部の富裕層では珍しいことではない。

　もちろん，多数の家事使用人に囲まれた生活を享受できたのは，ミドル・クラスのなかでも上層の一部である。しかし，バラモンの料理人を雇うほど経済的に恵まれないミドル・クラスの間でも，主婦とともに家事をこなす使用人と通いの掃除人を雇うなど，家事に使用人を使う，ということ自体は一般的に受け入れられ，上層のみならず広い幅のミドル・クラスのライフ・スタイルにおいて，使用人は「当然」の存在となったのである。たとえばデリーにおいて，独立前後から1970年代頃までに建設されたデリー中心部のミドル・クラス向けの住宅地や中級公務員用の官舎には，家屋の裏側や別棟形式で「使用人部屋」（サーヴァント・クォーター）を付設することが一般的だったことなどにも，こうした風潮が示されている。

　今日の新中間層の多くにとって，こうした「住み込み」使用人を複数雇用するライフ・スタイルはもはや実現できないものになってきた。他の就業機会が増えるなかで「男性的でない職種」（Ray and Quyum 2009）とみなされるようになった男性家事使用人は少なくなり，家事使用人の女性化が進行した。その女性家事使用人についても，かつてのように衣食住を保証すればきわめて低い賃金で雇用できた時代は終わり，新中間層の多くにとって住み込み使用人を雇用することは難しくなってきている。また家屋の面でも，今回のインタビュー調査の対象世帯の大半も含めて，都市の勤労者世帯が暮らす集合住宅には，かつてのように「使用人部屋」を付設する余裕はなくなった。家事使用人の女性化とともに，住み込みから通いへの変化が進行している状況である[3]。

---

[3] 家事使用人については，その雇用の性格から実態がつかみにくいのが実情である。インドにおける社会学，ジェンダー研究において家事使用人が看過される傾向にあったことはウベロイも指摘している（Uberoi and Chakrabarti 2004）ところであり，家事使用人保護の法制化や実態把握も遅れている（Neeta 2008）。

第 I 部　親密性の労働とは何か

写真 3-3　遠い地域から来た新しいタイプの女性家事労働者。住み込みで働いている。撮影：落合恵美子。

　近年のもう一つの変化は、インド東部ジャールカンド州等から移動してきている「トライブ」、つまり少数民族出身[4]の女性家事使用人のように、遠隔地からの移動労働者の増加である[5]。とくにデリーでは、従来の近隣農村部からの男性家事使用人や南部インド出身の女性家事使用人に代わって、ジャールカンド州や西ベンガル州からの女性家事使用人が近年顕著に増えてきた（写真 3-3）。採用も、従来の知り合いの紹介や雇用主の出身農村周辺からの継続的雇用に代わって、いわゆる「エージェント」を通じての雇用が増加している。雇用主と使用人との間の関係も、パトロン・クライアント的な依存関係から、より短期的な契約関係に移行し、賃金も経験年数等によってある程度の基準が設けられるようになっている。デリーのジャールカンド州出身の「トライブ」家事使用人の場合、雇用主と使用人の文化的社会的背景

---

4)　植民地政府は、山岳地などに居住する少数民族集団を aboriginals や tribes などと呼び、平地の Hindu や Muslim と区別した。独立後は、これらの集団は不可触民集団とともに憲法附則にリスト化された。政府によって指定されたという意味で、指定カースト、指定部族という名称が行政的に使われている。

5)　デリーにおける「トライブ」出身の家事使用人については、（Neeta 2004）（Uberoi and Chakrabarti 2004）（Kujur and Jha 2005）等が、調査に基づいて報告している。

や経済状況には，使用言語の違いも含めて大きな相違があり，社会的距離はきわめて大きい。雇用主側に「トライブ」に対する根強い偏見や蔑視も存在する。その意味では，国内移動ではあるものの，ある意味では東・東南アジア地域にみられる家事使用人の国際移動とも共通する面がある。こうした家事使用人の出自の変化の背景には，前述のような労働市場の変化や雇用主側の事情だけでなく，農村貧困層などの間で，若年女子が経済機会を求めることが増加している事情もある。地域的な違いはあるが西ベンガル州などでは，農村部の若年女子の雇用機会の一つとして，近年「家事使用人」雇用が急増しているという統計もある (Chakravarty and Chakravarty 2008)。

　上記のように，インドの家事使用人を雇用する「伝統」のなかには，まったく異なるいくつかの系譜が存在している。近年の新中間層の大半にとっては，いずれの意味においてもかつてのように家事使用人を複数雇う余裕はなくなっているが，トイレ掃除や床掃除の区分にみるようなカースト的感覚の残存や，家事の補助者として使用人雇用という選択が身近にあり，使用人との「付き合い方」のモデルが存在してきたことの意味は決して小さくない。また，料理や子育てといった領域の家事については，その労働（暑い最中に油を使うことの多い料理は文字どおりの重労働である）を家族の女性が自ら行うこと自体に意味を見出す考え方と，より合理的な運営に力点をおいて調理には家事使用人を使うべき，という二つの文化モデルが併存する。いずれにしても，この家事使用人を雇う文化の存在は，使用人と家族成員，とくに「主婦」が行うべき家事を考える場合でも重要であろう。ミドル・クラスから新中間層へという移行するなかで，それはどのように変質しているのだろうか。具体的な事例を手掛かりに次節で考えてみたい。

❷　インタビュー調査：家族史のなかの「主婦」

　ここでは，3つの事例を取り上げて考える。インタビュー調査では，結婚前後から今日にいたるまでの家族史を中心に，その時々の家事使用人の状況や妻の就労について，聞き取りを行った。

2-1. 事例1　Mさん一家（デリー）：拡大家族から複数世帯家族へ

　最初に取り上げるのは，ニューデリー市内でインタビューしたMさん一家である。一家の自宅があるいわゆる「トランス・ヤムナ（ヤムナ側対岸地域）」は，1970年代頃から拡大する中間層向けのマンション等が建設された地域だが，その後のデリーの拡大のなかで，現在では比較的都心に近い賑やかな住宅地域となっている。インタビューには，4LDKのゆったりとした自宅でMさんご夫妻が応じ，同居する長男の妻が途中から同席した。Mさんご夫妻の結婚後の家族史を短くまとめれば以下のようになる。

> M夫妻は，調査当時で，夫67歳，妻60歳。M夫はカレッジを卒業後，保険会社（公共部門 public sector）に就職し，現在もその代理店を個人で経営している。M妻は後期中等学校修了後に資格コース diploma に進み，結婚後に公務員として約20年間勤務。早期退職し，現在は無職。
> M夫妻の結婚は，1971年，夫31歳，妻24歳の時である。M夫の実家はオールドデリー商業地域のなかにあり，結婚当初は夫の既婚兄弟と同居していた。翌1972年に長女出産。その翌年の1973年に，M妻は公務員職を得て就職。1975年に長男が誕生後も，妻は仕事を続けた。
> Mと兄弟の子供たちが大きくなるにしたがってオールドデリーの家が手狭になり，1980年代から「住宅協同組合方式」で自宅確保に努めた。同じ姓をもつ（同一カースト）の仲間を募り，100余世帯が共同してデリー開発公社 Delhi Development Authority から土地の譲渡を受け，現在の住居となっているマンションを建設。1991年に引っ越してきた。
> 1994年，M妻は20年働いた役所を退職。ほぼ同じ時期に，オールドデリーの家から夫の母を引き取る。その後，M夫の母はM一家宅で晩年を過ごし，他界した。
> 1999年，長女が27歳で結婚。デリー市内に転出。
> 2000年，長男が結婚。M夫妻と同居中。長男の妻は結婚後も働いており，調査当時妊娠中だったが，出産後も継続して働く予定。

　このM夫妻は，妻が結婚・出産後も就労し，ある時期から「専業主婦」となった事例であるが，注目すべき点がいくつかある。
　その一つは，長女の出産直後，通常であればもっとも子育てに手がかかる

とみられる時期に，M妻は初職を得て就職し，働き始めているという点である。この選択を可能にしたのは，当時のM夫妻の家族形態，すなわち拡大家族だった。M妻は当時の事情を「当時，家事は義母を中心に夫の兄弟の妻たちが分担していました。通いの掃除婦も来ていました。私が外で働いても，子供の面倒はお義母さんや義姉妹たちがみてくれたので，全然，困りませんでした。それに，自分の子供だけを可愛がるのは嫌がられることでしたし……」と語っている。M夫の実家の場合，通いの掃除婦がトイレ掃除や床掃除，皿洗い等を行い，それ以外の料理や育児を含む家事はM夫の母親と義理の姉妹たちが協力して行っていたことがわかる。この事例では，家事のうち，トイレ掃除，床掃除，皿洗いといった特定の部分以外について，「主婦」個人が行う領域という分担はなかったと考えられる。トイレ掃除，床掃除，皿洗いは，「汚れ」の処理にかかわる部分とも，もっとも「肉体労働」的要素を含む部分とも，両面の解釈が可能である。この時期のM妻は，Mさん一家の「主婦」というよりも，M夫の実家の「嫁」という性格が強い。

この拡大家族の生活は，しかし，その後徐々に変質したようである。拡大家族はライフ・コースに従って形成と分解を繰り返し，生活実態としては「核家族」形態をとる時期が含まれる。M夫の実家の場合も，兄弟の家族がそれぞれ成長し，M夫の父親が他界した頃からおそらく徐々に兄弟家族それぞれの独立性が高まっていったと考えられるが，最終的にはM夫が自宅を得て独立することによって同居という観点からも分解している（家産の分割については質問していない）。この同居の解消の時点で，M妻は最終的に核家族の働く妻となった。別居後もトイレ掃除，床掃除，皿洗い等には通いの使用人を雇い，その他の家事の大半はM妻が行っている。当時，長女，長男は二人ともすでに10歳代後半で，日常的なケアを必要とする時期は過ぎていた。

しかし，M妻の働く妻の生活は長くは続かない。M夫の高齢の母親を引き取った前後に，年金受給資格を得たM妻は仕事を辞めている。この点が注目したい第二点である。同居を始めた時点でのM夫の母親の健康状態は不明だが，その後約5年で母親は他界しており，仕事を辞めたM妻はこの

義母のケアにあたったと考えられる。M夫は「母は，このアパートで楽しく晩年を過ごしましたよ。(同じコミュニティが集まった住宅なので)知り合いも多くて，みんなから大切にされていました」と語ったが，インドの家族規範のなかでは，両親に対する子供，とくに息子からの敬愛と世話は大切な要素であり，M夫は十分にその役割を果たしたことになる。M妻は，よき妻として義母の世話に最善を尽くしたことを誇りとしている様子がうかがえた。この事例は，出産・子育ては家族メンバーの協力があれば仕事を辞める理由にはならないが，年金受給資格をすでに取得し，夫にも安定した経済力があったなど好条件がそろっていたにせよ，老親のケアはその理由になるということである。

この点に関連して，調査時点で妊娠中の長男の妻は，M妻が子育てに全面協力してくれることを前提として，出産後も仕事の継続を予定している。M妻も，この新しい役割を楽しみにしている様子である。M妻自らの場合は拡大家族の嫁という立場が出産後の就職・就労を可能にしたと同様に，ここでも「子育て」という大切でかけがえのない家事については「家族」の関与が期待されているのである。ただし，長男の嫁に対するM妻の立場は，かつて彼女の義母がそうであったような拡大家族における家庭運営の統率者としての家長の妻のそれではなく，三世代世帯の「おばあちゃん」の役割に転化している。

この点については，同席した長男の妻にも話を聞いた。義母さんとの同居はどうですか，という質問に対する答えは「家族が揃っているのは賑やかでとてもいいことです。同居できてうれしい。子供が産まれても働き続けることもできますし」とのこと。義母を目の前にしての発言という面はあるとしても，家庭に引きこもらずダブル・インカムで家族を形成したい彼女にとって，子供を安心して任せることのできる義母の存在はなくてはならないものである。近年の住宅価格高騰のなかで，マンションの一室とはいえ住宅費も不要である。

M夫妻の例で，最後に注目したいのは，M妻と長男の妻の「就労」の違いである。M妻が働いていた公務員職(事務職)は，安定的な収入，母性保護規定等の遵守，少ない残業，休暇の保証，オフィス・ワークであり中間層

の妻にふさわしい「品位」ある仕事，年金制度，といった様々な面で，時間的にも心理的にも妻役割や母役割との両立が容易な職業である。M夫の実家にとっても，またM夫妻にとっても，妻の安定的な収入は，子供の教育費用や新居購入費用の捻出に，大きな役割を果たしたと考えられる。M夫妻は，結婚後，旧市街地域の商家の一員から安定した経済生活を営むホワイト・カラー階層に移動し，長男・長女は私立学校で学ばせ，現在同居中の長男は有名な外資系大企業に就職している。先述のようにM妻はよきヒンドゥーの妻・嫁であったが，同時に，その収入で一家の成功，とくに子供にグローバル化時代のエリートの地位を約束する学歴を付けるうえでも貢献してきたのだった。彼女は20歳代から40歳代の半ばまで働きつづけたが，その働き方は自身のキャリア重視というよりも，40歳半ばでリタイアしたことに示されるように妻として母としての役割を念頭においたものとみることができる。この意味では，形容矛盾ではあるが「主婦型」の就労と言えるかもしれない。

2-2．事例2　Nさん一家（ケーララ州T市）：教育する母親の「柔軟な」就労

　二つ目の事例は，2-1のM夫妻と対比しうる事例としてケーララ州T市のN夫妻を取り上げる。インタビューは，N夫の働く政府機関の官舎内の自宅でN妻に対して行った。N夫妻は，デリーのM夫妻よりも10歳程度若いが，ともに夫が準公務員職の安定した職業をもち，一男一女の家族構成などの点では共通している。N夫妻はケーララ州において多くの知識人や政治家を輩出してきた有力なコミュニティの出身である。M夫妻と同様に，N夫妻の結婚後の家族史を簡単に紹介しておく。

> N夫妻は，調査当時，N夫54歳，N妻45歳。N夫はMA取得。現在はT市内の政府系機関の事務長職にある。N妻はカレッジ卒。調査当時は無職だった。長女は他州において就職しており，同居家族は後期中等教育期の長男のみ。
> N夫はケーララ州内の地方都市出身で，1979年，結婚とほぼ同時に遠く離れ

第Ⅰ部　親密性の労働とは何か

た他州にあるA市に所在する政府機関に就職し，新婚の妻を伴って赴任した。N妻にとってはBA取得直後の結婚である。N妻はA市で研究補助の臨時職で約2年間就労するが，1981年，長女の出産にともなって離職。長女が4歳になった1985年から3年間，パートタイム職につくが，1989年，長男の出産によって再び離職。その後はA市において専業主婦として，長女，長男を育てる。なお，新婚直後から暮らしたA市では，通いの家事使用人を雇用していた。

1998年，N夫の両親が高齢化し，同じ州内に住むために，現在の職に転職，T市に転居。ただし，N夫の両親は同州内の他市にいるため，同居しているわけではない。N夫の両親の介護は，近くに住むN夫の姉妹と親戚が行った。

N夫妻がT市に戻った前後に，長女が他州の有名大学に進学し，そのまま他州においてIT企業に就職。

T市に戻って5年後，N妻は旅行代理店にパートタイムで就職し約2年働くが，長男のXII学年修了試験が近づいた2005年，三たび離職し，現在は無職。

デリーのM妻の事例と比較すると，このN妻の例は，子育て期から子供の教育期に，夫以外の家族や親族の助力がまったく得られなかったケースである。N夫が遠く離れた他州で就職したために，N夫妻の結婚生活は知り合いすらいない状況で始めざるを得なかった。またT市に戻ったのちも，地方都市出身のN夫妻は，夫方の家族と同居することができなかった。N夫夫妻は，結婚生活の全時期，通いの家事使用人を雇用しているが，その仕事は床掃除や皿洗いなどであり，料理や子育てを「任せる」ことはできなかった。その結果，N妻の就労は，出産・子育て（2回）と長男の教育のために再三にわたって中断し，職種も「知的」でN妻の英語力を生かした職域ながら臨時職やパートタイム職など不安定な雇用にとどまっている。事例1のM妻とN妻の就労形態を分けたのは，子育てや子供の教育などの領域の家事を分担してくれる同居家族の有無だった。

N夫妻の場合も，M夫妻と同様に高齢の親の介護が人生の大きな選択（M妻の場合は離職，N夫妻の場合は転居）になっている。ただ，N夫妻の場合は，両親を引き取ることはせずに，同じ州内の都市に住むという選択だった。N

第3章　インド都市中間層における「主婦」と家事

夫の両親は，息子家族ではなく，娘と親戚が老後のケアをしている[6]。とくに家や家産がある場合などは，息子が都会に出てしまうと結局両親は故郷に残される。N夫の場合は，近くに婚家先のあった姉妹がケアにあたっているが，都市化，さらにグローバル化が進行し，また息子の数も多くても2人程度となっている今日，こうしたケースは珍しくなくなっているだろう。

　もう一点，N妻のライフ・コースのなかで興味深いのは，乳幼児期とともに「12学年修了試験」[7]（後期中等教育段階の修了試験）が，仕事を辞めて家事に専心する理由となっていることである。インドの中等教育から高等教育への進学にとって，この試験はカレッジの入学選抜基準（面接試験に進むカット・オフ・ライン）として，決定的に重要な意味をもっている。またインド工科大学やインド経営大学，医学系大学等については，工科系，医学系の統一試験も同時期に行われる。近年の教育熱の影響もあって，これらの試験の競争は熾烈をきわめ，10学年修了試験から12学年修了試験までの頃は，多くの家庭において学校教育に加えて家庭教師を雇ったり，通信教育・塾に通わせたりと，一家をあげての臨戦態勢となる。Nさん夫妻の長女，長男はいずれも初等教育から英語で教育を行う英語ミディアムの私立学校で学んできたが，N妻によると「長女はしっかりしていてほっておいてもよかったのだけど，息子のほうはいろいろ心配なので」とのことだった。調査当時，長男の試験は間近に迫っており，N妻は気を揉みながらその面倒をみている状況だった。

　「能力主義」が喧伝されるなかで，子供の教育，より正確にいえば子供の学歴取得支援が母親役割の中心になる現象は，今日，東アジアや東南アジアでも観測されている。ただ，その役割には，子供が勉強に専念できるよう衣食住を整えるといったことから，実際に勉強の面倒をみる，優秀な家庭教師

---

6) ヒンドゥーの一般的な規範としては親の扶養と世話は息子たちの役割である。ただし，実態としては既婚の娘も関与している場合も多い。このケースの場合は，出身コミュニティが母系制であることも影響しているかもしれない。
7) 10学年と12学年の修了時に行われる統一試験を実施する機関は複数ある。中央中等教育ボード，州中等教育ボードのほかに，海外の高等教育機関の入学資格となる中等学校修了試験や国際バカロレアに登録し，そのカリキュラムで授業を行う私立学校も多い。政府系学校の場合，修了試験の合格率は低いことが多く，学歴形成は容易ではない（押川1998）。

や塾を探す，教育情報へのアクセスや縁故を得るためのネットワークづくり，私立学校の学費やその他の教育費用ねん出のための就労，さらには子供の海外留学への付き添いにいたるまで，性格の違う様々な活動が含まれている。家で夜食を作ることも，働きに出ることも，「教育する母親の役割」とみなしうるのである。N妻の場合は，家で子供の世話をすることに重点を置いている時期（調査時点）と，所得増加に力点を置いている時期を，子供の学力や性格を見ながら使いわけてきた，と言えるかもしれない。

　では，こうして育てた子供たちは，どのように人生を歩んでいくのだろうか。Nさん夫妻の長女は調査時点で25歳，他州にある大都市の有名なIT大企業で働いており，近々に同じ州の出身ながら宗教の異なる同僚と結婚するという。カースト間結婚であっても大きな変化だが，このケースは異なる宗教コミュニティ間の結婚である。N妻に感想を聞くと，「賛成したか，といわれると……。でも仕方がないわね。子供たちはそれぞれの世界があるから。夫は機嫌がよくないけど……」という返事だった。重ねて老後について聞くと「子供は子供。子供とは同居せず，夫と暮らすつもり」とのことである。「子供たちは，A市で育ったこともあってT市にはあまり愛着もないの」とも語った。デリーのMさん夫妻の場合，首都デリーということもあり，外資系や先端的企業から公務員職まで，新中間層が期待する職場は近隣にある。Mさんの長女はデリー市内に嫁し，長男はデリーの郊外都市にオフィスがある外資系会社の若い管理職になっている。これに対してT市には，近年経済発展がみられるとはいえ，こうした職域の仕事はそれほど多くなく，Nさん夫妻の長女は遠い都市で学び，そのままその都市で職をえた。長男についてはまだ将来は不明だが，T市で同居の可能性はあまり高くはない。こうした就職事情もN妻の別居志向の背景にあると考えられる。

　残念ながらNさん夫妻の長男，長女には話を聞くことができなかった。長女が結婚し，子供ができると，おそらくNさん夫妻と同様に双方の親から離れて子育てをしなければならない。長女の現職から考えると，住み込みの家事使用人を雇うことも可能とも思えるが，どうするのだろうか？　また長男は，老いていく両親をおいてどこか遠くで家族を形成するのだろうか？　長女を同じ市内に嫁に出し，長男と同居したMさん夫妻と比べると，

第3章　インド都市中間層における「主婦」と家事

地方都市の新中間層は，より切実にこうした問題を抱えている。グローバル化の進むなか，インド国内だけでなく海外に留学や就職するケースが増えており，ヒンドゥーの家族理念を支えていた拡大家族の理念や老親のケアは，次第に難しい課題となっているのである。

2-3. ケアにおける親族の役割と家事使用人

　最後に，家事使用人の問題を考える事例として，ニューデリー市内でインタビューを実施したK妻の例をあげておきたい。K妻は，前の二つの事例とは異なり，ミドル・クラスというよりも地主階層の出身，現在でも住み込みと通いの両方で複数の使用人を雇用している。K妻自身は，結婚後も一貫して専門職域で働いてきた。K妻については，家族史というよりも使用人雇用の概略をまとめておく。

> K妻は1945年，北インドの大地主の家に生まれたムスリムである。K妻の属するコミュニティでは一般的だったイトコ婚によって，同じく上層ムスリム出身の官僚と結婚。結婚後もカレッジ教員の職を続けてきた。現在デリー市内の自宅には，K夫妻，夫の兄夫婦，夫方の伯父の妻，K妻の実妹，K夫妻の次男一家（次男，妻，子供二人）が同居している。総勢10名。このうち夫方の伯父の妻とK妻の実妹はともに未亡人であり，K夫妻が老後をみているかたちになっている。K夫妻の息子2人のうち，次男一家は同居しているが，長男は別居して「ガール・フレンド」と暮らしている。
> 出身地L市にも，自宅が残されており，親類縁者が暮らしている。家族や親族の結婚式等にはこの出身地自宅に全親族があつまる。家族，親族間の贈り物やこうした行事に心を配るのはK妻の仕事である。
> この一家の使用人は，住み込みの女性家事使用人2名と通いの家事使用人（掃除婦，庭師など）数名。現在の女性家事使用人は，東部のジャールカンド州出身の「トライブ」の女性であり，エージェントを通じて雇用した。彼女たちを雇う前には，K妻の出身地域から男性家事使用人を雇っていたが，高齢になって帰村し，その後は現在のようにエージェントを通した雇用に切り替えている。

　このKさん一家の事例からは，以下を考えることができよう。

103

ひとつは，家族や親族の相互扶助の役割である。調査時点において，K夫妻は，デリー自宅に引き取っている高齢女性たちだけでなく，故郷の自宅においても近隣の多数の親族や縁者に対して，折に触れて様々な助力をしている。K妻の出身地域ではすでに大土地所有の大半は分解しており，かつてのような豊かさや権力はもちえない状況である。そのなかでK夫妻は，独立後も学歴と専門職という新しい資源を獲得し，いわば旧エリートから新エリートへの移行に成功した一家であり，一族の結節点としての役割を果たしているようにみえる。高齢の女性親族の同居を可能にしているのは，助けることのできる人は当然の義務として援助するべき，との規範があることに加えて，住み込み・通い両方の複数の使用人の存在が，同居人の増加にともなう家事を無理なく吸収できたこともあるだろう。とくに，数年前まで住み込みで働いていた男性家事使用人はK妻一家の故郷の出身であり少年のころからK夫妻のもとで働いていた。K妻一族の文化や規範を理解しながら雇用主一家の生活を支えることができたと考えられる。かつてのK妻一族の立場を記憶している使用人にとって，K夫妻はまさに「主人」であり，賃金労働による雇用主・被雇用者という単純な関係ではなかった。Kさん一家も，この使用人の人生を，その家族の分も含めて「面倒をみてきた」のである。様々な親族や縁者の世話をしながらも，K妻が専門職で働き続けることができたのは，こうした「忠実な」住み込み使用人が，通いの使用人を監督しつつ，家の実務を大過なくこなしていたことが大きかったと思われる。もちろんK妻は，その中心として，一家をめぐる様々な人間関係を考慮しつつ家庭運営にあたってきた。この意味では，K妻はまさしく「主婦」だったのである。

　このK妻一家は，今後どのようになるだろうか。現在もKさん一家には住み込み使用人がいるが，かつてのような雇用主との関係や仕事を期待することはできない。遠隔地からの，しかも文化的バックグラウンドを全く異にする現在の女性使用人には，ひとつひとつの仕事を一から教える必要があり，「任せることができる」という状況をつくることは難しい。また，K妻一家の側の事情をみても，次男一家は同居しているものの長男はすでに自分の価値観で生活している。親族や縁者を常に気にかけ，必要としている人に

は援助を差し伸べることを当然とする規範の維持は容易ではないだろう。配偶者と死別したり，なんらかの事情で子世帯との同居ができなくなった高齢者，とくに高齢女性を支える親族のセイフティ・ネットは，Ｋさん一家のように経済的に恵まれている層においても，徐々に弱くなっていると考えられる。

3 事例から考える：主婦の仕事とは何か

さて，3つの事例について，詳しく検討してきた。「主婦の仕事とは何か」という視点から，まとめて考察を加えてみたい（図 3-1 参照）。

第一点。いずれのケースにも，「家事」には，明確で階層的な区分が存在する。ここでは三つの区分に整理し，それぞれ「家庭運営」「家事実務」「ルーティン・ワーク」と呼ぶことにする。

もっとも上位にあるのは，家庭運営（計画や予算配分，家族の心理的・精神的サポート，家庭外との接触や交渉を要する領域），続いて，一定の判断が要求される家事実務，最下層に肉体労働を主とするルーティン・ワークである。これらは，仕事に対する眼差しという点からは「きれい・きたない」の二元化とも対応し，インドの場合は「浄・不浄」のイデオロギーともかなりの部分が重なる。料理を例に挙げれば，献立作り，食器選び，予算，最終的な味のチェックといった領域が家庭運営に，実際の調理が家事実務，そして皿洗いやごみ処理がルーティン・ワークにあたる。人間の再生産という視点からみれば，これらすべては一体化した再生産にかかわる労働だが，インドの新中間層の場合，あきらかに異なる領域の仕事と考えられている。

第二点。上記の家事における階層的な区分は，家事の分担と対応する。家庭経営は基本的に家族成員に，家事実務は家族成員もしくは住み込みの家事使用人に，そしてルーティン・ワークは，その仕事に特化した通いの使用人が分担している。ただ，家庭運営と家事実務については，いくつかのケースがある。理念型としての拡大家族の場合，家庭運営は原則として家長とその妻の領域であり，家事実務が嫁たち（場合によってはその娘たち）や未婚の娘

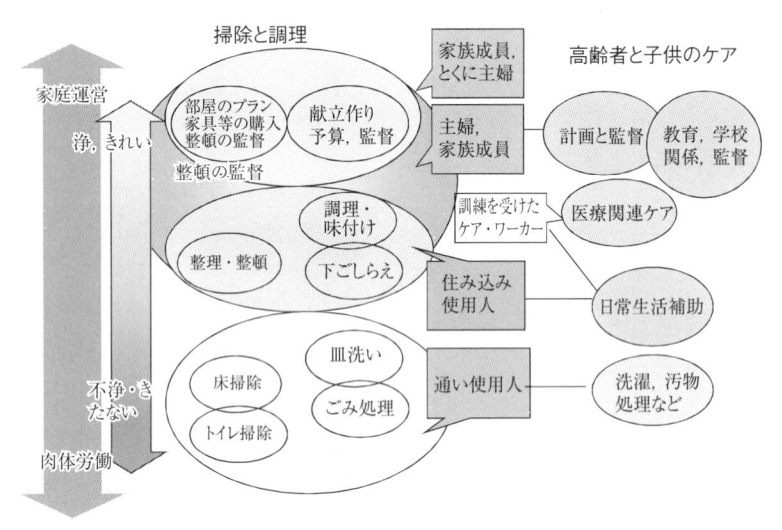

図 3-1　インドにおける家事のランクと分担
出典：筆者作成。

たちの領域である。今回の事例の 2-1 のデリーの M さん一家の場合，結婚当初の M 妻は，家庭運営ではなく家事実務を義姉妹とともに分担することが期待されたはずである。ただしこの一家の場合は，家事実務の担当者は M 妻だけでなかったことから，M 妻が公務員として「家の外」で働いても，その家事実務における役割を代替することが可能だった。最初から核家族として出発した 2-2 の T 市の N 夫妻のケースでは，N 妻は家庭運営を担当するとともに，家事実務も担当した。2-3 のデリーの K 妻の場合は，複雑な意思決定を要する家族・親族との関係を含めた家庭運営が K 妻の領域であり，家事実務，すくなくともその大半は，住み込みの「忠実」な家事使用人がこなしている。

　第三点。では，「主婦」が「主婦」とみなされる仕事とはなにか。上記のように，家庭運営は，（拡大家族における嫁を除いて）いずれのケースにも該当する。家事実務については，他に担当する者がいない場合は，主婦の領域である。一方，ルーティン・ワーク（の多く）は，通いの使用人が行っており，この領域は家族の領域とはみなされていない。換言すれば，たとえルー

ティン・ワークを「主婦」が行っても，それによって主婦が主婦とみなされることはないのである。

　さらに，今回の事例を仔細に検討すると，家庭運営や家事実務のなかでも，とくに重要とみなされている事柄が浮かび上がってくる。子供の教育と高齢の両親のケアである。そのいずれもが，単なる労働としての家事というよりも，精神的・心理的な気配りと判断，関係する他者との折衝と調整などを要し，家族の過去，現在，明日をつなぐ領域であり，ある程度の経済力も要する領域でもある。この領域において立派に役割を果たしてこそ家庭の中心たるべき主婦となりうるのではないか。取り上げた3つの事例の「主婦」たちは，それぞれの方法でこの義務を果たしている。そのことの結果が「専業主婦」となる場合も，就労，もしくは部分的な就労になる場合もあるが，「主婦が主婦となること」においては，就労の有無よりも，その就労がどういった文脈のなかに位置づけられるのかをみる必要があるだろう。

　第四点。では，中間層の主婦にとって，その就労とは何なのか。今回取り上げた3例は，就労形態や職種は一様ではないが，3人とも働いた経験をもっている。また何度か中断しつつも就労を繰り返したT市のN妻のように，条件さえ許せば働く意欲を持ち続けている例もある。ある程度の学歴をもつ現在の年齢で40歳代後半から60歳代の中間層の主婦にとって，仕事をもつこと自体はすでに当然の選択として認識されているようである。ただ，その就労は，先述のように家庭運営において家族成員から協力を得られること，家事実務において家族成員もしくは信頼できる家事使用人を恒常的に雇用しうること，といった条件がそろわない限り，安定的な就労にはなっていない。

　ただ，この点については，世代間の差も考慮する必要があるだろう。消費ブームのなかにある現在の新中間層にとって妻の所得は親世代のそれよりもはるかに重要になっている。取り上げた3例のうちK妻を除く二人の妻たちは，いずれもキャリア形成の前に結婚し，その結婚に見合う形で就労しているが，2000年代にはいって家族形成をしているデリーのM夫妻の長男の妻やT市のN夫妻の長女は，結婚前に就職し結婚後もキャリアを重ねる選択をしている。M夫妻の長男一家のように親世帯との同居が可能であれば，

それが一つの方策となるだろう。しかし，双方の親との同居は難しいＮさん夫妻の長女のような場合はどうするのだろうか。

　この点に関連して，インドの中間層の場合，保育園や公的な高齢者ケアシステムがきわめて不備な状況にあることにも留意する必要がある。インドでは育児や高齢者ケアにおける公的補助のシステムはまだ貧困層を対象にしたものが中心であり，中間層が対象となるものは限られている。民間の，あるいは企業が付設する保育園や有料老人ホームなど，私企業としてのケア部門の拡大や，経済的に余裕のある階層であれば一定の訓練を経た介護や育児のための使用人の雇用，といったことが今後の方向として考えられる。後者については，すでにデリーにおいても，Ｔ市においても，導入するケースが増えているようであるが，施設保育や施設介護を併用しない個人使用人による育児や介護は安定性を欠き，また育児や介護の実務は使用人に任せることができたとしても，精神的なサポートや子どもの教育という課題は残る。現在，新中間層の多くが雇用している家事使用人だけでは，妻の就労を支え続けるシステムは難しいと考えざるをえない。この点が解決されない限り，インドにおいても「働き続けようとすると子供を作りにくい」「働く意欲はあるが臨時職やパートタイム職しか選べない」「高齢者介護のために離職する」といった現象が徐々に顕在化するのではないだろうか。

おわりにかえて

　本章では，主婦の仕事とは何か，何を行えば主婦と呼べるのか，という問いを念頭に今日のインド都市部中間層の主婦と家事について考えてきた。調査方法の限界もあり，取り上げた３つの事例は，典型例であるとも，あるいは一定の傾向を示す例であるとも，言うことはできない。あくまでも，論点を探るための事例である。

　三つの事例を通じて析出した論点は前節で述べたので繰り返さないが，あらためてこれらの例から浮かび上がってくるのは，「橋渡しの世代」の存在である。1960年代から70年代にかけて家族形成をはじめた主婦たちは，ヒ

第3章　インド都市中間層における「主婦」と家事

ンドゥーやムスリムなどコミュニティの伝統と近代インドの思潮の交錯のうえに構築された家族規範のなかで少女期を過ごし、「家族」を人生の中心に据えて子供たちを育て親を看取り、消費ブームやグローバリズムの時代に子供たちを送り出している。その間に、インドの社会には大きな変化が起き、世界におけるインドの位置も変わった。中間層の家族観にも大きな変化が生じている。三つの例はそれぞれ具体的に、子どもたちの世代の価値観が、主婦たちが少女時代に内面化した世界とは明らかに異なっていることを示している。その変化のあり様は、ある意味では、主婦として家族中心に暮らしてきた女性たちの存在そのものを否定しかねない。

　しかし、インタビューに応じてくださった「主婦」たちのいずれも、その変化を静かに受け止めているようにみえる。この静かな、しかし大きな変化の背景にあるのは、おそらく妻や母として生きる自らの「愛情」が、それ自体として絶対的な価値があると肯定する心性が徐々に浸透してきたことがあるのではないだろうか。つまり近代家族の主婦イデオロギーの基盤である「家族一人一人の幸せのために」生きることが女性の一生を捧げる目標に足るという価値観を、この世代の中間層の主婦たちが自らの価値観として内面化してきたように思えるのである。家族を代々伝えるべき規範、あるいはあるべき単位としてみるのではなく、まず何よりも親密なかけがえのない人たち、ととらえる視線である。もしそうであるとすれば、社会身分制維持の環として強い規範性を特色としてきたインドの家族にとって、まさしく本質的な変化を予感させるものである。

　同時に、この変化は、高齢者のケアなどこれまで家族がもってきたセイフティ・ネット機能を不安定化させる。その危機感のなかで、従来からのヒンドゥー・ナショナリズムの立場からではなく、福祉や開発の視点から新しい家族主義の再生を求める声も顕在化してきている。2007年には、高齢の親の扶養義務を子供に課す「両親と高齢者の扶養と福祉に関する法律」[8]が制定された。家族の変容と家族主義の台頭。この二つの間で、今後のインドの

---

[8] The Maintenance and Welfare of Parents and Senior Citizens Bill, 2007. この法律では、息子だけでなく既婚・未婚を問わず娘にも同等の義務を課している。具体的には、この法律に基づき、各州において州レベルの法制化が図られ、執行される。

109

家族，そして一人一人の生き方は，どのように変わっていくのだろうか。

●参考文献●

Banerjee, Swapna M. 2004. *Men, Women, and Domestics: Articulating Middle-Class Identity in Colonial Bengal*. New Delhi: Oxford University Press.

Chakravarty, Deepika and Ishita Chakravarty. 2008. "Girl Children in the Care Economy: Domestics in West Bengal." *EPW*, November. 29.

Chatterjee, Partha. 1990. "The Nationalist Resolution of Women's Question." In K. Sangari and S. Vaid (eds) *Recasting Women*. New Brunswick: Rutgers University Press.

Fernandes, Leela. 2006. *India's New Meddle Class: Democratic Politics in an Era of Economic Reform*. Minneapolis: University of Minnesota Press.

Karlekar, Malavika. 1993. *Voices From Within*. New Delhi: Oxford University Press.

Kujur, Joseph Marianus and Vikas Jha. 2005. *Project Report Women Tribal Domestic Workers in Delhi: a Study of Deprivation and Migration*. New Delhi: Indian Social Institute.

Neeta, N. 2004. "Making of Female Breadwinners: Migration and Social Networking of Women Domestics in Delhi." *EPW*, April 24.

——— 2008. "Regulating Domestic Work." *EPW*, Sep. 13.

押川文子　1998「『学校』と階層形成 —— デリーを事例に」古賀正則・中村平治・内藤雅雄編『現代インドの展望』岩波書店。

——— 2000「インド英字女性雑誌を読む —— 90年代都市ミドル・クラスの女性言説」『地域研究論集』3-2，平凡社。

Ray, Raka and Seemin Qayum. 2009. *Cultures of Servitude: Modernity, Domesticity and Class in India*. Stanford: Stanford University Press.

上野千鶴子　1982『主婦論争を読む』I・II（編），勁草書房。

Uberoi, Patricia. 2003. "The Family in India: Beyond the Nuclear versus Joint Debate." In Veena Das (ed.) *The Oxford India Companion to Sociology and Social Anthropology*. New Delhi: Oxford University Press.

Uberoi, Patricia and Sreemati Chakrabarti. 2004. *Gender and the Political Economy of Domestic Service: Comparative Perspectives from India and China*. Delhi: Institute of Chinese Studies. CSDS.

Walsh, Judith E. 2004. *Domesticity in Colonial India: What Women Learned When Men Gave Them Advice*. New Delhi: Oxford University Press.

第Ⅱ部
〈良妻賢母〉の変奏

第4章 近代初期韓国における「新女性」の困難
「女性解放」と「賢母良妻」との関係に焦点を当てて

徐　智瑛（ソ　ジヨン）

（赤枝香奈子訳）

1　近代国民国家とジェンダーについての問い

　著名なフェミニスト小説家，ヴァージニア・ウルフは，エッセイ「3ギニー」の中で次のように述べている。「女性としてのわたしには国はない。女性としてのわたしには国はいらない。女性としてのわたしの国はこの世界全体なのだ」。この有名なフレーズは，女性を国家体制へと服従させる男性支配的な国家イデオロギーを批判しつつ，近代の国民国家とジェンダーの間の根源的な問いを提起している。加えて，別の問いもなされなければならない。国家，階級，人種という概念（近代初期における帝国主義と植民地主義を含め）を越えて，女性はこの世界の市民となり得るのだろうか。
　近代国家はジェンダーと複雑な関係を作り出してきた。近代初期には，近代国民国家の誕生を通して，女性は公的領域の一部となった —— それゆえ，近代女性たちは国家と分かちがたく結びついた。かつて第三世界の植民地であり，政治的独立が求められた韓国では，ジェンダーは国家と緊密に結びついていた。チャンドラ・モハンティ（Chandra Mohanty）とデニズ・カンディヨティ（Deniz Kandiyoti）などの研究者は，19世紀終わり頃から20世紀はじめに，インドや中東のような第三世界の植民地における中産階級の男性知識

人たちが主導した国家主義的プロジェクトとジェンダーの行動律との間に，矛盾した結びつきがあることを明らかにしてきた（Mohanty 2003; Kandiyoti 2000）。本章は，ナショナリズムが植民地主義の対抗勢力であった近代初期韓国という歴史的文脈における，「新女性（New Women）」のアイデンティティ形成と女性たちの欲望を研究する。とくに，「女性解放」と「賢母良妻」という考えとの関係を検討するつもりである。それらは，西洋的近代性と日本の介在のもとで，女性の近代的アイデンティティが構築される際の主要な構成要素であった。

　韓国では，国家主義的言説における「賢母良妻」という概念，つまり女性にとっての新たな行動律は，西洋の政治的イデオロギーに由来する「男女平等」や「人間の自然権」のような近代的概念と組み合わさっていた。家庭を支配する者として女性の地位を確立する「賢母良妻」という考えと，公的領域において女性に政治的権利を与える「女性解放」は，当初，啓蒙的言説の中で調和的に共存していた。韓国における「賢母良妻」という考えは，明治時代の日本に広まっていた「良妻賢母」の考えから生じた。この「良妻賢母」という思想は，家族を国家装置の一部とみなす家族国家イデオロギーの公式に基づいていた。さらに，この思想はもともと，女性の公的な活動を家庭の仕事の延長とみなしており，その結果，女性の政治参加に制限を課しつつ，女性を家内領域に閉じ込めるものであった。注目すべきは，韓国（そしておそらく日本も）における女性の近代的アイデンティティは，家族国家イデオロギーがあるが故に，公的領域と私的領域の境界が入り交じり，はっきりと区別できないところに形成されたということである。

　本章は，近代初期韓国における女性の解放と「賢母良妻」という非対称な組み合わせに特に注目しつつ，「新女性」がこれらに対抗してどのように取り組んだかを検討する。ただし本章はこの現象全体を網羅するものではなく，むしろ大まかな歴史的概観を提示し，今後の研究の深化を願うものである。

2　1900–1910年代における国家主義的プロジェクトから生まれた，女性の解放と「賢母良妻」概念との出会い

　1898年9月1日，韓国で，ソウルの上流階級の女性304人からなる最初の女性団体，賛揚会 (*Chanyanghoe*) によって，女性の権利が宣言された[1]。彼女たちは女学校の設立を求める嘆願書を国王に提出し，1899年，韓国初の私立女学校を創立した。男女平等や女性の教育が必要であるという賛揚会の要求が，日本やアメリカなど海外で学んだ改革派の男性知識人のモデルでもあった点には留意しなければならない。1890年代の改革派男性知識人の著作や新聞の論説では，基本的人権や両性の平等に基づく女性教育の重要性が，文明化と啓蒙主義的言説の一部として強調されていた。

　女性の権利を求める政治運動は，主に改革派の知識人たちによって推進されていた。彼らの言説においては，伝統的な女性とは，西洋的近代文明と比べて文明化されていない，前近代的な東洋文化の象徴として説明されていた。女性を古い慣習から解放すべきという改革派の主張の根底には，西洋の近代化をも受け入れる，啓蒙に対する強い希求があった。国家の繁栄に貢献することが期待されている子どもたちの最良の教育者は母親であると考えられたがゆえに，女性の教育が要請された。両性の平等な権利と女性の教育は，「賢母良妻」の概念に体現された。1900年から1910年まで，この「賢母良妻」概念の歴史的意義が，女性に関する言説において重要な役割を果たした。文明化と啓蒙に関する議論のなかで改革派男性知識人は，「賢母良妻」は，子どもの教育と世帯の管理の双方において家庭の中心人物となることで，男性と対等な良き伴侶となるとみなしていた。

　国家主義的言説においては，女性が国家の構成員であり，家族の中で男性と対等であるという理由で —— それは前近代の女性に対する見方とは異なる視点であった ——，「賢母良妻」の考えは近代的で先進的であったように思われる。しかしながら，近代的平等もしくは女性の解放という見解と「賢

---

1) 「女性の権利の公布」『皇城新聞』(*Hwangseong Sinmun*), 1898年9月8日。

母良妻」という概念の組み合わせは，再考されなければならない。近代初期韓国における「賢母良妻」という考えは，古い抑圧的な慣習からの女性の解放に弾みを与えただけでなく，女性に，個人としてではなく，家族内の特定機能を果たす役を割り当てたのである。

酒井直樹は福沢諭吉の言説を通して，近代アジア，とくに日本における個人の自己同一化の様式は，関係的アイデンティティから個別的アイデンティティへと変容することで達成されたと分析している (Sakai 2008)。福沢は，儒教的な見方では，人間の社会的性質が親族関係の並列によって要約されることが多く，同様に，個人的行為者としての国民は，親族の仲介がなければ全体へと結び付けられることはないと主張した。この観点では，ある人の個人的アイデンティティはまず，「関係的アイデンティティ」として説明される。一方，近代においては，人間は，これらの関係からは独立した，自律的個人として位置づけられ，それは，「個別的アイデンティティ」と呼ばれる新たな個人のアイデンティティの定義をもたらす。しかしながら，この新しいパラダイムは，近代において女性には適用されないと言えるかもしれない。両性の平等は女性に，ひとりの個人として公的領域に姿を現すことを認めた。だがそれは，「賢母良妻」の名のもとにおいてであり，またそれによって，家族システム内部の伝統的な「関係的アイデンティティ」は近代的再構築がなされた。女性にとって近代的な自己同一化とは，女性についての近代的言説の構造的矛盾を生み出す「個別的アイデンティティ」と「関係的アイデンティティ」の対立から始まっているのである。

1910 年の日本による韓国の併合以来，「賢母良妻」の思想は，女学校における主要な教育目標となった。韓国人女学生数名が高等教育を受けるために日本に留学したが，その間に，女性を人間とみなす見方が広がり，ジェンダー意識という近代的思考の始まりへとつながった。「女性解放」というフレーズがより一般的になったのは，『女子界』(*Yeojagye*) という雑誌を通してであった。『女子界』は 1917 年，日本にいる女子留学生の団体によって創刊された。大半の記事は「賢母良妻」の思想に基づいていたが，中には，国家のために 1919 年の韓国独立運動のような政治活動に加わる女子学生もいた。1910 年代後半，エリートの「新女性」たちの近代的意識のなかでは，

第 4 章　近代初期韓国における「新女性」の困難

「賢母良妻」と「女性解放」、もしくは「賢母良妻」と韓国のナショナリズムとの間で、明らかな思想の衝突が起こることはなかった。

　注目すべきは、東京で学んでいた代表的な「新女性」の一人である羅蕙錫（Na Hye-seok）が、在日男子留学生が発行していた『学之光』(Hakjikwang) という、影響力のあるまた別の雑誌に記事を寄稿したことである。「理想的な女性」というタイトルのその記事の中で、彼女は「賢母良妻」の考えについて、おとなしく従属的な女性を生み出すために作られた男性支配的なイデオロギーであり、最終的に女性を男性の奴隷にするものとして強く批判した[2]。しかしながら、この時代、「新女性」の全体的なイデオロギー的方向性は、「賢母良妻」の考えと、「女性解放」に基づいており、それは「賢母良妻」になることによって「古い家から解放され新しい家庭を手に入れること」を意味していた。

　にもかかわらず、神によって与えられた権利に基づく女性の解放と、女性の使命としての「賢母良妻」は、前者が、男女の性的、社会的差異にもかかわらず、女性を一人の人間もしくは個人として想定する一方、後者は男性と女性を区別し、女性の使命という名において女性のアイデンティティを具体化していたため、基本的には両立しえなかった。さらに、1910 年以降、近代的な女性と家族の概念に基づく「賢母良妻」の思想は、母性の自己犠牲的イメージや親孝行、実際のさまざまな女性の義務を含む、伝統的な女性の美徳と混じり合い始めた。「賢母良妻」は、前近代的思考と近代的思考という異なる要素が一体化したものであったが、その論理的弱点は近代初期韓国における強いナショナリズムによって覆い隠されていた。

3　1920 年代における「女性解放」と「賢母良妻」思想の対立

　1920 年代、国家主義的な言説における「女性解放」と「賢母良妻」の非対称的な組み合わせにおいて、二つの思想の間の隠れた対立があらわになり

---

2)　羅蕙錫「理想的な女性」『学之光』第 3 巻、1914 年 11 月、15-16 頁。

始めた。「新女性」の雑誌『女子界』(1917)では,「賢母良妻」になる前段階として「新女性」が通過すべきとされた,「愛と結婚の自由」という名の女性の近代的意識にかんして,新たな議論が生じた。それは,韓国において,たんに国家の領域内部だけでなく,女性の個人的欲望の内部で,女性の解放が表明された歴史的な転換点であった。近代的な愛と結婚は,肉体と精神,愛と結婚の対等な関係を前提としたエレン・ケイや厨川白村の考え方に基づいており,それは「女性解放」のための新たな方向性を生み出した。しかし同時にそれは,「女性解放」と「賢母良妻」になるという考えの間に,さらにはナショナリズムとジェンダーの間に,衝突をもたらした。

「女性解放」についての語りは,二つの矛盾する命題から構成されていた。一つは両性の平等であり,もう一つは両性の差異に基づく,階層的なジェンダー役割であった。女性解放がこの二つの命題をもつことで,フェミニズム的な著述は混乱し,つじつまのあわないものとなった。『新女子』(*Shinyeoja*)は,1920年に「新女性」のグループによって発行された,よりラディカルなフェミニスト的視点をもつ,もう一つの雑誌である。『新女子』の編集長,金一葉(本名:金元周 Kim Won-ju)は梨花学堂を卒業し,日本で勉強したこともある代表的なフェミニストだった。彼女が特に訴えたのは,「女性解放」と社会運動としての男女の平等だった。しかしながら,金一葉の意見に見られるセンセーショナリズムにもかかわらず,『新女子』の記事は,大部分が「賢母良妻」になるという考えに基づいており,全体としてはそれほどラディカルではない。金一葉の論説でさえ,女性の権利や社会における平等,家庭における女性の居場所などというジェンダーの問題を改善するために,女性は男性の要求に従い,「賢母良妻」の役割を果たすべきだと,戦略的に主張していた。他の記事の中では,その役割の限界と問題について強く批判しているにもかかわらず,である[3]。金一葉のフェミニスト的言説に見られる分裂は,女性の解放と「賢母良妻」の役割の間で自らのあり方を確立しなければならなかった,1920年代韓国における「新女性」の困難を明らかにしている。

---

[3] 「社会における『新女性』の責任についての議論」『新女子』第1巻,1920年3月,108頁。

第4章　近代初期韓国における「新女性」の困難

　また，「賢母良妻」役割を拒否し，政治的領域で積極的役割を担った少数の「新女性」は，常に自分たち自身を「国家」に結びつけなければならず，男女間の平等と差異を二重に肯定するという矛盾した状況に直面した。言いかえれば，公的領域における「新女性」は，政治的・社会的平等を主張する際，男女間の性的，社会的差異について論じるのを最小限に抑えなければならなかった。それは，「女性（性）抜きのフェミニズム」の状態として知られているものである。一方，「新女性」たちは，公的領域における男女の不平等に抗議する際，自分たちが排除しようと努力している性的，ジェンダー的差異に注目した。ジョーン・スコットは，これは女性のパラドクスだと述べている。西欧の自由な共和制の政治理論は両性の平等という観点から生み出されたのだが，その罠に女性が陥ってしまうのである（Scott 1996）。

　『新女子』には，梨花学堂初の韓国人女性総長であった金活蘭（Kim Hwal-ran）が書いた，また別の「新女性」による記事がある。彼女の記事には，「新女性」が公的領域において陥るこの種のディレンマが表れている。公的領域では，「新女性」は女性性をあまり目立たせないよう，化粧をせず地味な姿で現れ，男女の平等を主張した[4]。しかしながら，女性が選挙権を持てないことに抗議する際には，社会の中で孤立させられている女性を代表し，現存するジェンダー格差に対する意識を高めなければならなかった。

　『女子界』と異なり，『新女子』は男性知識人からは独立した「新女性」によって発行され，韓国で初めてフェミニスト的意見を公にした。しかしながら，『新女子』では，「女性解放」と「賢母良妻」の役割との間，あるいは「西洋的普遍性」と「韓国の特殊性」との間の，「新女性」の確固とした近代的アイデンティティを確立することができなかった。『新女子』のある記事の著者は，『新女子』のメンバーを，日本の『青鞜』グループや，イギリスのブルー・ストッキングのメンバーと同一視している。彼女はまた，自分たちは男性が持っていない独創的で特権的な世界をもつ個人として，完全に自立した生活を送るのだとも宣言している[5]。この誤った自己同一化は，近代初期韓国における「新女性」の歴史的事実を示している。女性解放の基盤は

---

4)　金活蘭「男性の内省を求める」『新女子』第4巻，1920年6月，430頁。
5)　Simsa，「現在の問題」『新女子』第2巻，1920年4月，216頁。

脆弱で,「賢母良妻」の考えと植民地国家における強力な国家主義的言説に従属していた。その脆弱な基盤の中で近代的な女性のアイデンティティを構築しようとした「新女性」は, 現実の自分たちと, 想像の自分たちとの間に存在する意識のギャップを露呈したのである。

4 伝統的でも近代的でもなく ── 1930年代韓国における「賢母良妻」の変容

1920年代,「新女性」は,「愛と結婚の自由」を受け取った。これは西洋社会で生まれた, 個人としての女性の解放に向けたさらなるステップである。しかしながらこの概念は, 国家とジェンダーの間の裂け目をあらわにした。その裂け目は公には, 公的領域の外に位置づけられていた「新女性」を追放することで埋められた。その一例が, 俗世を捨て尼になることを選んだ, ラディカルなリベラル・フェミニスト金一葉のケースである。これは,「新女性」としての自身の熱情的な生活を否定するという皮肉を示していた。

1920年代半ば以降, パイオニアとしての「新女性」のイメージは消え,「新女性」は虚栄心や浪費, 堕落の象徴となった。1930年代には, それ以前の10年よりも, 社会が保守化し, 1920年代の「新女性」の自由奔放なイメージに代わって, 女性の役割についての支配的言説として「賢母良妻」が再浮上した。1900～1910年代の「賢母良妻」役割の先進的傾向と比較し, この時代,「賢母良妻」の概念は, より保守的で実践的なものになったことに注意しなければならない。ある男性作家, 朱耀燮 (Ju Yo-seop) は,「賢母良妻」はもはや抽象的な概念ではなく, この時代のすべての女性たちの本能であると述べた。彼の記述によれば, 愛と結婚の自由に対する女性の欲求は,「賢母良妻」になりたいという従属的な欲求へと収斂したという[6]。

1930年代初め, ある大衆雑誌が高名な「新女性」数人を招いて座談会を開催した。そこでは, ヒロインのノラが女性解放のシンボルとなった, ヘン

---

6) 朱耀燮「『新女性』の道と時代遅れの女の道」『新女性』, 1933年1月。

リク・イプセンの小説『人形の家』を再評価しつつ，女性の問題についての議論が行われた[7]。その中で，ノラの選択は非現実的な振舞いだとされ，女性の解放はノラのように家から逃げ出すという行動によっては達成されないと，出席者の半数以上が断定した。ある女性ジャーナリストは，ノラの決断は経済的基盤のない女性の状況を誤って認識していることから出たものであり，現実的なビジョンを欠いていると述べている。座談会の参加者の多くが，1930年代の韓国において変容され新たな位置を獲得した「賢母良妻」の役割に基づき，「街から家に戻ったところのノラ」のイメージを想像したのだった。

　この時代はとりわけ，「女性解放」と「賢母良妻」役割との結びつきを見出すのが難しい。そして新聞や雑誌では「良妻」のイメージに焦点を当て，主婦が「新女性」の理想的模範像として提示されるようになった。核家族および夫婦の愛情の中心的存在として尽くすのはもちろん，合理的で具体的な方法で世帯を管理する専門家としての主婦のイメージが，マスメディアで広く論じられた。良き妻であることについての1930年代の言説は，家政学や科学，衛生学などの近代的知識に基づいており，「良妻」は近代性の指標となった。1930年代の「新女性」は「良妻」についての語りを積極的に受け入れ，家庭や社会で良き妻の地位を得るためにさまざまな作戦を計画する一方で，伝統的な女性と自分たち自身とを区別した。

　しかしながら，「良妻」の言説と実際の「新女性」の間には，まだ乗り越えられないギャップがあった。作家，朱耀燮は，日本の調味料である味素（Agimodo/味の素）の広告に表現されている「良妻」と「スイート・ホーム」のイメージと違い，「新女性」が夢見る理想的家庭は韓国では手に入らず，「スイート・ホーム」は映画や小説の中だけに存在する空想的なものにすぎないと断言した。彼は加えて，「新女性」にとって理想的な夫となりうる男性の割合は，実生活では1,000万人に一人しかいないと付け足した。それゆえ，近代的な「良妻」は現実には手に入らない想像上のイメージだったと言えるかもしれない。一方，「近代的（科学的）母性」をもつ「賢母」は社会に

---

7) 「新時代における前途有望な女性についての話」『新女性』，1933年1月；「女性の問題についての話」『新東亜』(Sindong'a)，1930年11月。

おいて,「良妻」以上に関心を集めたと言えよう。この時代,母なるものは,科学的な子育て方法を身につけた「賢母」として生まれ変わったのである。ある雑誌では,母親が無知であることを,この世で一番恐れるべきだと述べている[8]。

　この時期の,伝統的でも近代的でもない「新女性」のハイブリッドなイメージにも留意しておかなければならない。この時代,「賢母良妻」は,従順,貞節,犠牲などの,伝統的な女性の美徳とともに再構築される。とくに,「良妻」についての男性知識人の言説に表れているのは,西洋流の近代的な良き妻になりたいという「新女性」の欲求とは対照的に,昔の伝統的な女性のイメージである。ある雑誌の座談会では,男性知識人たちが「新女性」に対する反感を表し,「平均的な教養を備えた家事の得意な女性」を理想の妻として挙げている。彼らは西洋の映画に登場する,ボブ・ヘアーのグレタ・ガルボやクララ・ボーのような女性に性的には惹かれたものの,実生活における自分自身の妻として,ボブ・ヘアーのモダンガールを受け入れることは拒否した。夫の世話をするだけの,健康で従順な女性のイメージは,「新女性」たち自身が求めた「良妻」のイメージとは相いれなかったのである[9]。

　それゆえ,1930年代の韓国のマスメディアにおいて「賢母良妻」とは何を意味していたのかを示す具体像は,「近代的賢母」と「伝統的良妻」であったと要約できる。ある記事は,韓国の「新女性」は,近代的な「賢母良妻」役割はもちろんのこと,伝統的な女性的美徳と嫁としての義務も果たすよう依然として強いられているがゆえに,世界で一番の重荷を背負っていると指摘している[10]。ところで1930年代,社会主義知識人たちは,「賢母良妻」の考えは,植民地主義者に同化させようとするイデオロギーであり,ブルジョア階級の文化的産物であると疑問視していた。1930年代の韓国における社会主義的言説では,女性の解放は「賢母良妻」の概念とは切り離され,階級の解放の下位カテゴリーとなったのである。

---

8)「保護者による女学生の問題についての話」『新女性』,1931年6月。
9)「近代的男女における結婚の理想」『別乾坤』(*Byeolgeongon*),1930年5月;「独身男性の話」『新女性』,1933年2月,350頁。
10) 朴熙道 (Pak Hui-do)「韓国の『新女性』特有の責任と義務」『新光』(*Sin'kwang*),第1巻 1931年,22-23頁。

第 4 章　近代初期韓国における「新女性」の困難

5　「平等」の近代的神話と女性のアイデンティティの分裂

　1930 年代半ば以降の戦争の時代，社会，とくに教育界において中心人物だった「新女性」は，日本の帝国主義に動員され，利用された。日本の帝国主義は，朝鮮（Choseon）という植民地に存在するひ弱なジェンダー装置につけ込んで利用した。代表的な「新女性」の中には，この時代の彼女たちが直面していた二つの課題，すなわち「女性解放」と「賢母良妻」の名において植民者と協力する者もいた。これは，植民地主義の強い影響下にある戦時期の韓国において，「新女性」が依然として女性の解放と「賢母良妻」役割に対する近代的指針を求めており，認識上の混乱を解決できなかったことを表している。韓国における「新女性」の近代的アイデンティティのギャップとは，近代的言説において「想像された」女性と，植民地時代の韓国の歴史における「現実の」女性とのギャップなのである。

　近年，韓国政府は，新たな紙幣に女性の肖像を初めて載せることを決めた。そして最終的に，1919 年の韓国独立運動のために亡くなり，韓国のジャンヌ・ダルクとして知られている女性愛国者，柳寛順（Yu Kwan-soon, 1902-1920）ではなく，16 世紀の最も偉大な儒学者の一人，李栗谷（Yi Yul-gok, 1536-1584）の母である申師任堂（Shin Saim-dang, 1504-1551）が選ばれた。申師任堂は 5 世紀に渡り偉大な母のシンボルであり，韓国において申師任堂が紙幣に初めて印刷される女性に選ばれたことは，近代における「新女性」よりも，伝統的な賢母のイメージの方がより根強いことを意味している。さらに，現代の韓国において申師任堂が，16 世紀の人物であるにもかかわらず，依然として理想的女性像とみなされているという事実は，現代の価値観と過去の価値観との間に緊張関係が存在し，女性の解放と「賢母良妻」役割の間で，そして伝統と近代の間で，女性のアイデンティティが分裂していることを明るみにしている。

•参考文献•

1.一次資料（新聞と雑誌）

Hwangseong Sinmun［皇城新聞］
Hakjikwang［学之光］
Yeojagye［女子界］
Shinyeoja［新女子］
Sinyeoseong［新女性］
Sindong'a［新東亜］
Byeolgeongon［別乾坤］
Sin'kwang［新光］

2.二次資料

Kandiyoti, Deniz. 2000. "Identity and Its Discontents: Women and the Nation." In John Hutchinson and Anthony D. Smith (eds) *Nationalism: Critical Concepts in Political Science*, Vol. 4,. London & New York: Routledge.

Mohanty, Chandra. 2003. *Feminism without Borders: Decolonizing Theory, Practicing Solidarity*. Durham & London: Duke University Press.

Sakai, Naoki. 2008. "From Relational Identity to Specific Identity: Modernity in East Asia." *Colloquium for International Scholars* promoted by International Center for Korean Studies, Korea University. November 28, 2008.

Scott, Joan W. 1996. *Only Paradoxes to Offer: French Feminists and the Rights of Man.* Cambridge, Mass.: Harvard University Press.

第5章

モダニティを売る
1920-30年代上海における「月份牌」と雑誌広告に見る主婦の表象

呉　咏梅
（ウ　ヨンメイ）

はじめに

　1920-30年代の国際都市上海には，「月份牌」と呼ばれるカレンダー・ポスター広告があった（図5-1）。これは19世紀末から20世紀半ばにかけて，煙草や医薬品，化粧品，紡績，オイル会社などを扱う西洋資本主義商社が先駆的に導入したものである。その後，中国の商店や企業も客を喜ばせる景品として，こうした商業用ポスターを広く使うようになった。発行された当初，暦が印刷されていたことから，「月份牌」（カレンダー）と呼ばれた。「月份牌」のルーツは，黒いインクで輪郭を描いてから着色する伝統的な風俗画に起源をもつ「年画」というものである。年画にはもともと縁起物，つまり日本の恵比寿，大黒，七福神のような財を招く財神や金の木，一家の繁栄を保障する竈神などが描かれていた（Laing 2004: 23）。20世紀に入ると，西洋の水彩画，水粉画，油絵，装飾芸術を学んだ画家もポスターの製作に参入してきたため，歴史人物や神話伝説，伝統的戯劇，山水画，美人画を主題とするものが多くなった。特に，中華民国初期の画家・鄭曼陀が，まだ下ろしていない筆に炭素粉（カーボン）をつけて画用紙に擦りつけ，濃淡のグラデーションがある白黒の下地を作ってから，何度も水彩で染めて，多種の色を出す「炭素擦筆法」を発明して以来，透明感のある色彩効果や鮮麗な肌触りを表現できる美人画が大量に作られるようになった。1920-30年代の「月份牌」はた

第Ⅱ部 〈良妻賢母〉の変奏

図5-1 煙草・大砲台のカレンダー・ポスター
英米煙草公司　1930年代　胡伯翔作

図5-2 薬・健胃固腸丸のカレンダー・ポスター
谷回春堂　1931年　謝之光作

いてい，「炭素擦筆法」を使った多彩色の美人画ポスターである（図5-2）。

「月份牌」は，近代中国の消費文化の「モダニティ」を作り出す一種の広告芸術であり，主に中心に据える人物や山水風景，バックの表現部分，フレーム，広告字体，商品のイメージ，暦によって構成される。1930，40年代になると，暦が省略され，単なる美人ポスターが多くなった。「月份牌」の誕生と発展には，石版印刷とオフセット印刷術の導入によって多色刷りや大量複製が可能になったという技術的背景がある。この種のポスターは，1910年代の成長発展期を経て，20-30年代に隆盛を極め，40年代以降になると，衰退，消滅の運命をたどった。中国最大の国際港であり，外国租界の中心地として「東方のパリ」と呼ばれた上海は，月份牌広告が誕生し発展を遂げた場所であった。

「月份牌」は，1920-30年代の上海街頭で露天商が壁いっぱいにかけて販売する非常にポピュラーなものであった。都市部の一般庶民の家はもちろ

ん，上流階級の名門家庭にも，また各地の農村地域の家庭にも，飾り物として「月份牌」が壁に貼られていた。例えば作家・張愛玲は，香港に引っ越した資産階級家庭出身の女性を主人公にした小説（『第一炉香』）を1943年に出版しているが，その中に主人公が自分の上海時代の生活を回想するプロットがある。彼女が姉とシェアしていた寝室の壁には一枚の美人画が張られ，居間のポスターに描かれた美人の腕には，叔父，兄弟，仕立屋，豆乳屋らの電話番号が母親によって書かれていたという。

筆者は，2002年に上海で研究調査をした時にはじめて「月份牌」広告に出会い，そこに描かれた美しいモダンな女性に惹かれるようになった。上海の女性がシックだということは小さいときからよく耳にしていたが，80年も前にこのように素敵なチャイナドレスをまとったモダン美人がいたとは想像もしていなかった。当時の上海の繁栄ぶりはどのようなものだったのだろうか，私は，これらの美人画ポスターを通じて想像したくなった。そして，1926年に創刊された中華民国時代の代表的な大型グラビア雑誌『良友』や，30年代の女学生なら誰もが手にしていたという女性週刊誌『玲瓏』（1931年3月18日創刊）をめくって見たところ，両誌の表紙には，20-30年代の美人画「月份牌」のモチーフとなった有名な映画女優，社交界の花，淑女の女学生，名門の令嬢たちをはじめとする，時代の先端を行く魅力的な「新しい女性」の写真や絵が掲載されており，彼女たちのイメージが描かれた化粧品，薬，日常生活用品などの雑誌広告もあちこちに掲載されていたことが分かった。つまり，ワシントン大学の「世界のモダンガール研究グループ」（The Modern Girl Around the World Research Group 2008）が示したように，1920-30年代の上海でも，東京やボンベイをはじめとするアジアの大都市やベルリン，ニューヨークなどの欧米の大都会と同様に，最新のファッションを身にまとい，さまざまな社会的場面で活躍する女学生，主婦，職業婦人といったモダンガール／新女性が誕生していたことがうかがえるのである。

これらのモダン女性に象徴されるアジアの近代性とは何であろうか？ 本論文では，上述の「月份牌」や『良友』，『玲瓏』に掲載された雑誌広告を手がかりに，そこに描かれた外国製および国産の煙草，薬，化粧品，日用品などを宣伝している女性像を分析する。それによって，中上流家庭の洗練され

第Ⅱ部　〈良妻賢母〉の変奏

たモダンなライフスタイルや理想的な家族像がどのように表象されていたか，近代消費主義の理想モデルとしての主婦像はどのように構築されてきたか，そして，西洋的な美意識や科学，健康，衛生などの理念はどのように中国の近代家族と国民国家を形作っていったかを検討する。

1 近代都市と消費社会の誕生

　二度にわたるアヘン戦争によって開港された上海には，イギリス，アメリカ，フランスなどの租界が次々と開設されたほか，治外法権を得たドイツ，イタリア，日本などの列強諸国の人々もこの町に住むようになった。1865年に香港上海銀行が設立されたのをきっかけに，欧米の金融機関が続々と高層の洋式銀行を建てた黄浦江沿いのバンド地区は「上海のウォール街」と呼ばれ，上海をアジア金融の中心へと成長させた。そして銀行，金融業が活発化する一方，商社なども増えていった。日増しに増加する外国人の文化的，社会的要求を満たすために，バンド地区や南京路を中心とする国際共同租界には，ガス燈，電気，水道が整備され，レストラン，映画館，ゴルフ場，テニスコート，プール，ビリヤード場，カフェ，ダンスホールが立ち並び，西洋文化が町にあふれていた (Cochran 1999)。一方，中国の商人も租界で洋雑貨店や洋布店，薬屋，絹屋などを開いたり，茶館，アヘン館，妓館，劇場を経営したりするようになり，上海民衆の生活は，伝統的な農業や手工業から近代的な商業活動を中心としたものに変わっていった。また，三度にわたって（日清戦争後，中華民国成立直後，第一次世界大戦期）大規模な内外資本の投資ブームがあり，人口の急速な増加と経済発展のもと，20世紀初頭の上海は近代的商業都市へと成長した。

　近代上海の成立は，それまでの儒教的道徳観や価値観を揺るがし，重文軽商の「伝統文化」を，商品経済を基調とした欲望と享楽の「消費文化」へと変化させた。「良家の女子は家に留まるもので，公共の場に出てはいけない」という伝統的な女性観が揺らぐとともに，大量の妓女がさまざまな階層に対応し，隆盛を極めた。民国政府は公娼制度を実施しており，これに私娼を合

第5章 モダニティを売る

わせると，1930年代には妓女の数は10万人に上ったという（賀蕭2003）。上海は表面的には金融の中心地であったが，裏社会では妓女業や賭け事，アヘンなどの産業に従事する人が多かった。1910年代後半から20年代前半にかけて，近代的な百貨店，映画産業の発展，新聞・雑誌などのマスメディアの発達によって都市的な社会環境が整備され，近代的な大衆消費社会が成立した。特に，1920年代から1930年代にかけて上海は，人口360万人（そのうち女性は150万人）の極東一の大都市となり，黄金期を迎えた。

　19世紀後半の南京路には，居留外国人と上層の中国人を顧客とし世界各地の高級ブランド品を輸入販売する，福利公司 (Hall, Haltz & Co. Ltd.)，泰興公司 (Lane, Crawford & Co. Ltd.)，匯司百貨公司 (Weeks & Co. Ltd.)，そして恵羅公司 (Whiteaway Laidlaw & Co. Ltd.) という「早期四大公司」と呼ばれたイギリス系の「環球百貨公司」があった。そして，1910年代後半になると，オーストラリアや北米への洋行経験がある広東系の帰国華僑によって，「四大百貨店」として知られる先施公司 (Sincere, 1917年開店)，永安公司 (Wing On, 1918年開店)，新新公司 (Sun Sun, 1925年設立)，大新公司 (Sun Company, 1934年設立) が南京路に相次いで開設され，中国のショッピングのメッカとなった (Chan 1999: 31)。特に，綿布の衣料・雑貨など品揃えが豊富で値段も手頃な永安公司は，ローラースケートなど子供の遊び場を設け，人気を博していた。また大新公司は，エスカレーターで各フロアの売り場をつなぎ，ダンスホール，屋上バー，喫茶店，レストラン，ホテル，劇場など娯楽施設も整備していた。これらの百貨店は，消費や娯楽の殿堂となっていた。

　恵羅公司は，新聞広告（図5-3）やショーウィンドーでの展示を通して，ヨーロッパで流行しているファッション，ドレスの生地，傘，腕時計，カシミヤの靴下，タオル，男子用下着，ゴルフ用帽子，ネクタイ，女性用コート，スカーフ，乳母車，浴用石鹼，香水といった幅広い輸入品を宣伝していた。四大百貨店も，「舶来のブランド品を販売する」というスローガンを掲げ，店内のショーウィンドーには，ウールの簾や色彩の美しい紙，鏡などをバックにして，社交ダンス用の服や靴，装飾品などが飾られていた。こうして，20年代以降，急増してきた上海の中国人富裕層，都市中間層，労働者階級

第Ⅱ部 〈良妻賢母〉の変奏

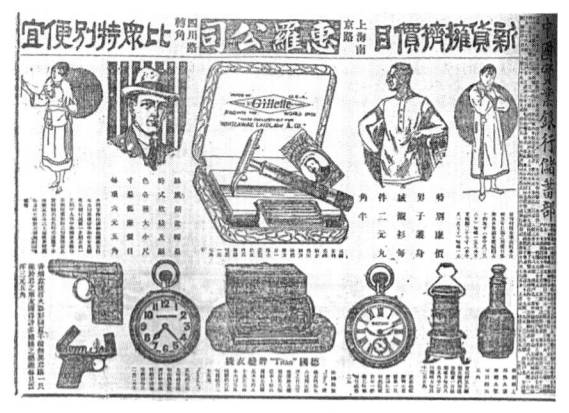

図 5-3　恵羅公司　歳末売出し広告
『申報』1925 年 2 月

の上層などの消費者から広く好評を得ていた。

　大衆消費社会の成立には，情報伝達手段として，映画，ラジオ，新聞・雑誌などのマスメディアの果たす役割が大きかった。1920-30 年代は，上海の映画産業が繁栄を極めた時期であった。映画はフランスの商人によって 1896 年に上海に輸入され，1908 年に上海最初の映画館・虹口活動映画館が創設され，1913 年には日本人の経営となった。1930 年代末期，上海の映画館の数は 32-36 軒，そのうち東洋最大級の規模を誇る豪華な映画館がいくつもあった。ハリウッド映画は 1910 年代に輸入され始め，1923 年からは年に 30 本ほど輸入・上映されるようになり，国産映画産業が成立するまで中国の映画市場で中心を占めていた (陳・蔡 2007)。映画の人気は，映画雑誌の刊行や一般雑誌の映画コラムの開設をもたらした。これらの映画雑誌や映画コラムは，ハリウッドや国内映画スターの魅力的な写真を満載し，上映中の映画のランキングや内容紹介などが掲載された。流行のファッションを身にまとったハリウッドの女優は紙面の多くを占め，ファッション・リーダーの役割も果たしていた (図 5-4)。

　上海で出版された主な新聞には，清末時代に創刊された『申報』や『時報』などがある。辛亥革命以降の 1912 年から，新文化と新知識を広めるために新聞界は創刊ブームの時期を迎えた。『小説月報』，『東方雑誌』，『礼拝六』，

第 5 章　モダニティを売る

図 5-4　『玲瓏』第 1 号 1931 年
p. 31 Joan Crawford の新装

『良友画報』、『上海漫画』など 1920-30 年代に都市知識人の間で広く読まれた大衆雑誌は、都市部の読者に科学と技術に関する知識を紹介した。人々の日常生活を変化させるさまざまな技術発明、例えば電報、市街電車、電話、自動車、タイプライター、蓄音機、映画などの写真を掲載し、家庭の娯楽として小説などの文芸作品も取り上げた。

　清末民国初期に、西洋文化を受け入れる都会の女性として、女学生という新しい女性集団が誕生した。上海最初の女学校は、1851 年に開校したアメリカ聖公会の裨文女塾で、さらに 1850 年代から 1920 年代にかけて、清心女塾、聖マリア女中、中西女塾などの女学校が誕生した。これらの教会学校は布教を目的として、裕福な家庭の娘たちに対して欧米式の教育を実施していた。内容はキリスト教の教義や、英語、国語、算数、声楽や家政などであった。特に家政科の内容は実用に特化した豊富なものであり、家庭を組織する知識や刺繍・料理から、美容、室内の装飾配置、友達との付き合い方、恋人の選び方、社交界の知識にまで及んでいた (素素 1996)。1900 年代にな

131

ると，中国の実業家や維新派によって作られた女学校や女子高等教育機関も設置されたが，入学できたのは少数の裕福な家庭の娘たちだけであった。1950年代まで，女学校というのは，将来の都市中産階級以上の家庭の「奥様」になる淑女を養成する機関であり，そこに通う女学生は新しい女性の代表とみなされ，一般民衆の憧れの対象となっていた。

　1935年の上海において，中等教育を受ける女子生徒は9599人であった。また，大学相当の高等教育を受ける女子学生は1929年の1573人から1949年の4337人に上昇した（村田2005）。女学生は，一つの社会階層として注目されていた。西洋化と女性の解放を目指した新文化運動と五・四運動を契機に，社会に進出する映画女優，都会の職業婦人や，新しい科学知識によって効率的に家政を切り盛りできる「賢妻良母」として国家の富強に寄与し，新たな時代の正当な政治体制を確立する原動力となるべく，彼女たちには大きな期待が寄せられていた。

　女子向けの雑誌は，1898年7月に創刊された『女学報』を皮切りに，1949年まで600種以上も出版された。女学生や主婦の間で広く読まれた代表的な女性誌が，『婦女雑誌』，『玲瓏』，『婦人画報』，『快楽家庭』，『健康家庭』，『家庭與婦女』などである。『婦女雑誌』は，1915年1月から1931年12月まで商務印書館によって刊行された女性教育の使命を持つ月刊誌で，小説などを掲載したほか，衛生や家政など一般知識の教化を目的とする記事で埋められ，「健全な思想や健康な体，明るい精神を持つ」（『申報』1926年2月23日）良妻賢母のモデルを女学生に示す雑誌であった。三和公司が1931年に出版した週刊誌『玲瓏』は，「婦女の優美な生活を増進し，社会の高尚なる娯楽を提唱する」という主旨のもと，どのようにすれば，自信や知恵，健康，優れた品格，修養を備え持つ理想的な現代女性になれるかを提示することを主な内容としていた。言い換えれば，伝統と現代を融合し，過去と未来をつなぎ，時代の先端を行くモダン女性であると同時に，家庭を重視する良妻賢母でもあることを提唱していた。1933年に創刊された『婦人画報』は，女性のファッションや美容法を紹介し，恋愛や結婚についても討論するファッション誌であった。

　これらの女性誌は，女性解放問題や恋愛・結婚に関する議論，化粧や美容

に関する最新の知識，家庭と衛生に関する研究，そして読者の娯楽となる文芸作品などを掲載した。また，欧米で流行しているファッション，シックな女性用品，インテリア用品の紹介，各種の舶来化粧品，家庭日用品の広告，恋愛指南，国内外の女学生・職業婦人の動向などの情報も提供していた。外国の雑誌では，*Ladies' Home Journal*, *Vogue*, *Harper's Bazaar* などのアメリカのファッション誌が中上層家庭の主婦の間で読まれており，ファッション・デザイナーや「月份牌」画家にもしばしば参考にされていた。

　百貨店の誕生，映画，新聞大衆雑誌などのマスメディアの発達とともに，1920年代の上海では，女性は胸など身体を露出してはいけないという「伝統」的な儒教的規範が否定され，「近代」的な女性美（身体美，健康美）が強調されたチャイナドレスが誕生することによって，女性のファッション市場が形成された。南京路，霞飛路には洋服屋，靴屋が立ち並び，特に妓女業が盛んだった街では，ファッション店が急速に成長した。1927年に，社交界の花であった映画女優の唐瑛が，実業家の邵力子夫婦と共に上海初の女性ファッション会社を作り，季節に合わせて，華やかなファッションショーを開催するようになった。新作ファッションをデザインするスタイリストも生まれた。映画スターが着る服やデザイナーが提示するファッションは，まず流行に敏感な高級娼婦，ダンスホールのダンサーやデパートガール，西洋的な教育を受けた女学生，高級官僚や資本家，買弁などを夫に持つ上層階級の主婦たちによって真似され，次第に中流階層の主婦，一般の上海女性の間でも流行するようになった。一言でいえば，1920-30年代の上海は，マスメディアを通じて，現実の人々のさまざまな欲望をかき立てたり，満足させたりすることによって，モダニティの想像空間を提供する消費社会だったのである。

第Ⅱ部 〈良妻賢母〉の変奏

2 カレンダー・ポスター，雑誌広告に見る「摩登女性(モダン)」，「主婦」の表象

2-1．民国期の「摩登女性(モダン)」

　1920-30年代の「月份牌」や新聞・雑誌広告には，主に四種類のモダン女性が描かれていた。第一に，淡い青色の木綿旗袍を制服として着用している女学生；第二に，映画女優，歌手，ダンサー，スチュワーデスなどに代表される職業婦人；第三に，名門の令嬢，貴婦人，中産階級の主婦に代表される中上流階級の夫人たち；そして第四にヌード／セミヌードの「誘惑」する女性，つまり娼婦と思われる女性である。イメージとしては，女学生は明るく純粋でしとやかな女性として描かれるのに対して，映画女優は艶やかでチャーミングな女性として描かれている。そして，旗袍姿の中上流階級の夫人や名門の令嬢たちは，おとなしく，優雅で上品で，裕福な女性としてイメージされている。妓女をモデルにしたヌードポスターの特徴は，西洋の全裸と違って，胸を露出しているようで実は隠そうともしていることである。透明感のある描き方によって，胸が透けて見えるようにしたり，表情やしぐさ（例えば目つき，人を誘うしぐさ）でエロチシズムを表現したりしている。この種のポスターは，いわゆる魯迅が「媚俗的，堕落的，病的」（魯迅1979）と批判するもの，つまり大衆に媚びた，低俗で不健康と見なされるものであろう。

　1930年代の上海裏社会では，妓女業が一大産業であった。先述のように，妓女は10万人にのぼり，女性のほぼ15人に1人が妓女であった計算になる。一部の高級娼婦は有名人や資産家の妾になることで上中流の夫人に転身することもあったし，映画女優となって社会で活躍し，一定の社会的地位を得た実例もあった。例えば1917年には，新世界で「花国大統領」を選出する妓女のコンテストが開催され，市民投票の結果，貧民の救済活動に積極的だった妓女が当選した。近代上海の形成とともに，妓女は表舞台に立つようになったのである。

商家や企業および「月份牌」画家は，男性の性的欲望を意識して，公共空間に出入りする妓女や社交界の花に目をつけ，女性の美しさや性的魅力を商品の購買欲に結び付けようとした。「月份牌」に描かれたヌードやセミヌードの女性の表情やポーズを見ると，皆，うつ伏せの目つきをし，一つの手で煙草を挟み，一つの手で胸を押さえ「はい，どうぞ」とでもいうしぐさをしていたり，あるいは，半裸で西洋式のベッドに横たわっていたりする。つまり，「「女体」が完全に男性的な「欲望」の眼差しに晒され，格好の「消費」の対象となっている」（劉 2008）。ここからは，女性を商品化する「男性優位」の近代資本主義の「欲望」の構造が読み取れる。これは，映画研究の文脈でローラ・マルヴィ（Mulvey 1975）が提示した「男性のまなざし」（male gaze）と通底する問題でもあるだろう。

　1920-30 年代女性の主な職業は，銀行員，コピーライター，秘書や会計員，百貨店の店員，電話局のオペレーター，教員，医師，看護婦，薬剤師，ラジオのアナウンサーなどであった。また理容師や切符の販売員，女性用品店の店員や運転手などの新しい職業もあった。特にパイロットや運転手のような新職業の応募には，名門の女学生や裕福な家庭の令嬢が殺到した。

　航空業は 1920 年代，30 年代には最新の科学技術の代表であり，1929 年の『良友画報』（35 号：11）では，李霞卿という名門出身の女子パイロットが紹介されている。彼女は 1926 年に上海民新影片公司を設立した父親を持ち，少女時代から父親とヨーロッパ諸国を遍歴し，流暢な英語とフランス語を話せた。1928 年に父親の映画会社で女優としてデビューするが，1930 年にパリで見た航空ショーの魅力に取り付かれ，パイロットになろうと決意し，アメリカに渡り，パイロットになるための勉強をした。1935 年に帰国し，彼女は中国最初の女性パイロットとなった。1940 年に飛行機事故を起こし，28 歳の若さで亡くなったと言われているが，スミソニアン協会の国立航空宇宙博物館のアーカイブによると，李霞卿は 1960 年代からカリフォルニアに定住し 1998 年に 86 歳の高齢でなくなったと記していた。それでも，彼女のライフスタイルは時代の風潮を代表するものであったといえるだろう。

　しかし，実際には，1930 年代の上海の職業婦人は少数派であった。1920

年前後，上海女性の人数はおよそ73万人で，そのうち，「終日家事を切盛りするもの」が約25万人，女工が約25,6万人で，その他が20-22万人と推計されている。そして，1935年に上海の共同租界工部局が中国人を対象に行った職業調査によると，職業婦人の職についた女性はわずか6777人で，当該地区の成人女性の約2％を占めるにすぎなかった。しかも，その内訳を見ると，映画や戯劇の女優，ダンスホールのダンサー，茶館やレストランのウェイトレスなどのサービス業や娯楽業に集中していた（村田2005）。

中等以上の教育を受けた女性は，必ずしも職業婦人として男性社会に入り込んだわけではなかった。むしろ，中産階級以上の女性の多くが主婦として家庭生活を営んでいた。1932年の『玲瓏』には「女学生卒業後の進路」という文章が掲載され，そこでは「もっと高いレベルの学校へ進学すること」，「社会に出て，職業婦人になること」，「家庭に入ること」という三つの道があると指摘されている。その文章によれば，家庭は社会と国家の基礎であり，良好な家庭組織があってこそ，社会に堅固たる基礎が築かれ，希望ある国家が建設できるのであるから，結婚して「賢母良妻」になることは女性にとってよい選択であるという（2巻59号：387-388，1932年）。そもそも伝統的な中国社会では，家庭や主婦などの概念は存在しなかった。家は生産活動のための基本単位であり，そこでは労働力が必要とされた。早婚や妾を取ることは，子供をたくさん産んで労働力を確保する手段であった。伝統的な大家族にいる女性は，単純に男性の従属物として生きるだけでなく，大家族を構成する複雑な人間関係を処理しながら，伝統的な規律に従うことが求められていた。

しかし，民国期に西洋的な家族倫理や家庭イメージが紹介されると，都市部を中心に，夫婦とその子供で構成される小家族型の家庭スタイルが広まるようになった。この「新家庭」は基本的に，両親が決めた結婚というより，男女当人の恋愛結婚により成立する。家庭においては夫婦の役割分担が考慮され，また，家族経営においては個性や民主主義が尊重され，そして子供に対する教育が重視される。西洋式の結婚式を挙げる花嫁（図5-5）は，たいてい新式教育を受けた女学生である。彼女たちは女学校で，西洋的な家庭生活をモデルとする近代的な家族経営の方法や社交を学んでいたため，新しい家

第 5 章　モダニティを売る

図 5-5　『良友』第 117 期　表紙劉志芳女史 1935 年

図 5-6　『良友画報』第 101 号 p. 41　1935 年

庭において，主婦としての役割を果たすようになった。『上海通史』（熊 1999）によれば，民国期には専業主婦が上海女性の一般的な形態だったという。そうした主婦は，少なくとも中等以上の教育を受け，社交に参加し，夫の高い収入で消費生活を楽しんでいた。彼女たちは典型的なモダン女性の一員として位置づけられ，近代上海の都市消費生活を支える存在であった。

　小家庭が形成されると，主婦としての新妻の責任は「幸せな家庭を作ること」であるから，彼女たちは『玲瓏』や『良友画報』に掲載された「小家庭学の一課」(図 5-6)，「小家庭を組織する要素」(『玲瓏』57 号：295-296　1932)，「摩登妻子の責任」(『玲瓏』80 号：1397　1932)，「新家庭と新婦女」(『玲瓏』269 号：88-90　1937) などの文章に従い，家計を預かり，家庭の美化と清潔を保ち，子供を教育し，夫婦間の愛情を増進することによって，家庭経営に励んだ。彼女には，予算表の作成など家政管理の能力や，適切な身だしなみをすること，社交の応対が出来ること，夫の仕事を助けること，男性に頼りきるような旧観念を持たないこと，忍耐があり勤労であることが要求されて

いた。つまり，新しい科学知識や家庭経営のすべを身につけた新女性は，効率的に家政を切り盛りでき，夫の務めに対して内助の功を果たせる「賢妻」，そして健康な子供を育てる「良母」になることで，国家の富強に寄与するという社会的責任を果たすことが期待されていた。

　民国期を通じて，大衆雑誌では「賢妻良母」論，「職業婦人」論，家庭と仕事の両立論などの論争が繰り返されてきた。さらに，政策レベルでは1934年に蔣介石と宋美齢が進めた「新生活運動」（儒教とキリスト教の道徳をモットーに，近代的で健康的なライフスタイルや社会秩序を国民の日常生活に具現化させることによって，国家の近代化を目指す運動）のなかで，「賢妻良母」論は強調されるようになった。次項では，こうした社会背景のもと，「賢妻良母」としての主婦が「月份牌」や雑誌広告において，どのように表象されていたかを見てみよう。

2-2.「月份牌」や雑誌広告における主婦

　新家庭の主婦に課せられる役目は，まずモダンで快適な家庭生活を営むことである。図5-7は，『良友画報』に掲載された「最新式の陳宅」である。主婦が，訪問してきた女友達と一緒に，モダンな洋式家具や絨毯，色とトーンが強調された壁紙に囲まれた応接間で話をしている。さらには，住み心地のよい寝室や子供部屋も紹介されている。前述の図5-2は，画家謝之光が描いた日本谷回春堂の胃薬「健胃固腸丸」のカレンダー・ポスターである。左手に翡翠の指輪をはめ，右手に商品の包装箱を持ちこちらに向けて勧めている，パーマをかけた端麗な若い主婦は，着用している服装の生地から判断すれば，明らかに裕福な上流階層の出身である。彼女が置かれた室内空間は，Laing（2004：152）によれば，*Ladies' Home Journal* に掲載された Karpen Furniture の広告（図5-8）を真似したそうである。この二図は，ともに上海の上層新家庭のモダンで洋風なリビングスペースを表している。ここには，住宅の公共性，子供部屋の優位性が見られる。そして，家の各部屋にどのような材料の家具を置くか，どのようなものを飾るか，何をしたらもっと快適になるかを考えることが，主婦の仕事とされている。

第 5 章　モダニティを売る

図 5-7 『良友画報』第 50 号 p. 29 1930 年

図 5-8 Karpen Furniture の雑誌広告
Ladies' Home Journal October 1928: 199

　ほかにも，一家の女主人である主婦がなすべきとされることは多岐にわたっている。たとえば，図 5-9 の靴屋「和昌盛号」のポスターでは，子供のために季節や運動に相応しい快適な靴を用意し，選択することが提示されている。あるいは，Viyelle というウール生地の宣伝文句「婦女の新装に最も適切な生地」（図 5-10）のように，自分と家族メンバーの衣類を調達すること，さらには家庭用活動写真機（図 5-11）を購入し，幸せな家庭生活を記録したりすることも，モダンで快適な家庭生活のために求められる仕事であった。

　次に，より基本的な主婦の業務として，家事を切り盛りすることが挙げられる。上流家庭では家事を使用人に任せるが，中産階級家庭の主婦は，やはり家政管理の一環として家事を切り盛りすることが必要である。たとえば，『玲瓏』第 73 号（p. 1066, 1932）には，前掛けをし，料理書を読みながら料理を作っている若い主婦のイメージが描かれている。面白いことに，彼女の姑と夫は，ドアのところに立って，彼女の料理法を監督している。1930 年代の上海の若い主婦は，「応接間に上がることができるばかりでなく，厨房に下りることもできる」ことが必要であるようだ。厨房で料理している主婦

139

第Ⅱ部 〈良妻賢母〉の変奏

図5-9　靴屋和昌盛号と鴻裕のポス
　　　ター　1930年代

図5-10　『良友画報』第95号　1934年

を描いた上海電力公司の電気釜の広告（図5-12）には，「清潔衛生的，煙のない，利用しやすい，簡単に管理できる料理器具」というコピーが書かれ，合理的な生活方式を呼びかけている。

　そして，主婦にとって最も重要な責務は，子供の幸福と国家の前途のために，科学的な育児法や家庭教育を通じて理想的な子供を養成することである。民族と国家の興隆を目指した民国時代の中国は，西欧の近代化の要因を近代的国民国家の成立にあると考え，その実現に努めていた。このような認識のもと，子供は国民国家と民族の未来そのものとして扱われていた。たとえば，『良友画報』は1920年代から30年代にかけて，「誰が一番健康な子供を育てられるか」という乳児健康コンテストを全国各地で開催し，優勝した乳児とその母親の写真を掲載していた。『婦女雑誌』においては，1925年以降，家庭教育など児童に関する記事が多くなる。その中心となっているのは，優良児大会，児童幸福展覧会に関する写真展，出産と育児法などの記事である。内容としては概ね，伝統的育児法の問題点を指摘し，その改善法を

図5-11 『良友画報』第96号 1934年　　図5-12 上海電力公司の電気釜『良友画報』第89号 p. 34 1934年

提案しつつ，児童養育における衛生，疾病，栄養面に関する専門的情報が盛り込まれている。育児論は主に「家政コーナー」と「常識コーナー」に掲載され，健康な子供を出産するための胎教，妊娠による女性の体の変化，出産過程に関する詳細な説明とともに，育児方法なども紹介された。それは，伝統的な育児知識・方法から，西欧近代医学に基づく科学的合理的な育児法への転換が見られる内容のものだった。育児については，特に母乳の優秀性が強調され，母乳の授乳が積極的に勧められていた。また，健康も強調され，子供たちがかかりやすい消化不良，便秘，下痢，くる病，眼病，伝染病などの病気やその治療法が頻繁に紹介された。衛生管理についても記述が多く，当時，病気とは細菌が身体に侵入することで発生するのだと考えられていたため，身体の表面の清潔は何よりも重要視された。そして，衛生は国家や社会に大きく影響し，児童の衛生問題は，社会と国家の問題と直結すると考えられていたため，洗顔，歯磨きなど子供の衛生習慣を身につけることの必要性が強調されていた。

　科学的育児法や個人衛生が強調された理由は，健康な身体を維持すること

第Ⅱ部　〈良妻賢母〉の変奏

でこそ，体も心も健康な次世代国民が養成でき，そして健康な児童こそ，民族的危機に陥った中国を救い，強い国へと立て直す基礎であると認識されていたからである。「賢妻良母」は育児や衛生に関する科学的知識を備え，家庭教育を通じて知識や思想の啓発を子供に指導すると同時に，良好な徳性と習慣を内面化させなければならない。このような意識は，1920，30年代の子供向けの食品，薬品，清潔用品の「月份牌」や新聞・雑誌広告に端的に表現されていた。

　たとえば，『良友画報』に掲載された米国製の粉ミルクMomilkの広告（図5-13）には，「強い国家を成し遂げるにはまず強い民を養成すべし，強い民を養成するにはまず強い子供を育てなければならない」というキャッチコピーが書かれ，新しい国家を建設できる健全な国民，強い児童を育てるのに一番大事なのは授乳方法で，母乳の足りない人や乳母が得られない人は，適切な粉ミルクを選んで子供を育てるべきだと主張している。また，1926年第6号の同商品の広告では，「乳母を雇用する危険性」を見出しに，母乳による授乳を積極的に勧めている。それによれば，医者の検査を受けていない乳母を雇用するより，その代替品として，多種のビタミンと「生活素」が添加されたMomilkを使うほうがよく，Momilkは科学的で合理的なモダンな商品であると紹介されている。

　強い子供が育てられると宣伝するアメリカ製の朝食シリアルQuaker Oatsの広告は，西洋人や中国人の母親が子供に朝食の世話をする絵を付け加えながら，「子供の発育を助け，頭や筋肉を強くするQuaker Oatsを食べさせてください」と薦めている（『良友画報』21号，1927）。また，Sanatogenというドイツ製の栄養剤の広告では，当商品の消費者である若い母親とその乳児が薬の効果に大変満足しているようなイメージが描かれ，「自分の子供に健康で強くてかわいい子になってほしければ，燐質と蛋白質に富むSanatogen延年益寿粉をお使いください。虚弱な女性がこれを飲むと，筋肉が増えるばかりでなく，容姿もきれいになります」とアピールしている（図5-14『良友画報』第120号：p.9　1936年）。

　同時代の「月份牌」広告画によく登場してくるのは，東洋舶来品・明治牛乳の「世界最優秀な母乳代替粉Milcogen」（図5-15）の中の丈夫で健康なわ

第 5 章　モダニティを売る

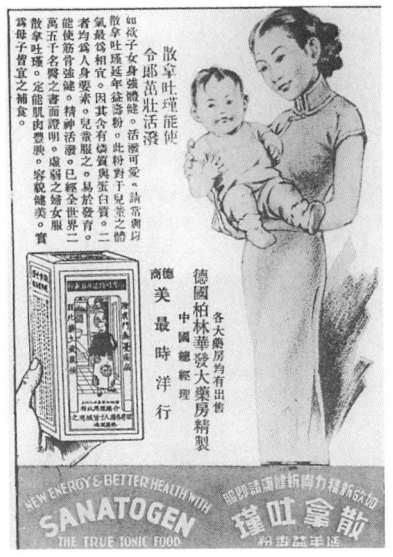

図 5-13　『良友画報』第 10 号　裏表紙　　図 5-14　『良友画報』第 120 号　p. 9
　　　　　1926 年　　　　　　　　　　　　　　　　　1936 年

が子を抱いて微笑むモダンママ；微笑みながら母乳をあげる若い母親（図5-16）；絵本を子供に読み上げる母親（図5-17）；育児についてお互いに意見交換をする若い母親；遊んであげる母親；水泳をする母子；公園で運動する母子；クリスマスを過ごす母子などのイメージである。これらのイメージから，女性はたとえモダンな空間にあっても，根本の居場所は家庭にあるとされることが伺える。この家庭的なイメージ，懸命に健康で教養のある子供を育てる「良母」のイメージは，広告において繰り返し登場する。このイメージは，五四運動が掲げた女性解放のイメージ，つまりイプセンの『人形の家』に登場する主人公・ノラが自分の伝統的な家庭を離れ自立した生活を送るのとはまったく正反対のものである。これは，『良友』『玲瓏』などの大衆雑誌がラディカルな女性解放運動を支持しないという保守的な立場に立っていたことを意味するのではない。これらの広告は近代的夫婦家族における女性の新しい役割，つまり都会のブルジョア階層の主婦としての役割を提示していたのである。そしてその主婦の新しい役割とは，便利な家具や洗練されたイ

143

図5-15　明治牛乳・Milcogen 粉ミルクのポスター，1930年代

図5-16　ポスター（商品が描かれていない飾り絵）：母乳をあげる母親，1930年代

ンテリアで固められたモダンな家で，「良母」として健全な子供を育てることであった。

　子育てと関連する主婦のもう一つの重要な役割は，家族員の健康・衛生管理を行うことである。都市新家庭の生活は，家族の健康と衛生に重点が置かれている。衛生という観念は，健康（Health），清潔（Hygiene），公共衛生（Public Health）とさまざまに訳されるが，この言葉がいつ頃から中国で使われ始めたか，衛生の近代性はどのように国家権力や進んだ科学技術，身体の清潔及び種族の健康など国民国家の言説と絡んでいるかという問題については，本章の範囲を超えてしまうので，これからの課題としたい。ここでは，新聞・雑誌広告に「衛生」という言葉が登場した例をいくつか見てみよう。

　1908年に上海支店を開設したカナダの韋廉士薬局富爾福公司（Dr. Williams Medicine Company, G. T. Fulford & Company）は，しばしば『申報』『東方雑誌』『良友画報』などの大衆新聞や雑誌に，その主力商品，すなわち，胃腸薬で

第 5 章　モダニティを売る

図 5-17　ポスター（商品が描かれていない飾り絵）：絵本を子供に読み上げる母親，1930 年代

ある紅色清導丸（Pinkettes），女性用皮膚薬の如意膏（She-Ko），子供からお年寄りまで効き目がある保健薬・韋廉士大医生紅色補丸（Dr. Williams' Pink Pills for Pale People）などの広告を掲載していた。図 5-18 は，1926 年の『良友画報』で販売されていた韋廉士大医生紅色補丸の広告である。この広告は，「写真広告」という当時の先進的な広告手法を使っている。商品の実際の受益者である某中華学校の校長夫婦と子供の小家族の写真に，「結婚した後に子供が生まれていない人々は完全に幸せな家庭とはいえない。ここで先日受け取ったオランダ領東インドジャワ島にある中華学校の校長黄松生先生及び夫人，息子からの謝状にて詳しく述べられた経験をご紹介しよう。黄先生の夫人が平素より下り物の病気があり，子供の生みにくい体であったが，当社が広告した韋廉士大医生紅色補丸の奇跡的効能を見て，この薬を買って，夫人に飲ませたら，持病が治ったばかりでなく，次の年に無事に息子を出産した。出

図 5-18 『良友画報』第 7 号 p. 20 1926 年

産したばかりの子供が風邪を引いた上に下痢をしたので，眠れなくて泣いてばかりでいた。同僚の薦めにより韋廉士大医生嬰児自己薬片を飲んでみたら，直ちに完治した」と一家の体験談を付け加え，商品のひとかたならぬ効用を宣伝した。また，この広告は，「家庭衛生小書を奉送する」と書いて，名医の健康談や育児に関する衛生知識や健康指南が印刷されたパンフレットをプレゼントするというプロモーションもしている。

　家族員の健康・衛生を管理する主婦像が描かれた薬品の広告は，たくさんある。たとえば，同じく『良友画報』に掲載されたドイツ製保健薬，散那吐瑾 (Sanatogen) の広告では，「子供が散那吐瑾を飲むと，疾病が侵入することができない」(図 5-19)，「夫婦の健康は快楽な家庭の基礎である」(図 5-20) と掲げ，子供や夫の健康管理をしている「賢妻良母」を描いている。図 5-21 の日本製胃腸薬「若素」や図 5-22 の国産小児科回虫除去・消化薬「宏興鷓鴣菜」の「月份牌」にも，しっかりとわが子の健康と成長を見守っているモダンママのイメージが描かれている。これらの広告やポスターは，小家庭の幸せは家族の健康によること，そして家族の健康の維持は主婦の責任であることを示している。

　主婦の最後の役目は，社交活動に参加し，夫の内助の功を果たすことである。主婦は，夫の出世のために，社交の応対をする必要があるとされる。広

第 5 章　モダニティを売る

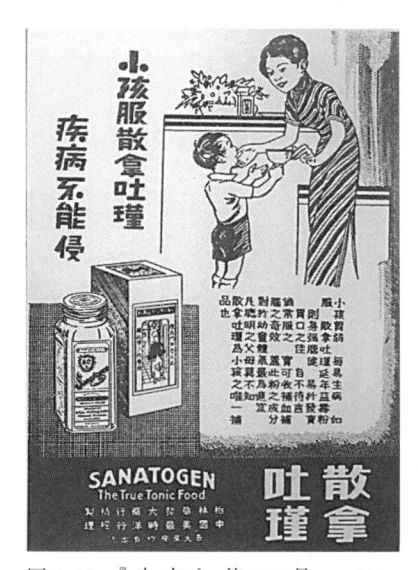

図 5-19　『良友』第 102 号　p. 39 1935 年

図 5-20　『良友』第 119 号　p. 165 1936 年

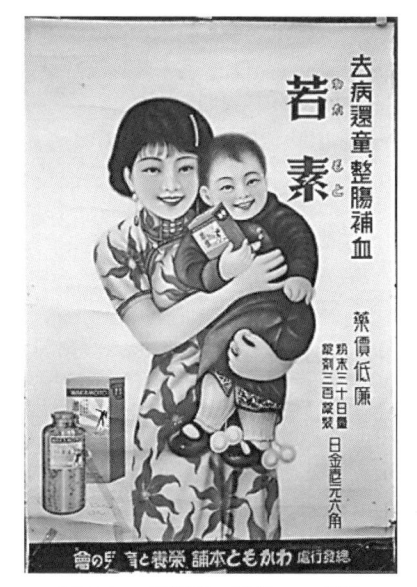

図 5-21　胃腸薬・若素　30 年代

図 5-22　児童薬・宏興鷓鴣菜　30 年代

147

第Ⅱ部 〈良妻賢母〉の変奏

図 5-23 社交ダンスをしている女性　　図 5-24 マージャンをしている主婦

　告に描かれる主婦たちは，休日には家でパーティを開いたり，社交ダンスに行ったりする（図 5-23）。平日には，昔の女学生時代の同級生で，今は資産家の妻となった友人とマージャンをしている（図 5-24）。また，夫の同僚の妻たちと一緒に演奏会やバレエに出かけたり，ホテルでお茶を飲んだり，救済の募金会に行ったりすることも少なくない。そして，新型旗袍などの国産品のファッションショーが開催される場合は，映画女優といっしょにモデルとして活躍した。彼女たちはさまざまな社交活動に参加するため，自分の身体を磨き上げることによって，美貌を保たなければならない。主婦は容姿，身体，アクセサリーなど，美と関連する事柄に気を配る必要がある。自分の唇，目，眉，顔，歯，腕，太もも，胸，つめなどの部分に対して，人工的な装飾を加え，社会的に要求される美の基準を満たし，消費による装飾美を追求しなければならなかった。
　たとえば，『良友画報』の上中流階層女性向けのフランス製化粧品の広告

第 5 章　モダニティを売る

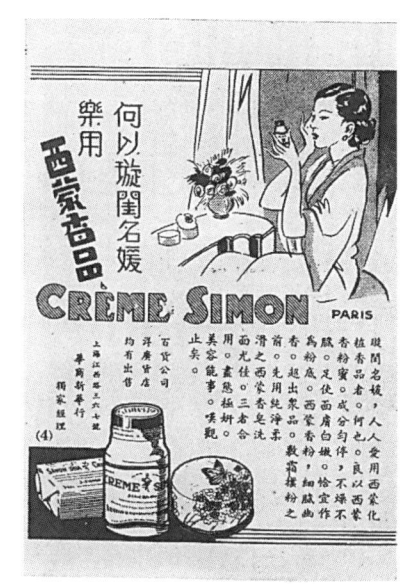

図 5-25　『良友画報』第 122 号　p. 17
　　　　　1936

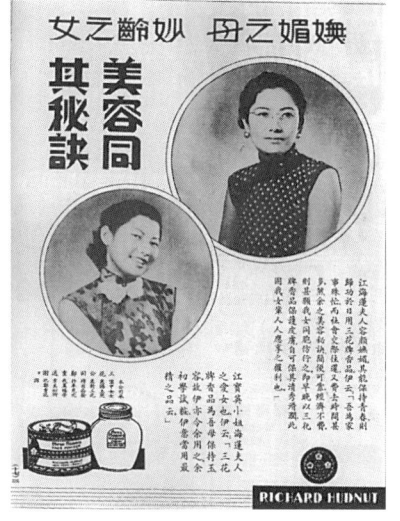

図 5-26　『良友画報』第 116 号　p. 53
　　　　　1936

では（図 5-25），Paris 製の高級クリームをていねいに顔に塗っているモダン女性のイメージに，「貴婦人淑女の皆さん，自分の容姿を綺麗で，人の心を打つものにするためには，毎日化粧をするとき，まず Crème Simon の石鹸で顔を洗い，それからクリームを少々つけて肌に滲むほど顔に塗ります。乾いてからまたファンデーションを顔，腕などの部分に，皮膚が白く見えるようになるまでつけます。そうすると芝蘭が馬の体をめぐるように香りが散逸するようになります」と化粧の方法と順序を教えている。また，アメリカ製の Richard Hudnut という化粧品の広告では，上海の名門夫人と令嬢などの写真や体験談を使って宣伝している（図 5-26）。また，蔻丹（Cutex）の化粧品広告においては，商品を使用したつやつやの唇と爪先のイメージに，「唇の青春を示したければ，Cutex Lip Stick をご使用ください」とか，「美しい婦人が指先で流行を示したいなら，必ず Cutex のつめ油を使用してください」といったコピーでアピールしている。

149

上述の広告に表れた「新女性」としてのモダン妻は，貧しい家庭の出身であってはならない。彼女たちはブルジョア階層の身分を持ち，教養があり，適切にファッションを着こなし，モダンなヘアスタイルをしている。夫の内助の功を果しながら，積極的に社交活動に参加する主婦像は，おそらく上海女性特有の姿であろう。

1917年から1926年まで上海に輸入された煙草，酒類，化粧品などの金額は上昇しており，全国の3-4割程度を占めていた。20年代以降，上海の舶来化粧品の輸入額はどんどん上昇していった。1920年に，化粧品の輸入量は154万関平両（1関平両＝37913グラム）であったが，1927年になると，338万関平両となり，約2倍に増えている（王儒年 2007：271）。上海女性の化粧品需要が増すにつれて，上海には化粧品生産企業が雨後の筍のごとく誕生してきた。1931年に中国人が創設した化粧品企業は138社で，外資系の化粧品企業は37社である（王儒年 2007：271）。衣類や装飾品に使われた金額は気の遠くなるほどのものだったろう。

結　　論

中国の民国期に発達した「月份牌」，新聞・雑誌広告と映画などのマスメディアは，新しく誕生した主婦をはじめとする「摩登女性」やモダンなライフスタイルを提示したばかりでなく，大都会のモダンな日常生活をも作っていった。Quaker Oats, Momilk, Colgate Dental Cream, Sozodont などの練り歯磨き，Fab detergent などの外国製品は，家庭の朝の需要を満たす。Colgate Dental Cream で歯を磨いて，歯の健康と衛生を保ち，Quaker Oats と Momilk で朝食を済ませ，昨日の洗濯物は Fab detergent 洗剤や Lux の石鹸できれいにする。そして東方貿易公司の電気炊事ポットや上海電力公司の電気ポットやガスコンロで料理をし，コカコーラやミルク，ジュース類は電気冷蔵機に保存する。AGFA と KODAK のフィルムを使って，活動写真機で子供の成長や家族の日常生活を記録する。友人と電話で話をし，Ford の車で外出する。Pathe and RCA Radiola の蓄音機とレコードで音楽を楽しみながら，ダンスを

する。恵羅公司や永安公司などの百貨店には，国産品から舶来品まで日常生活に必要なものはそろっているので，都市中産階層に属する主婦の友人と一緒にでかければ，自分自身や家族員の身を包む洋装や高価な生地，モダンな生活を送るのに必要な日常品を調達することができる。

　本章が示したように，都市新家庭が誕生するに伴い，カレンダー・ポスターや新聞雑誌広告に登場する近代的主婦は，小家族経営の理念，科学的な育児法や衛生観念に基づいて国家の未来である健康な子供を育て，家族員の健康管理に努め，小家庭の幸福を守り，夫の内助の功を果たすこと期待されていた。そうした主婦は，すぐれて近代資本主義消費社会の産物であったといえる。そしてまた，チャイナドレスを着用している彼女たちは，たいてい洋式のリビングで外国製品をアピールしているが，そのモダンな身体イメージ自身も，一般消費者の欲望を引き起こす商品となっていたのである。

• 参考文献 •

陳文平・蔡継福編著　2007『上海電影100年』上海：上海文化出版社。

賀蕭（著），韓敏中・盛寧（訳）　2003『危険的愉悦：20世紀上海的娼妓問題与現代性』南京：江蘇人民出版社。

魯迅　1979「魯迅在中華芸術大学演講記録」『学習魯迅的美術思想』北京：人民美術出版社。

宋家麟　1997『老月份牌』上海：上海画報出版社。

素素　1996『前世今生』上海：上海遠東出版社。

『歳月留痕-月份牌 MARCAS DO PASSADO Cartazes Publicitarios Chineses (1907-1953)』澳門市政廳畫廊　1994年。

王儒年　2007『欲望的想像 —— 1920-1930年代『申報』広告的文化史研究』上海：上海人民出版社。

王受之　1994「大陸月份牌年畫的發展和衰落」『聯合文學』第十卷三期　第111期, pp. 129-144。

熊月之　1999『上海通史 —— 民国社会』上海：上海人民出版社。

益斌　1995『老上海広告』上海：上海画報出版社。

張燕風　1994『老月份牌広告画　上巻・論述編／下巻・資料集』台湾：漢声雑誌出版社。

卓伯棠　1993「月份牌畫的沿革：中國商品海報 1900-1940年」『聯合文學』第九卷十期第106期　pp. 93-104。

劉建輝　2004「壁にかけられた摩登 —— 欲望都市を現出するもう一つの表象」『アジア遊学』No. 62，特集『上海モダン』勉誠出版。

劉建輝　2008「摩登上海にうかぶ女体の群れ」井上章一編『性欲の文化史1』講談社。

謝黎　2004『チャイナドレスをまとう女性たち』青弓社。

村田雄二郎　2005『『婦女雑誌』から見る近代中国女性』研文出版。

Barlow, Tani E. 2008. "Buying in: Advertising and the Sex Modern Girl Icon in Shanghai in the 1920s and 1930s," in The Modern Girl around the World Research Group (eds.) *The Modern Girl Around the World: Consumption, Modernity, and Globalization.* Durham & London: Duke University Press.

Chan, Wellington K. K. 1999. "Selling Goods and Promoting a New Commercial Culture: the Four Premier Department Stores on Nanjing Road, 1917−1937," in Sherman Cochran (ed.) *Inventing Nanjing Road: Commercial Culture in Shanghai, 1900−1945.* Ithaca, NY: Cornell University Press.

Cochran, Sherman 1999 "Commercial Culture in Shanghai, 1900−1945: Imported or Invented? Cut Short or Sustained?" in Sherman Cochran (ed.) *Inventing Nanjing Road: Commercial Culture in Shanghai, 1900−1945.* Ithaca, NY: Cornell University Press.

───── 2000. "Marketing Medicine and Advertising Dreams in China, 1900−1950," in Wen-Hsin Yeh (ed.) *Becoming Chinese: Passages to Modernity and Beyond*, Berkeley, Los Angeles & London: University of California Press.

Laing, Ellen J. 2004. *Selling Happiness: Calendar Posters and Visual Culture in Early-Twentieth Century Shanghai.* Honolulu, HI: University of Hawaii Press.

Leo Ou-Fan 1999. *Shanghai Modern: The Flowering of a New Urban Culture in China.* Cambridge, MA: Harvard University Press.

Mulvey, Laura 1975. "Visual Pleasure and Narrative Cinema," Screen 16−3 (1975: Autumn).

第6章 市場経済の転換期を生きる中国女性の性別規範

3都市主婦のインタビューを通して

鄭　楊
テイ　ヨウ

はじめに

　「女性には経済的自立がなければ本当の自立がない」という理念は，1949年以降の新中国が提示してきた進歩的かつ画一的な性別規範となっている。このような性別規範が短期間かつ広範囲に広まったのは，新中国政府[1]の成立とともに男女平等が基本的な国策の一つとして掲げられてきたことによるものと考えられる。しかも，この国策を実現する具体的な手段として，女性に男性と同等の就業機会と報酬が与えられた。そのため，1950年代から，女性，正確に言えば都市部の女性の就業率や教育水準は男性に近づいた (Parish and Busse 2000)。

　しかし，計画経済から市場経済に転じる1980年代末から1990年代初頭にかけて，中国の都市部において主婦 (housewife) が増加し始めた。長年，女性の自立は経済的自立からだという性別規範を構築してきた中国では，主婦の出現が新しい社会現象となり，そのため多くの議論を呼んだ。そして，現在でも主婦の増加と女性の社会的地位の低下との因果関係が論争の的となっている。

---

[1]　中国社会では，1949年を境目にして，新中国と旧中国という表現で時代の変化を言い表している。つまり，新中国，または新中国政府とは，1949年に中国共産党によって建国された社会主義国家，中華人民共和国である。

第Ⅱ部 〈良妻賢母〉の変奏

　そこで，本章は，中国都市部の主婦[2]を研究対象とし，仕事と家庭の間を行き来している女性がどのように「良妻賢母的役割」と「経済的役割」を遂行しているのか，また，転換期の中国で女性の性別規範がどのように変容しているのかを考察する。さらに，こうした考察によって，異なる階層の女性の間で性別規範が多様化していることと，階層によって，主婦になることは必ずしも女性の社会的地位の低下を意味するわけではないことを指摘する。

1　問題の所在

1-1．中国の主婦とは

　主婦（housewife）という概念に対して，中国ではまだ明確な定義がなされていない。民間では，専業主婦を指して「全職太太」や「家庭婦女」[3]という二つの異なった呼び方をし，それぞれ羨望と蔑視の意味合いを含んでいる。主婦を対象とする研究がわずかしかない現状でも，新しく出現した主婦にたいして賛否両論の意見が示されている。その中で，丁琳琳・冯云（2005）は「『全職太太』は『新家庭主婦』で，社会の一切の職務を辞退し家庭に入り，『太太』（奥さま）を職業として良妻賢母の役割に専念している」女性と述べる。また，方英（2009）は主婦を「全職太太」と「家庭主婦」という二つの概念に分け，「全職太太」は1990年代の中国に出現した新しい名称であるのに対し，「家庭主婦」は1950-1960年代の毛沢東時代の無職既婚女性への呼称であると述べ，両者が無職で社会に進出していないという共通点を

---

[2]　本章の研究対象である主婦には，専業主婦，兼業主婦，そして，以前専業主婦になった経験があり，現在再就職している主婦という三種類の主婦が含まれている。彼女らが退職したり，兼業主婦になったり，社会に復帰したりすることを選ぶ際に，「経済的役割」と「良妻賢母の役割」が相互に作用して，彼女らの選択に影響を及ぼすと考えられる。よって，より明確に女性の性別規範を分析するために，三種類の主婦を取り上げる。

[3]　具体的に言えば「全職太太」は裕福かつ有能で，本当は仕事のできる環境にあるが積極的に家庭に戻り，あまり家事をせずに華麗な生活を送る「有閑夫人」のイメージがもたれているが，その一方で，「家庭婦女」は学歴が低く仕事ができないため，家事に専念せざるを得ない女性というイメージが与えられる。

有しているにもかかわらず，時代によって全く異なる女性を表していることを指摘している。さらに，方英は両者がそれぞれ違ったイメージをもたれる原因を分析している。1949年以降，国家の呼びかけに応じず，社会に進出できなかった少数派の女性に対し，社会はマイナスのイメージを植え付けたため，「家庭主婦」の良くないイメージが広がった。これに対し，1990年代以降，市場経済の進化により経済的な要素が人々の生活様式に影響を与え，職場から家庭に入った同じく少数派の女性に対し，社会はプラスのイメージを植え付けたため，「全職太太」に裕福でモダンなイメージが広がったという。このように，今の中国では，無職の既婚女性に対して，全く異なるイメージが存在し，二つの概念によって定義されているのである。

　一方，欧米及び日本では，主婦について明確な定義が提示されている。ロパタによると欧米の主婦とは，「家庭の運営に必要な作業を自分で行うか，他人を雇って行うかを問わず，その活動に責任を持つ女性」である[4]。また，瀬地山角（1996）は現代日本の主婦の共通性について「夫の稼ぎに経済的に依存し，生産から分離された家事を担う有配偶者女性」と定義する。もちろん，欧米や日本の主婦も時代によってその特徴は一様ではない。日本を例にすると，主婦が誕生した大正初期，主婦は主に当時の中流家庭に属し，「女中」という家事使用人を雇っていたが，戦後はサラリーマン社会になったことによって，家事・育児に専念する主婦が圧倒的多数派となった。さらに，現在の日本では，家事・育児に専念するのがよいという価値観が優位に立ったため，かえって職業をもった女性のほうが，肩身の狭い思いをするようになった[5]。これは新中国とは逆の事態であった。

　また，女性が主婦になれる経済的条件として，夫一人分の収入で一家の生活費がまかなえるようになる必要があるため，それぞれの社会，それぞれの

---

4) ロパタの定義が主婦の生活状況を概観している。つまり，主婦は一般的に「家庭の主婦」と言われるように，家庭の枠組のなかの地位をさし，既婚女性がその地位を占める。しかし，女性解放の運動や研究が進められるなかで，主婦の分析的定義が注目されるようになった。例えば，日本の家制度における家長に対しての主婦とは異なり，西欧の主婦は産業革命を契機に家庭が生産から分離され，上質の労働力を再生産することに専心する役割が要請される過程で誕生した（目黒 1993: 717-718）。
5) 日本における主婦の誕生から主婦の大衆化については，落合恵美子（1994: 43-48）を参照した。

階層で、この条件を満たす時間差が存在している。家計のために仕事をせざるを得ない女性にとって、労働市場から家庭に戻ることは、決して女性の社会的地位の低下を意味するわけではなく、むしろ厳しい労働から解放され、社会的地位が上昇することを意味する。ところが、1960-70年代より電化製品が普及するとともに、大衆的なフェミニズム運動が隆盛し、女性が家庭外に自己実現を求めるようになったため、先進資本主義国では有配偶女性の急速な労働市場への参入という共通の現象が起こった。つまり、欧米の女性は、大まかには、男性と同等に労働している時期、労働市場から撤退して主婦になる時期（主婦化）、主婦をやめて労働市場に再進出する時期（脱主婦化）という三段階を歩んできた。それに対して、中国の女性就業は、夫婦が共働きをしなければ生活できないという経済的な圧力と、社会主義化とが女性の労働力化を推進したことによるもので、「必ずしも主婦の消滅以後といえるようなものではなく、主婦の誕生以前といった要素をもはらんで」おり、「家父長制との妥協の中で数々の矛盾を抱えている」のである（瀬地山 1996: 79-81）。そのため、計画経済から市場経済に転換している現在の中国で出現しつつある主婦は、単に主婦の誕生以前、または脱主婦化以後の社会現象と考えるよりも、むしろその三段階の主婦の特徴が複雑に絡みあっているものと考えたほうが、より真実の主婦の姿に迫ることができるだろう。

そこで、本章では、異なる階層の主婦という意味合いを持つ「全職太太」と「家庭婦女」の両方を研究対象にし、「無職で夫の経済力に依存し、主に家事労働に専念または家事の運営を管理している既婚女性」という両者の共通点に焦点をあて、転換期を迎えている中国でみられる主婦の現状について考察する。

1-2.「経済的役割」と「良妻賢母的役割」に揺れる新中国の女性

T. パーソンズら (Parsons and Bales 1955) はアメリカの核家族をモデルにし、男女で異なる生物学的な性別の特徴、核家族の孤立、および現代「社会で家族と職業体系との区別が明確になったため」、家族という小集団で「男性は道具的な役割、女性は表出的な役割」という性別役割に分化されていると指

第6章　市場経済の転換期を生きる中国女性の性別規範

摘する。具体的に言えば，道具的な役割を担う父親は，対外的な関係をつかさどり，集団としての家族の目的を達成するが，表出的な役割を担う母親は，家族成員の情緒を安定化し，成員互いの連帯関係を維持して，子どもについて主な責任を負うのである。このように，パーソンズは「男は外，女は内」という性別役割を提示しており，そこでの女性の主な役割とは子どもをはじめ家族成員の世話をし，成員間の関係をしなやかに保ち，男性の道具的な役割を補佐することである。本章では，上記のような女性の担う役割を「良妻賢母的役割」とし，社会に進出し家庭に一定の収入を得ることを「経済的役割」として論述する。

　この「経済的役割」と「良妻賢母的役割」という視角から，1949 年以後の新中国女性の性別規範の変遷をみてみよう。周知のように，新中国の女性は自らの女性解放運動によってではなく，国家の直接的な関与を受けながら，都市から農村に至るまで「家庭の人」から「社会の人」へと脱皮していくプロセスをたどった（李小江 2000）。このプロセスを完成するために，男女平等を守る法律の確立，イデオロギーの浸透，政治運動と行政の関与のみならず，国家は女性の就職率の向上にも積極的に介入した。そのため，1950 年代の都市女性をみると，主婦の比率は 90％から 10％に下がり，その代わりに就業する女性の比率は 10％から 80-90％に上がった（李銀河 2005）。このように，大躍進[6]，文化大革命の時期から，農村でも都市でも，家事のみに専業する女性がほとんどいなくなり，その代わりに，多くの女性が家事以外の労働に従事する社会体制となった（譚深 1993）。

　とくに，都市の共働き家庭にとって，一家の収入の半分は女性が支えている点からみると，女性は男性に経済的に依存するという従属的な性別規範の特徴を根本的に変えたといえる。それにより，新中国はまさに「女性は半分

---

[6]　1958 年から 1960 年までの「毛沢東思想」に基づく中国の急進的な社会主義建設の試みを指す。当時「15 年でイギリスに追い付き追い越せ」という国家目標が提示されたように，「大いに意気込み，つねに高い目標を目ざし，より多く，より早く，より経済的に社会主義を建設する」という「社会主義建設の総路線」が精神的原則として提起され，1958 年夏に出現した人民公社が農村における大躍進政策の実行単位として組織化された。この大躍進政策は熱狂的な大衆運動として展開され，短期間のうちに次々と生産目標が高められた。しかし農業生産力の客観的な限界を無視した政策の結果，中国農村は荒廃の極に達してしまい，失敗に終わった。

の天を支えている」というスローガンを実現した。しかしその反面，無職で家事に専業している女性が，「没素質，没覚悟」（一定の能力に欠け，政治的な自覚なし）とみなされることにもなった。この時代においては，男性と同じように社会に進出し，「経済的役割」を担う女性が新中国の理想的な女性像であった。

では，1949年以後，社会主義中国の女性が短期間のうちに，しかも広範囲に，「家庭の人」から「社会の人」になったことによって，従属的な性別規範の秩序はいかなる影響を受けたのだろうか。

結論から言えば，実はそれほど影響が無かったのである。というのは，女性の社会への進出から生じた家庭内の性別規範への影響は，男女ともに国家に貢献するという共通の目標に裏打ちされていたからである。左際平によれば，「国家単位制度[7]が都市部の男女市民の就業と生活に基本的な保障を提供する際に，男女ともに国家と相互的な権利・義務関係が発生した。この権利・義務関係から派生した特徴は，男女労働者が国家という『大家』のために，自分の家という『小家』を放棄することである」（左 2005：77-78）。また，中国政府が家庭内の性別秩序に積極的に介入していないために，都市部の夫婦の性別秩序は，家庭外部の「国家の人」と家庭内部の「男は外，女は内」という二重の構造によって構築されている（Rofel 1999）。さらに，女性が社会に進出しても大きな社会的影響をもたらさないもう一つの理由は，当時「高就業率，低収入」という就職制度を実施していたことにより，夫婦で共働きをしないと一家の生計が成り立たないという経済的な要因が大きく働いていたためである。

ところで，1980年代以降，つまり効率を優先する市場経済時代がやってくると，男女の「同工同酬」（同一の労働に対しては，同一の報酬を与える）は，

---

[7] 中国で，「単位」は一般的に都市部における社会成員が所属する組織形態（職場）を指しているが，1978年の改革開放以前，すべての資源は「単位」に独占されていたために，「単位」と個人との関係は非常に緊密であった。例えば，住宅の有無，大きさという日常的な生活においても，個人は生まれてから死ぬまで「単位」と密接な関係を持っていた。さらに，制度の面から言うと，「単位」から離れる人は社会的地位，一社会人として存在する基礎さえ失うことを意味するため，国家にとってもその人をコントロールしにくくなるということをも意味したのである（李汉林 2004）。

労働に応じて配分する効率原則に反しているとみられ，男女平等という社会公平の追求は次第に終息する。とりわけ，国家が単位制度を通して実施してきた医療，住宅，教育など一連の福祉政策は重荷となり，すべて社会と個人に投げ出された。それ以降，女性は就職難で失業しやすい状況に直面しなければならなくなっていく（方英 2008）。次第に，新中国が樹立した「経済的役割」を担う理想的な女性は，市場経済時代の中では，生きにくくなっていった。

こうした社会背景のもと，「婦女回家」（女性が社会から家庭に戻る）に関して，1980年代初めから2000年までの間に3回にわたって，激しく議論されている。最初の議論では，女性は家庭に入り良妻賢母の役割に専念すべきという意見と，経済的な自立がなければ社会的地位が下がるため女性は仕事を持つべきであるという意見の二つにおおむね分かれていた。そして，就業の圧力を緩和させようとする国家労働部は，「婦女回家」の提案を中央政府への報告書にまで載せていた。しかし，この提案は，直ちに中国婦女連合会の抗議により取り下げられ，「婦女回家による就職圧力の解消は消極的な就業対策であり，それは社会に対する信頼を失う表現である」という当時の胡躍邦書記の指示で，公の議論も一旦沈静化した。ところが，その後就業の圧力が強くなるたびに，「婦女回家」の議論が再燃する。国家サイドでは，一貫して「婦女回家」が就業問題の有効な対策ではないと強い姿勢を示しているが，計画経済時代に比べると国家が女性の就業を後押しする力は弱まる一方であるため，効率と利益を重視する企業サイドでは，積極的に女性を受け入れず，解雇の際は女性から解雇するという事実上の対策を採っている（蔣永萍 2001）。女性サイドでは，積極的に「回家」を選択している者もいれば，失業により「回家」せざるを得ない者もいる。そして，きっかけは何であったにせよ，結果的に中国都市部に主婦が増加している。

では，1980年代から始まった女性を「社会の人」から「家庭の人」に戻す流れ，すなわち女性の「経済的役割」より「良妻賢母的役割」を強調するという性別規範の復帰に対して，長年の教育やイデオロギーの浸透により新中国の理想的な女性モデル（社会の人）が根ざしている社会に生きる女性たちは，どのように考え，対処しているだろうか。

2003年の北京海淀区婦連の2,000組の夫婦を対象とした調査によると，実際に専業主婦をしている者は全体の4.5％にすぎないが（失業による主婦は含まない），専業主婦を希望している者（14.8％）と経済的な条件がよければ退職して主婦になる者（47.7％）を合わせると，62.5％に及んでいる。さらに，経済的に発展している広東省の女性の社会的地位に関する2000年の調査によると，「もし配偶者，または家庭の経済状況がよければ，あなたは専業主婦になりたいですか」という問いに対して，24.9％の女性が，経済的に問題がなければ専業主婦になりたいと答えている。この数字は全国の平均レベルに比べて13ポイントも高い。また，2000年の広東省の女性就業率が1990年に比べて約10ポイント下がったことは，実際に専業主婦を選択している広東省の女性が多いことを裏付けている。

　また，李明欢（2004）が行った女子大学生の性別規範に関する研究では，近年の主要な性別規範についての10の調査結果を通して，半数近くの大学生が「男主女従」（男性が主役で女性が脇役）という家庭構造を支持していること，経済発展地区ほど男尊女卑，女性従属的な性別規範意識が強いこと，卒業した女子大学生は在学中の女子大学生よりこうした性別規範意識が強いこと，という3点を挙げて，高学歴と経済発展が女性の生活環境を改善しているが，こうした変化が望ましい性別観念の構築と必ずしも正相関しているとは言えないと指摘している。また，毛沢東時代の「男女都一様」（男女は全く同じだ）の性別観念から，近年になって「男女不一様」（男女は同じでない）という性別観念に変わり，女性特有の気質を重視するようになっており，さらには新中国成立当初から否定されてきた男尊女卑，「男主女従」という考え方さえ主流社会に進出しつつあると分析されている。

　上述のように国家サイドでは一貫して男女平等を主張しているが，民衆の間では，女性従属的な性別規範がひそかに広がり，良妻賢母が女性の重要な役割として期待されるようになっていると考えられる。

1-3. 軽視・看過されている新中国女性の役割：良妻賢母と女性内部の多様性

　これまでの新中国女性に関する研究では，女性の就業率という観点から，

第6章　市場経済の転換期を生きる中国女性の性別規範

女性が経済的な独立により男性と平等な社会的地位を獲得したと論じるものがある一方，家庭内の決定権，家事分担などから女性が実質的な平等を得ていないと指摘する向きもある。つまり，新中国政府が提唱した「社会の人」という公的領域の女性像と，家で求められる「家庭の人」という私的領域の女性像の間には，矛盾する点が存在している。しかし，なぜこうした矛盾が存在し，この矛盾がどのように出現しているかについては，これまでの研究ではほとんど言及されていない。

　新中国政府が男女平等を実現するために，短期間のうちに，広範囲に女性に就業機会を与えたにもかかわらず，家庭内の役割分担に関してはそれほど強く再編が迫られず，それぞれの家族の自治に任されてきた。その結果，女性は仕事と家事という二重負担に苦しみ，「経済的役割」と「良妻賢母的役割」の遂行に矛盾が生じる場合も出てくる。

　具体的に言うと，新中国女性にとって，社会に進出し収入を得て経済的役割を担うことは，新たな役割というだけではなく，社会においても家庭においても，最も評価され最も称賛される役割となっている。その一方で，女性がずっと担ってきた育児や家事労働は，依然として女性の負うべき義務とみなされながらも，経済的役割より下位に置かれ，それ相応の評価がされていないのである。その原因は，新中国政府の描いた理想的な女性像にある。つまり，女性は男性と同じように職業を持ち，経済的な地位を獲得することでこそ，人格的な独立を得られるのであり，良妻賢母のような女性は保守的で，遅れているとみなされたのである。

　さらに軽視されていることは，新中国女性の多様性である。王天夫等（2008）が都市別男女別収入の差異に関する研究において指摘しているように，中国では国家が女性の就業率の上昇を手段として男女平等を推進する「国家平等主義」の政策を実施してきたが，異なる階層の女性にとってその効果は異なっていた。それならば，それぞれの階層で，女性たちの「経済的役割」や「良妻賢母的役割」の認識あるいは遂行についても，差異が生じるだろう。しかし，これまでの男女平等に関する研究では，こうした女性内部の差異がしばしば看過されてきたため，異なる階層の女性による性別規範の違いに関する検討が十分にされておらず，女性の間に存在している差異は男

161

第Ⅱ部　〈良妻賢母〉の変奏

女の性別差異として短絡的にとらえられている。

2　調査の概要

　2007年8月から2008年1月にかけて，中国の哈爾濱市（ハルビン），南京市，汕頭市（スワトウ）の主婦を対象にインタビュー調査を行った。各都市の主婦およびその家族に1時間から2時間程度，半構造化インタビュー調査を行った。調査対象は哈爾濱市17名，南京市9名，汕頭市5名，計31名の専業主婦である（表6-1）。
　主要な項目として，①夫婦の結婚年数，子ども数，家族構成，②全世帯の収入，夫の職業と収入，夫婦両方の学歴，③主婦になったきっかけ，主婦になったことに対する周囲の態度，④女性の経済的な役割と良妻賢母の役割に対する考え，⑤家事・育児に関する考えと実際のやり方，⑥自分の子どもまたはその妻が結婚後，主婦になることに対する態度などの項目を設定しインタビュー調査を行った。
　この三つの都市を選んだ理由は以下の通りである。①哈爾濱市は中国東北地区の黒龍江省に位置し，かつては旧東北工業基地として大規模な工場と大量の工場労働者を有していた。しかし，計画経済時代の単位制度の改革と経済発展の立ち遅れにより多くの失業者を生み出したため，家庭に入らざるを得なくなった女性労働者が多い。また哈爾濱市では「男主女従」（男性が主役で女性が脇役）の家庭構造が多く見られるが，「男は外，女は内」という役割分担を支える経済的な条件がまだ揃っていないため，共働きの夫婦が一般的である。②南京市は江蘇省の省政府所在地であり，揚子江に隣接し，商業都市である上海に近いこともあり，流通の中心にして重要な総合工業生産基地でもある。近年，南京に移入する労働人口が増加傾向を示しているため，夫の転勤で主婦になる女性が増えている。③汕頭市は広東省の東南部に位置し，香港に近い。中国の最初の経済開発区の一つで，一人あたりの収入レベルが全国でもトップレベルに位置する一方，従属的な性別規範意識が強く，1980年代から主婦が増加傾向にある。
　また，より効果的に分析するために，主婦になるきっかけを，自分の意志

第 6 章　市場経済の転換期を生きる中国女性の性別規範

表 6-1　調査対象者の基礎情報

調査地	調査対象者と生年	きっかけ（主婦の類型）と訪問時の就業状況		夫の収入と収入類型		学歴	家族構成
哈爾濱市	H1（1972 年）	体制改革	受動型	月 3-4 千位	高収入	大卒	夫婦 2 人
	H2（1980 年）	体制改革	受動型就業中	月 2 万位	高収入	大卒	夫婦 2 人
	H3（1965 年）	体制改革	受動型就業中	月 1 千位	低収入	中卒	直系 5 人
	H4（1953 年）	体制改革	受動型	月 4 千位	中収入	中卒	核家族 3 人
	H5（1967 年）	体制改革	受動型	月 3 千位	中収入	高卒	核家族 3 人
	H6（1958 年）	体制改革	受動型	月 5 千位	中収入	中卒	核家族 3 人
	H7（1953 年）	体制改革	受動型兼業	月 2 千位	中収入	中卒	核家族 3 人
	H8（1960 年）	体制改革	受動型	月 4 千位	中収入	中卒	核家族 3 人
	H9（1970 年）	子どもの教育	能動型	月 4 千位	中収入	大卒	核家族 3 人
	H10（1970 年）	育児と夫の転勤	能動型	月 1 万位	高収入	大卒	核家族 3 人
	H11（1974 年）	生育	能動型就業中	月 1.5 万位	高収入	短大卒	核家族 3 人
	H12（1972 年）	ずっと無職	能動型	月 1-2 千位	低収入	小卒	夫婦 2 人
	H13（1985 年）	ずっと無職	能動型	月 1-2 千位	低収入	中卒	核家族 3 人
	H14（1976 年）	会社運営の問題で辞職	能動型	月 1 万位	高収入	短大卒	夫婦 2 人
	H15（1976 年）	生育	能動型	月 2 万位	高収入	大卒	核家族 3 人
	H16（1971 年）	生育	能動型	月 4 千位	中収入	短大卒	核家族 3 人
	H17（1975 年）	生育	能動型	月 3-4 千位	中収入	高卒	核家族 3 人
南京市	N1（1978 年）	生育	能動型就業中	月 8 千位	高収入	大卒	核家族 3 人
	N2（1973 年）	夫の転勤	能動型	月 8 千位	高収入	大卒	夫婦 2 人
	N3（1968 年）	自ら辞職	能動型	月 1.5 万位	高収入	大卒	核家族 3 人
	N4（1970 年）	仕事の圧力で辞職	能動型	月 2 万位	高収入	大卒	核家族 3 人
	N5（1969 年）	生育	能動型就職中	月 5 千位	中収入	大卒	夫婦 2 人
	N6（1976 年）	結婚	能動型	月 1.5 万位	高収入	中卒	核家族 3 人
	N7（1976 年）	生育の準備で	能動型	月 1.5 万位	高収入	大卒	夫婦 2 人
	N8（1970 年）	子どもの教育	能動型	月 4 千位	中収入	高卒	核家族 3 人
	N9（1978 年）	夫の仕事で	能動型	月 6 千位	中収入	大卒	夫婦 2 人
汕頭市	S1（1973 年）	結婚	能動型	月 5 千位	中収入	高卒	直系 6 人
	S2（1965 年）	第二子出産	能動型	月 8 千位	高収入	中卒	核家族 4 人
	S3（1961 年）	第二子出産	能動型	月 5 千位	中収入	中卒	核家族 4 人
	S4（1964 年）	第二子出産	能動型	月 2 万位	高収入	高卒	四世代 7 人
	S5（1973 年）	結婚	能動型	月 1 万位	高収入	高卒	直系 5 人

第Ⅱ部　〈良妻賢母〉の変奏

写真 6-1　1965 年生まれの哈爾濱市の女性 H3 さん
中卒。1985 年に同じく国営企業に勤めている夫と結婚。1996 年に国営企業の改制のため夫婦共に失業。以後，妻は専業主婦になった。1997 年より家計のため果物を卸して毎日街を回り販売。

写真 6-2　1971 年生まれの哈爾濱市の女性 H16 さん
短大卒。子どもが生まれたため，専業主婦になった。インテリアのセンスがあり，家の内装から引越しまではほとんど一人でやり遂げた。料理などの家事能力も高い。両方の親の面倒を見ている。写真右側は筆者。

写真 6-3　1980 年生まれの哈爾濱市の女性 H2 さん（左側）
インタビューをうけていた頃に仕事に復帰したが，給料のすべてが自分の小遣い。「女性はいつも綺麗でいるべき。自分のためにも，夫のためにも」「家事する時間を省いてもっと意義のあることをすべき」と考える。右側は H2 さんの友人。

による積極型（能動型）と国家の「改制」[8]と失業による消極型（受動型）[9]に分類し，また中国国家統計局の都市部家庭収支状況に関するデータを参考にして，被調査対象の家庭の経済状況を上・中・下に分類している[10]。

　なお，この調査では，主婦になる女性の性別規範に対する解釈を中心としたために，就業中の女性と比較することができないという限界がある。また，調査の内容からインタビュー数が限られている。したがって，厳密に言えば，本調査は，主婦研究における一つの問題提起の域をでないことをことわっておきたい。

3　分　　析

3-1．経済的条件と学歴（技術）が受動型主婦の選択と周囲の態度を左右する

　　周囲の羨望を集めるH2（1980年生まれ）は，かつて中国大手の電通会社（日本のNTTに相当）に勤めていたが，体制改革と結婚を機に仕事を辞め，2，3年間主婦になった後，現在は仕事に復帰している（本人は「経済的な理由で再び仕事をするのではない」と何度も強調した）。「今でも私は，半分養ってもらわないといけない『全職太太』ですよ。現在の月給（月4，5千元）では私の小遣いが足りないからね」と言う。そして，「夫に経済的に頼ると自分の地位が下がると感じますか」という質問に対して，H2は「全然感じていない

---

8) 「改制」とは，中国政府が自ら行った公有制企業における財産権の再編や企業体制の改造である。こうした体制の改革は1990年代に入ってから本格的に始まった。改革の中心は企業の財産権を政府から民間に移転させることである。つまり民営化そのものである。
9) 主婦になるきっかけについて，潘允康は「幼児の世話；夫の仕事又は事業；本人の失業」の三つはいずれも受動的な原因としているが，本章では，「本人の失業」によるものを消極型（受動型）にし，「幼児の世話；夫の仕事又は事業」によるものを積極型（能動型）にする。以上，潘允康の分類については曹紅蓓（2004）を参照した。
10) 中国国家統計局の都市部家庭収支状況（2008年の第1四半期）によると，全国1人当たりの1-3月の総収入は4,674元（そのうち，黒龍江省：3,041元；江蘇省：5,899元；広東省：6,196元）である。つまり全国の平均月給は約1,500元である。上述の数字を基準に，本章では，夫の月収が全国平均レベルより低い家庭を低収入家庭（1,500元以下），全国平均レベルより2-5倍の家庭を中流家庭（3,000元から7,500元），全国平均レベルより5倍以上の家庭を高収入家庭（7,500元以上）とする。

です。私は妻で，男が妻を養うのは当然のことですよね」と答え，「男女の平等は給料で決められないもので，『全職太太』になった時でも，夫から見下されたことがないし，自分も卑屈に感じたことはありません。本当の平等とは精神的な平等だと思いますよ」と述べる。

H1 (1972 年生まれ) はかつて哈爾濱市で最も歴史の長い百貨店で会計の仕事をしていたが，体制改革をきっかけに退職し，DINKS (Double Income No Kids) の考えをやめて子作りに専念し，インタビュー時，妊娠 2 ヶ月であった。体制改革のために退職した H1 は，「私の専門は会計ですから，仕事を探しやすいですよ」と，自分が仕事を見つけようとすればすぐに見つけられることをアピールした。また H1 は，「最初，友人は私が主婦になることを不思議に思っていたが，今は，みな私が良い夫をもって羨ましいと言っている」と述べ，「今は私が夫の健康，飲食の面倒をみて，子どもが生まれてからは，育児に専念する」と自分の良妻賢母ぶりを語った。

　上述のように，体制改革のために失業し，やむをえず主婦になった「受動型」であるにもかかわらず，夫の高収入が背景にある H2 と H1 は，周囲の羨望の対象となり，先進的かつモダンな存在となっている。また，高収入の経済的状況と高学歴により，H2 と H1 は家庭主婦と職業女性を自由に転換できるという余裕がある。ところが，興味深いことに，H2 と H1 は従属的な性別規範を支持しながら，二人とも自分は仕事ができることと，お金のために仕事するのではないことを強調している。このことから，新中国女性の性別役割の最も特徴的な点，すなわち経済的役割が良妻賢母的役割より優越していることが，高収入で高学歴の主婦，H2 と H1 の語りからも表れている。一方で，二人とも金銭的に困ることのない，中国社会に現れ始めた裕福な「全職太太」であることをもアピールしたいようである。

1996 年に夫と共に失業した H3 (1965 年生まれ) は，「全職太太」という呼び方に非常に恐縮した態度で「私は『太太』ではない。ただの家庭主婦だ」と強調した。H3 は，失業してから半年くらいの間，専業主婦をし，その後，街で果物売りの行商をし始めて 10 年が経つ。一緒にインタビューを受けた冗談好きな H3 の夫は「実は二人は，とっくに離婚していて，彼女と息子が僕の所に居候しているんだよ」と語ったが，それは冗談ではなく，本当のことで

あった。離婚（実は偽装離婚）したのは，二つの家庭として社会保険金を二倍受け取るためである。

　体制改革で失業した H3 は，専業主婦になって半年も経たないうちに，すぐ果物売りになって街で行商を始め，一日 12，13 時間，労働している。H3 が仕事に復帰したのは，H2 のように自分の意志というより，むしろ経済的困難によりそうせざるを得なかったからだと言えよう。さらに，社会保険金を多く貰うために偽装離婚までしているほどであって，H3 は良妻賢母的役割と経済的役割のどちらを優先するかを生活状況に応じて選択するほどの余裕は持てず，必然的に経済的役割を担わなければならなかったのであろう。

　1993 年に 1 万元の退職補償金を受け取り家庭に入った H4（1953 年生まれ）は，当時 30 代であった。当時の感情を「実は家庭に入りたくなかったの。でも体制が変わったから仕方がない。中国の女性はやはり仕事をしたい」と仕事を続けたかったことを述べる。再就職について，H4 は「年齢も年齢で，技術を持っていないし，月 1000 元未満の仕事は肉体労働ばかりでちゃんとした仕事がない」と，40 代の再就職の難しさを語りながらも，現在の生活に満足し，「この家は，私を必要としているから」と述べた。そして本人は，早めに退職したという意識が強く，失業により主婦になったという認識は薄いようである。

　H7（1953 年生まれ）は哈爾濱市の大型工場に勤めていたが，90 年代後半の体制改革により夫と共に失業した。「家庭に入ってから虚しい気持ちがもちろんあった。夫は，もっとそうだった。男は家族を養う責任があるから」と述べた。その後，約 1 年間，専業主婦をしていたが，美容師の技術を持っていたため，住宅を改造して美容室にして兼業主婦になり，「工場に勤めていた頃よりずっと収入が良くなって，友達は私を羨ましく思っている」と，H7 は述べた。

　H4 と H7 は中卒で「下郷青年」（文化大革命時に，毛沢東の呼びかけで農村に行った都市の若者層）だったが，H4 が再就職しなかったのに対して，H7 は美容師の技術を持っていたため，主婦になって一年後に仕事を再開し，しかも収入は前の倍になった。このように，中レベルの経済状況に属している

第Ⅱ部 〈良妻賢母〉の変奏

二人は，異なる選択をした。再就職できた H7 は前より稼げたため，周囲の羨望の的となり，H4 は良妻賢母的役割に専念して，「家は私を必要としている」と自分の新しい役割について積極的に解釈している。

3-2. 能動型の主婦：良妻賢母的役割への強い責任感と職業をもつ女性への憧憬

仕事に打ち込んで財務主任にまで昇進した H9（1970 年生まれ）は，主婦になる前は子どもの面倒をほとんど見ていなかったが，娘のひどい学業成績を見て「夫と相談して，どれだけ稼いでも子どもの教育がちゃんとできなかったら何もならないからと，2006 年に私は正式に財務主任の仕事を辞めました」と述べた。「仕事を辞めてから，子どもの通っている塾もすべて辞めさせ，私と夫が娘の勉強の計画を立て，二人が勉強しながら彼女を教え始めました。そして，できるだけ外食をやめて私は自ら娘の好きな食べ物を作っています。……子どもが順調に成長できるかどうかは 70％くらい母親が子どもに正しい生活習慣をつけたかどうかに左右されると思います。……今，娘は，69 中学校（哈爾濱市の名門中学校）の中間テストで 3 位になりました」と H9 は非常に誇らしげに語った。

子どもの誕生を期に H10（1970 年生まれ）が主婦になって 5 年が経つが，「私は，とても外で仕事がしたい。本当は，『全職太太』でありたくない。でも，子どもが通っている塾が多くて，家にいないときちんと面倒が見られないし……。家族の面倒をよく見たいけど，自分の世界も持ちたい」と矛盾する気持ちを語った。

同じく子どもの誕生をきっかけに，H11（1974 年生まれ）は電車車掌の仕事を辞めて，専業主婦になったが，「5 年間の主婦生活は本当に楽しくなかった。子どもの面倒をよく見ていたと思いますが，社会から取り残されたような気がします。とくに，主婦になってから夫との関係が悪くなって，互いに理解できなくなったのです。……夫は私が社会に復帰することに賛成しなかったが，何度も話し合って，再び仕事を始めることができた」と，やっと仕事に復帰できたことを嬉しそうに語った。

上述の 3 名の哈爾濱市の能動型主婦は，育児や子どもの教育のために仕事

を辞めて，良妻賢母的役割に強い責任感を示している。しかし注目に値するのは，H10 と H11 が仕事に復帰したい気持ちを何度も強調していることであり，彼女たちは自分の価値や生活の意義を解釈する際，やはり良妻賢母的役割より，経済的役割を高い位置に置いていると言えよう。また，H9 は，H10 と H11 のように直接的な表現で再就職したいとは言っていないが，「子どもの教育のために財務主任の仕事を辞めた」という言葉から，社会通念において経済的役割が良妻賢母的役割より高い位置にあるにもかかわらず，あえて子どもの教育のために仕事を辞めたと言うことで，良き母親としての自己肯定をしていると考えられるだろう。

　　家庭の年収が 20 万元以上あると語る N3（1968 年生まれ）は，主婦になった理由について，「私は，基本的に家にいるのが好きだ」と言いながらも，「必要であれば，私はすぐお金になる仕事を見つけられるよ。私には最低限，そのくらいの能力がある」と述べ，「今は約 80％の時間が子どもの教育に占められているけど，それだけでも毎日忙しい……。仕事をするのはお金のためではない時にこそ，人生の面白さが出てくると思う。『全職太太』『全職ママ』も一つの仕事としてこなすことができる」と現在の主婦生活について語った。

　　主婦になって 15 年の N6（1976 年生まれ）は，自分の生活について「私は高い志を持っていない女性で，18 歳の時に夫と恋愛して以来仕事を辞め，今，娘は 10 歳になります。本当に無駄な一生を送っていると思います……。時々，ずっと家にいるのがつまらなくなるけど，子どもの教育に専念して，子どもが少し大きくなったら海外に移住するつもりです。私は，綺麗でもないし，背も高くないし，勉強もそんなにできないし。こんな私に優しくしてくれる夫に会えたから，今の生活ができて満足しています」と語った。

　　国営企業に勤めていた N5（1969 年生まれ）は，「4，5 年間，専業主婦になったが，自らなろうとしたというよりは，今の社会では，子どもを生むことイコール失業だから，私たちのいる国営企業も同じ。でも家にいると自分の存在価値がなくなり，やはり経済的に独立しないと立場も弱くなるような気がする。だけど，いくら探してもいい仕事が見つからない」と，社会に復帰したいが，なかなかできないという焦る気持ちを語った。

以上 3 名の南京市の能動型主婦の場合，N6 と N5 はそれぞれ「仕事をし

第Ⅱ部　〈良妻賢母〉の変奏

なかった自分の人生は無駄なものだ」,「経済的に独立しないと立場が弱くなる」と表現し,主婦になっている自分を低く評価している。一方,N3は「『全職太太』『全職ママ』も一つの仕事としてこなすことができる」,「仕事するのはお金のためではない時こそ生活に面白さが出てくる」と話し,主婦になっている自分の役割を積極的に解釈しながらも,「必要であれば,私はすぐお金になる仕事を見つけられる」と話し,自分が経済的な役割を担う能力を備えた人間であることをアピールしている。

　　汕頭市のS4（1964年生まれ）は,二番目の子どもを産むことで（中国の計画生育政策に反していたため,子どもを産むか仕事を続けるかという「選択」を迫られた）,仕事を辞めて主婦になった。S4は夫の両親,祖母と同居しており,家政婦を雇わず,4世代7人家族の世話をしている。主婦生活はつまらないかという質問に対し,「そんなことはないですよ。周りの皆もそう（主婦）しているし,子どももまだ小さいし,義理の両親の面倒もあるし,毎日けっこう忙しいですよ」と微笑んで答えた。インタビューが終わると,S4は急いで中学生の娘の寄宿舎に食べ物と服などを届けに行った。

　　S2（1965年生まれ）は,「二番目の子どもを産むために,私も夫も勤めていた国営企業を辞めた。……代償は大きかったが,後悔はしていない。実は姉二人も二番目の子を産むために仕事を辞めた」と述べ,「毎日子どもの送り迎えや,子どもの健康のため栄養のあるものを作ったりしてけっこう忙しい。……ちょっとした小さな商売をしようかと思ったことがあったけど,夫は,子どもの小さい時は（女性が）家にいた方がよいと賛成してくれなかった」と語った。

　　結婚をきっかけにS1（1973年生まれ）は,月4千元の仕事を辞めて主婦になったが,「一時,夫の経営していた会社が危なくなって……専業主婦を辞めて私も仕事に復帰しようと思いました。……夫は私が仕事することにずっと反対です。かなりの亭主関白で,女は家で子どもと家をきちんと管理できればそれでいいといつも言います。……私は仕事がしたいですが。でも,南方では皆そう（女性が主婦になること）だから」と語る。

　以上,汕頭市の3名の主婦の中では,S4は最も積極的に良妻賢母的役割に専念している。しかし,S2とS1は仕事をしたい気持ちがあるものの,夫

の反対にあったり，周りの女性たちがみな専業主婦をやっていることから，良妻賢母的役割を従順に担っているように見える。とくに注目に値するのは，周りの女性たちがみな専業主婦になっていることを汕頭市の主婦たちが何度も強調していることである。その点は，他の2都市の主婦の語りにはみられなかった。これは1970年代末から1980年代初頭にかけて，汕頭市が計画経済の軌道から外れていたために，国家が単位制度を通して，効果的に男女平等の就職制度を貫きにくくなったことと関連している。その他の要因として，夫一人の給料で一家を養える家庭が他の都市より多いため，「男は外，女は内」という従属的な性別規範も広がりやすいと考えられる。

結　論

　分析の結果，まず3-1と3-2でみたように，受動型主婦にしても能動型主婦にしても，自分の価値を評価する際に，日常的に担っている良妻賢母的役割を，経済的役割より低い位置に置いている傾向がみられる。これは新中国の理想の女性が，「社会の人」としての部分を最も評価されるのに対し，良妻賢母の女性は保守的で，遅れた女性としてみなされることに関わっている。

　次に，経済的役割を遂行するのが理想的だが現実にはできないという矛盾は，受動型主婦の間にとくに顕著にみられる (H4, H7, H3, H1)。この矛盾は国家サイドが「女性の自立は経済的な自立から」という男女平等の理念を一貫して掲げているにもかかわらず，市場経済により効率を重視する企業が女性に就業機会を積極的に与えないことで生じたものであろう。また，ほとんどの調査対象者は経済的役割と良妻賢母的役割の間を行き来し，どちらを優先すべきかの葛藤を抱えている。その原因として，公領域と私領域では，女性に期待される経済的役割と良妻賢母的役割を遂行する優先順位が異なるからであると考えられる。新中国政府は男女平等を実現するために，女性に男性と同等の就業機会を与えると同時に，男性と同様の仕事ぶりも女性に期待したし，それは効率を優先する市場経済時代ではなおさらであった。しか

し，家庭内の役割分担については男女平等の性別規範が再編されず，依然として良妻賢母的役割が女性の第一要務として期待されている。こうして，女性は仕事と家庭の二重の負担を受けているだけでなく，公領域と私領域の間で二つの役割のどちらを優先するかという選択を常に迫られている。

以上の知見は新しく出現し始めた中国の主婦，および一般的な中国女性の性別規範を分析するのに貴重な成果と言えよう。

ただし，3-1と3-2で論じたように，家庭の経済条件，学歴と都市の違いが主婦の性別規範の解釈に異なる影響を与えている。①高収入家庭・高学歴の主婦は受動型・能動型の両方が，性別役割について解釈する際に経済的役割を良妻賢母的役割の上におく傾向を示している。その一方，彼女らは裕福な家庭を持っているからこそ，「全職太太」になることで先進的，モダンな存在として周囲の羨望を集める。つまり，主婦になることは必ずしも経済的な自立を失い社会的地位が低下することを意味するわけではない。また，家計のために再就職したいのではないことを強調している彼女らは，ほとんどが経済的役割を担う能力があることをアピールしている（H1，H2，H11，H14）。②中収入家庭の受動型と能動型の主婦は，職業と家庭の両立ができる女性に憧憬を抱いているものの，「経済的役割」を担えない場合，積極的に良妻賢母的役割を担うことを通して自分の新しい役割を解釈しているようにみられる（H4，H16，H8，H9，S3）。ただし，夫の収入が少ないほど再就職の傾向が強くみられる（H7，N8，S1）。③低収入家庭の受動型主婦には，経済的役割と良妻賢母的役割でもって自分の性別規範を解釈することにより，自分が重要な働き手として経済的役割を担わなければならないという現実がある。④都市別で性別規範に対する考えをみると，汕頭市と哈爾濱市の主婦に顕著な違いがみられ，中国経済発展の前線にある汕頭市の主婦は，「男は外，女は内」，「男主女従」の従属的な性別規範に同調しているのに対して，経済発展の遅れている地域である哈爾濱市の主婦は新中国の樹立した理想の女性に憧憬を抱き，良妻賢母的役割より経済的役割を担うことに価値を置いているようにみえる。汕頭市の主婦は，一人っ子政策に反してまで，仕事を辞め二人目の子どもを産むことから，良妻賢母の役割を従順に担うのみならず，それを最も価値のあるものとして認識しているようにみえる。

第6章　市場経済の転換期を生きる中国女性の性別規範

　以上のように，中国市場経済の進展により出現し始めた主婦は多様性に富んでおり，この多様性は家庭の収入，学歴，都市の違いによるものであることが明らかになった。しかしそれだけではない。その多様性をもたらすもう一つの要因は，中国の主婦が欧米や日本のように上流から中流の家庭に大衆化していく道を歩んでおらず，革命の勝利と共に女性も社会に進出したという独特な解放の道を歩んできたことだと考えられる。本章では，その点については深く掘り下げていないが，今後の研究の課題としたい。

●参考文献●

白玲　2004「中国式全職太太的心理魔障」『中国新闻周刊』37：46-48。
丁琳琳・冯云　2005「现代全职太太的经济学分析」『边疆经济与文化』11：39-41。
代堂平　2005「社会性别视角下的"让妇女回家"」『长白学刊』4：79-81。
方英　2008「市场转型与中国城市性别秩序分化」『江西社会科学』1：193-197。
―――　2009「"全职太太"与中国城市性别秩序的变化」『浙江学刊』1：211-218。
蒋永萍　2001「世纪之交关于"阶段就业","妇女回家"的大讨论」『妇女研究论丛』2：23-28。
李汉林　2004『中国单位社会 ── 议论，思考和研究』上海人民出版社。
梁理文　2003「市场经济条件下妇女的角色选择关于"妇女回家"现象的思考」『广东社会科学』(03) 45-49。
李明欢　2004「干得好不如嫁得好 ── 关于当代女子大学生性别观的若干思考」『妇女研究论丛』4：25-30。
林松乐　1993「1981-1992年中国职业女性角色冲突观点综述」『南方人口』6：118-192。
李小江　1995「"男女平等" ── 在中国社会实践中的失与得」『社会学研究』1：54-68。
―――　2000「中国妇女走到了哪里？」『亚洲妇女研究』第1期（参考にしたのは，李小江　2005『女性/性别的学术问题』山东人民出版社，140-161）。
李银河　2005『性别问题』青岛出版社。
孟迎芳　2001「想说回家不容易"妇女回家"现实吗？」『福建省社会主义学院学报』(03) 45-49。
那瑛　2008「"离家"与"回家"」中国博士学位论文全文数据库。
谭深　1993「社会转型与中国妇女就业」『中国妇女与发展 ── 地位，健康，就业』河南人民出版社。
王青富　2002「都市女人，你想做"全职太太"吗」『现代交际』6：86-88。
王天夫・赖扬恩・李博柏　2008「城市性别收入差异及其演变：1995-2003」『社会学

研究』2：23-53。
王政　2003「浅议社会性别学在中国的发展，妇女与社会性别研究在中国」天津人民出版社。
曹紅蓓　2004「迷惘転型」『中華文摘』12：
　　http://www.qikan.com.cn/Article/zhwz/zhwz200412/zhwz20041221.html.
赵美玉　2004「抗战前"妇女回家"论兴起的原因」『哈尔滨学院学报』02：19-21。
臧健　1994「妇女职业角色冲突的历史回顾 —— 关于"妇女回家"的三次论争」『北京党史』02：33-38。
左际平　2005「20世纪50年代的妇女解放和男女义务平等 —— 中国城市夫妻的经历与感受」『社会』01：78-88。
潘允康　1989『在亜社会会中沈思』中国婦人出版社。(＝1994 園田茂人監訳『変貌する中国の家族』岩波書店。)
小山静子　1991『良妻賢母という規範』勁草書房。
目黒依子　1993「主婦」森岡清美・塩原勉・本間康平編『新社会学辞典』有斐閣，717-718。
落合恵美子　1989『近代家族とフェミニズム』勁草書房。
―――　1994『21世紀家族へ』有斐閣。
―――　2000『近代家族の曲がり角』角川書店。
落合恵美子・山根真理・宮坂靖子　2007『アジアの家族とジェンダー』勁草書房。
瀬地山角　1996『東アジアの家父長制 —— ジェンダーの比較社会学』勁草書房。
Parsons, T. and R.F. Bales. 1955. *Family: Socialization and Interaction Process*. New York: Free Press.
Parish, W. L. and S. Busse. 2000. "Gender and Work." In W. Tang and W. L. Parish (eds.) *Chinese Urban Life Under Reform: The Changing Social Contract*. New York: Cambridge University Press.
Rofel, Lisa 1999. *Other Modernities*. Berkeley: University of California Press.

第7章 「公的労働と家事労働をうまくこなすには，三つの頭と六本の手が必要である」

ベトナム「現代」女性のジレンマ

クアット・チュ・ホン，ブイ・チュ・フォン，
リ・バック・ズン
（戸梶民夫訳）

はじめに

　無償家事労働（unpaid housework）は，過去数十年にわたって研究者らの関心を引いてきたテーマである。家事労働は，概念的レベルではフェミニズムの分野において集中的に研究され，そのおかげで，家族，共同体，国家，そしてグローバルなレベルにおける家事労働の社会経済的重要性が，広く認識されるようになってきた。しかし家事労働は，ほとんどの国の経済統計には表れていない。データ不足の理由の一つに，家事労働という経済活動を測定することの困難さが挙げられる。しかし皮肉にもそれは家事労働が無償である，つまりシャドー・ワークであるからなのである。正確に言えば，有償で働く家事労働者，特に異国で働くために移住する家事労働者の研究にはますます大きな関心が寄せられている。しかし自国内での労働，特に家事労働についてみると，そこにはまだ大きなギャップが存在する。家事労働の研究が少ない理由には，家事労働を測定することの困難さ以外にも，国家にとってより重要であると思われる他のテーマ ── 国家の安全や生産性に貢献するようなテーマ ── と比べ，家事労働が研究テーマとして軽視されていると

いうことも含まれる。科学やテクノロジーといったその他のテーマと比べると，家事労働は，確かに優先される研究領域とは言えないのである。

　現代（modern）ベトナムの誕生以来，社会主義的イデオロギーに沿って社会は大きく変わり，家族と公的領域の双方で，女性たちの地位を大きく向上させてきた。さらに，1980年代後半の市場改革で，個人の自由が今までになかったほど大きく認められるようになった。しかし，文化の根底には，ジェンダー不平等がほとんど手つかずのまま残されている。女性が粗末に扱われている例はさまざまあるが，家事労働には，こうした文化的保守主義がもっとも顕著に反映されているといえるだろう。少女を含む女性たちが未だ家事労働の重責の大部分を担い続けていることは，さまざまな研究によって示されている。実際に改革前の時期と比較するならば，社会主義国家がサービスの無償提供者でなくなったため，いまや女性たちは子供や高齢者のケアのようなより多くの負担を引き受けているのである。

　本章は，ベトナムの都市と農村に住む再生産年齢の既婚男女を対象に，その家事労働についての認識や態度，家事労働に携わる現状，無償に留まっている家事労働を貨幣換算した場合の価値について検討する。筆者らは，ベトナム北部の都市部と農村部に住む300世帯，600人の既婚男女の調査研究に基づき，家族と共同体の内部で，ジェンダー化された労働分割に沿って家事労働が構築されていることを論じる。この（男性と女性が引き受けるべき役割，機能，仕事を特定する）分割とは，想定された男女間の生物学的差異を強調する本質主義的な考え方に基づいている。つまり女性は，男性と比べると知性に劣り体力的にも弱いが，男性よりは我慢強く，したがって気配りや忍耐強さおよび「器用な指先」を必要とする仕事に向いているものとして構築される。男性は，力と洞察力（ビジョン）を備えているものとみなされ，多くのエネルギーや精神の集中を必要とする，高度に専門的な仕事に向いているとみなされる。このように，男性は，家族や共同体の中で稼ぎ手や意思決定者となるべきなのである。

　こうした本質主義が，もっとも明確に表れているのが，家事労働の領域である。そこでは，女性が「本来」家事をこなすために生まれてきたと考えるよう，男女共に社会化されている。男性と女性ができることとできないこと

第 7 章 「公的労働と家事労働をうまくこなすには，三つの頭と六本の手が必要である」

写真 7-1　無償家事労働をするベトナム人女性①　息子に水浴びをさせる。水は非常に遠い所からプラスティック容器（左）に入れて彼女が運んできた。

（もしくはすべきであることとすべきでないこと）を区別する二分法はさらに，男らしさと女らしさが何から構成され，何を意味するかを定義する。家事をすることは，男らしさを損ない，逆に女らしさにとっては好ましいとみなされているのである。

　この二分法の効力も，女性にも生産者や兵士となる権利が与えられた，数十年間の社会主義的発展の間にある程度は失われた。しかし市場改革によって，この二分法は息を吹き返しつつある。家族が経済主体としての機能を取り戻すにつれて，夫婦間の労働配分も変化した。そこでは夫や夫の家族への妻の依存を強調する伝統的な形式の復活がみられる。労働力の急速な女性化は公式統計によって確認できるにもかかわらず，家事労働に関する男女役割の大きな変化を示す証拠はない。変わったのは何か。それは，女性が今や引き受けなければならない新たな二重の役割，すなわち一家の稼ぎ手となり，また全てではないがほとんどの家事を担う，という役割である。

1 ベトナムの状況から見る家事労働

　家事労働研究に関する主要な課題の一つは，特に家族福祉，ジェンダー構築，社会の再生産との関係において，どのように家事労働を概念化すべきか，ということである。研究者はさまざまな視点から，家事労働と家事について，多様で異なる概念化を行ってきた。しかし，「家事労働は，多くの場合，家族構成員や家庭を維持するためになされる無償労働をさす」という点については，概ね合意が成立している (Coltrane 2000)。

　同じく，共同体や社会にとって家事労働が重要であることも，以前から認識されてきた (Efroymson and Ruma 2007)。リードの画期的な研究によれば (Reid 1934)，もし世帯とは別の経済的な単位が世帯に供給したなら貨幣価値をもつようなサービスも，世帯内で行われれば無償労働とみなされる (Yi 1996)。したがって，非貨幣経済のこの部門を貨幣に換算できるのであれば，それはすべての国民国家の GDP を大きく増加させることになる (Edgar 2002)[1]。

　金銭上の価値に加えて，家事労働は社会的にも重要である。世帯内での無償労働は，家族構成員を相互に結びつけるのに役立つ，社会的「接着剤」として働きうる。多くの無償労働は，市場で手に入れることが不可能ではないにしても難しいと思われるサポートを提供する。家事労働の担い手が提供できる細やかなケアや融通のきくサポートは，お金のためだけにしているのではないという感覚とともに，単なる無償労働の金銭的な寄与分を越えた何かを与えてくれる (De Vaus et al. 2003)。しかし，家事労働は依然として，世界中において，社会的に低く評価され，経済的に軽視されている。そして，家事労働の担い手は，「見えない」仕事を世帯内で行っているために，さまざまな形式の差別や搾取に苦しんでいることが多い (UNIFEM 1996; Collas-Monsod 2007)。

---

1)　非貨幣経済は，労働 (labor) だけではなく，文化や社会的資源の創出も含んでいる。それを「集合的効能」や「社会資本」と呼んだとしても，貨幣価値で測られうるような送水管や送電線と同じように重要である。信頼，相互関係，市民的責務といった非貨幣的なインフラも存在する。本質的に，非貨幣経済は，価値の尺度としての市場価格を拒否する。非貨幣経済においては，規範的価値が生産と分配を動かしているのである (Edgar 2002)。

第7章 「公的労働と家事労働をうまくこなすには,三つの頭と六本の手が必要である」

写真7-2 無償家事労働をするベトナム人女性② 姑を背負って移動させる。

写真7-3 無償家事労働をするベトナム人女性③ 薪を運ぶ。

　多くの社会における家事労働の重要な特徴の一つは,それが概ねジェンダー化され,女性に偏った重荷を背負わせていることである。正規・非正規の労働市場において,有償労働への女性たちの参加はますます重要になっているにもかかわらず,女性は無報酬の家事労働の大半を引き受けているのである (Mahalingam et al. 2007; de Vaus et al. 2003)。

　ベトナムでは,1986年からの市場改革(ドイモイもしくは経済改革としてよく知られている)が大きな経済的社会的変化をもたらしたが,その変化はジェンダーや家族関係に対しても大きな影響を及ぼしてきた。経済セクターの多様化,特に産業化と民営化は,女性が収入を生み出す活動へと参加する機会を,これまでになく数多く作り出してきた。しかし,女性の経済的な地位が改善されても,女性に対して社会が与えてきた家族内部の責任は,必ずしも軽減されなかった。多くの研究者が指摘してきたように,男性と比べて,女性は,世帯内のほとんどの責務,特に育児や介護や家事労働のような再生産

179

的仕事を担い続けた。特に，ドイモイ政策の一環として関連する国家サービスが縮小され，商品化され，そして部分的に民営化された影響は大きい（Tran et al. 1997; Long et al. 2002; Le 1996; Le 1998）。また，ドイモイの結果として自律的な経済単位としての世帯の復活が，世帯や社会における男女の「正当な」場所についての儒教的な信念や実践を強化したとさえ言われてきた（Khuat 1998; Tran and Le 1997）。さらに政府は，社会的文化的な規範の変化に応じて，伝統的なジェンダー役割が国民国家の社会的政治的な安定にとって重要であると強調している（Gammeltoft 1998; Long et al. 2002; UNFPD 2003; Le Thi 2004; Pham et al. 2005）。例えば，ブイ・フォン（Bui Huong 2006）が論じたように，政府は，現代ベトナム家族の中に「伝統」を保存し再活性化することを目指す全国的な運動に着手した。それゆえに今日の女性たちが現在のベトナム社会において担う役割は，非常に拡大された。彼女たちは，男性と共に経済的，社会的そして政治的活動に本格的に参加するよう求められる。しかし一方で，家族の調和を保つという女性の伝統的役割を満たし続けることも変わらず期待されているのである（Hoang and Schuler 2004）。

　このように，女性の立場をめぐる国家政策の構造は，実際にはジェンダー不平等を強化し続けている。そこでは，女性を家庭領域に密接に結びついているとみなす，昔ながらの家父長制的フレームワークが強調されている。またそれは，現実に女性たちがいかに高い収入を得ていようと関係はない。家庭内の無償労働は，ベトナム家族の伝統構造の維持と経済改革という二重の要求を満たすために，女性たちが担わされている不平等な負担の代表的な表われである。家庭内の無償労働の徹底的な研究が必要なのは，この理由からだけでも明らかだろう。

② 調査データ

　本研究のために，筆者らは質的，量的方法の両方を採用し，理論的検討とフィールド調査を行った。質問事項は，家事労働に関する量的情報，特に家事労働に関する（無償の）貨幣価値を数量化する上で役立つデータを収集す

第7章 「公的労働と家事労働をうまくこなすには，三つの頭と六本の手が必要である」

るために作成した。また，参与観察を通じて得られた数多くの詳細なケーススタディは，女性が家事労働に費やす時間の量や，家事労働と女性の貢献についての認知や態度に関して，さらなる情報をもたらした。加えて，地域社会のメンバーによるフォーカス・グループ・ディスカッションも行った。

フィールドデータは，2007年10月後半から一週間かけて収集した。調査地は，都市部からハドン市のグエンチャイ地区，農村部から首都ハノイの南西，ハタイ省のタックタット郡にあるダイドンを選んだ。グエンチャイ地区は全人口11,678人で2,798世帯が居住し，4,792人が労働年齢にあたる。世帯の大部分が，商業やサービス業への従事，公務員として働くことで収入を得ている。ダイドンは全人口9,476人，2,465世帯であり，5,023人が労働年齢にあたる。この地区の主要な仕事は農業であり，職業人口の50％を占める。残りは，工業，小規模工業（SSI），そしてサービス業が均等な割合を占めている。

それぞれの調査地において，適格な全世帯のリストから150世帯を無作為に抽出した。150世帯のそれぞれにおいて，夫と妻の両方にインタビューを行い，計600人から回答を得た。世帯の抽出基準は，（1）妻が再生産年齢にあること（20～49歳の間），（2）妻が少なくとも一人の子供を出産したこと（同上），（3）夫が調査時に在宅していること，であった。再生産年齢にある女性は，彼女たちの大多数が結婚し，そして小さな子供を抱えているために，一番忙しい年齢層であると想定された。それが，再生産年齢にあり，少なくとも一人の子供がいる女性を選んだ理由である。

それぞれの調査地において二世代世帯1世帯と三世代世帯1世帯への参与観察が行われ，調査者が24時間連続してその間に発生した全ての行動や出来事を観察し報告した。二つの調査地の8世帯から選ばれた4人の男性と4人の女性に対してインデプス・インタビュー（深層面接）が行われた。最後に，フォーカス・グループ・ディスカッションが二回開催されたが，一回は最低一人の子どもをもつ家族に属する男性によって，もう一回は最低一人の子どもをもつ家族に属する女性を対象に開かれた。二回のディスカッションには合計24人が参加した。

第Ⅱ部 〈良妻賢母〉の変奏

写真 7-4　無償家事労働をするベトナム人女性④　川で洗濯をする。

3 調査結果

3-1．家事労働の社会的構築

　ジェンダーに基づいて家事労働を割り当てる労働分業は，社会的に構築され，通常一定の社会・文化形式に結び付けられている。そして，男性と女性それぞれが世帯の中で，またより広い社会の中で引き受ける役割や機能，仕事は，その分業に基づいて決定されてきた。また，この分業は，男性と女性の間に認められた生物学的「差異」を根拠としており，女性は，「器用な手先」を連想させる忍耐，技能，配慮を必要とする仕事により適しているとされている。こうした認識は，男女双方に共通で，また家父長制的な社会化を通して強固に支持され，強化され，そして永続するのである。
　この認識は，調査結果によく反映されている。つまり，インタビューに参加した男性の60％と女性の68％が，「家事労働を女性が担うのが当然だ」に同意し，そして前者の65％と後者の58％が「男性は家族内の重要な事柄を決定する人である」に同意した。結果をみると，男性は，女性と比べて家

第 7 章 「公的労働と家事労働をうまくこなすには，三つの頭と六本の手が必要である」

表 7-1　夫と妻が家事労働に費やす平均時間（分単位）

日常的な家事	妻	夫
栄養ケア	93	10
家や設備のケア	40	12
衣服のケア	37	6
家族構成員へのケア	122	59
移動と移送	34	7
総計	326	94

事労働への参加ははるかに少ない。例えば調査データでは，平均して女性は，調理，掃除，洗濯，裁縫，家族構成員のケア，子供の教育等を含んだ日常的な家事労働に，326 分（約 5.4 時間）を費やしている。反対に男性は，家事労働に平均 94 分（1.6 時間）しか関わっていない。男性の参加が最も多い仕事は，「家族構成員のケア」（1 日 59 分）と，「家や設備の手入れ」（1 日 12 分）である。しかしこれら二つの仕事でさえ，女性はその約二倍から三倍以上の時間を費やしている。表 7-1 は，筆者らの調査に参加した男女が，五つの主要な家事労働に費やした時間を明らかにしている。これらの五種類の労働は，家事を 42 種類に分類した，デュラネイら（Duraney et al. 1992）のカテゴリーに基づいている。

　質的情報は，こうした家事労働の分業の詳細を部分的に明らかにするものである。例えば参与観察において女性調査者は，ある二世代家族に紹介された。夫も妻も両方ともに 30 代の初めである。彼らはすでに，第七学年（12 歳）の息子と第四学年（9 歳）の娘という，二人の子供を抱えており，妻は妊娠 6 ヶ月目である。夫は大工で，妻はもち米の販売をしている。観察によると，妻の一日は午前 3 時 40 分に始まり午後 10 時に終わるが，この間，短い休憩すらとらない。同様の実態は，この研究において実施されたインデプス・インタビューや，フォーカス・グループ・ディスカッションでも見出された。

　下の事例 1 のストーリーは，あるインデプス・インタビューからの引用である。ハイさん（仮名）は，他の多くの女性と同じように，世帯収入を稼ぐ活動に参加しているだけではなく，料理，洗濯，教育，そして彼女の夫の母親と兄弟を含んだ他の家族構成員のケアのような，家事労働にも携わっている。

3-2. 農村女性の生活

　1961年生まれのハイさんは農婦で，家族の生計を立てるために10サオ（3,600m²）の農地を耕している。稼ぎを増やすため，彼女は，時々同じ地域にある別の家庭の農園で雇われ仕事を引き受けている。ハイさんは1979年に結婚し，4人の娘がいる。年長の二人は，家から離れた大学に在籍し，三番目の娘は第十学年，末っ子は第四学年の生徒である。

　結婚後，ハイさんは，夫の家族（夫の母や弟や妹）と一緒に暮らすために引っ越した。姑（夫の母）は1933年に生まれた。姑は既に年老いているため，料理をしたり子供たちに勉強させたりするような家事労働で，ハイさんを手助けすることはほとんどない。ハイさんは，姑が病気で寝込む時にはいつも，雇われ仕事すら断って家に留まり，彼女を病院へ連れて行ったり世話をしたりしなければならない。

　ハイさんはたいてい午前5時に起きて，家族のために朝食を準備する。豚と鶏に餌を与えたあとで，彼女は畑に向かう。昼食時には，家に帰る道すがら市場へ行き，昼食と夕食を作るための食料を買う。もし収穫期であれば，午後8時まで帰宅できず，それから9時から10時まで仕事を続ける。

　夕食後には通常，豚と鶏に餌を与え，風呂に入ったあと，子供たちに勉強をするように促す。彼女は，限られた教育しか受けておらず，時間的余裕もないため，子どもたちに勉強を教えることはできない。彼女は，子供たちがしっかり勉強することを心から望んでいる。そのために彼女は，借金をし，他人のために働き，毎月の学費として200万ドン（VND）を支払うためにより広い農地を契約しなければならない。しかし，それでも彼女は子供たちが勉強を続けることを願っている。

　ハイさんは，彼女の夫が家事労働を分担してくれることを望んでいる。しかし，彼女はインタビュアーに語った。「その種の仕事は私にもできますし，大変な仕事ではありません」。彼女はこうも言った。「私たち女性は，座ってくつろいでいる横で夫が働いているのを見ていることはできません。でも，夫はそうすることができます。それはどこの家族でも同じだと思います」。

第7章 「公的労働と家事労働をうまくこなすには，三つの頭と六本の手が必要である」

　ハイさんは印象的な一例だが，この調査に参加した他の男女にも，女性はいつも家事労働と「共にあり」，それゆえ家事労働は女性の規範となってきた，という見方に賛成する人々がいる。しかしインタビューでは，夫や他の家族構成員が家事労働を手伝ったり，その重要性をもっと認識したりすることを期待する女性の声も多く聞かれた。またこの問題について質問された男性たち自身も，家事労働に対する「現代的な (modern)」意見に賛成し，可能な限り妻を助けたいと思っていると筆者らに述べた。

　しかし，家事労働をもっと「平等に」分担するため努力しているかどうかを聞かれた時には，男女ともに矛盾した発言が目立った。彼らが家事労働を分担していると述べるのは，一方で彼らの意識が幾分変化してきていることを表している。他方で，多くの回答者が，特にフォーカス・グループ・ディスカッションの中で認めたのは，一部の仕事が女性向けにできており，女性の方がそれらをよりうまくこなせるということ，そして，男性向けの他の仕事は，女性が望んだとしてもうまくこなせないということである。

> 　農民は，耕作期と収穫期はとても忙しいんです。その時期は，妻はほんとに一生懸命働かなければならないし，男も同じようにしないといけません。それ以外の時期は，妻は家にいて，夫が仕事に出られるよう，稼ぎのない雑用をします。家の備品や電化製品を修理する仕事は，妻も子供たちもうまくできません。男なら簡単にこなせますけどね。だから，男が妻にお金にならない雑用を全部押し付けてる，と言うのは正しくありません。（ダイドン既婚男性のFGDにて）

> 　今は，両親は私たちだけで生活させてくれています。だから，妻が忙しい時は，私が料理や他の家事を全部こなさないといけません。そんな時は全くお金が稼げません。家の雑用をするだけで，まるまる一日費やしてしまうのです。男は不器用だし，女ほど上手ではないから，家事をするのにずっと長い時間がかかってしまうのです。（ダイドン既婚男性のFGDにて）

　また一部の女性は，家事の分担は理想的だが，それも程度問題である，という見方をしている。なぜならば，もし男性が家事労働を「きめ細かく」行わなければならないのなら，彼らは自身の性格さえ変える必要があるからだ。

私もそれは望んでいません。なぜならば，家事はとても具体的できめ細やかなものだし，それを男がやりすぎるのは良くないからです。そのような家事をしているうちに，男性はうるさくなり，もっと要求するようになるでしょう。反対に女性は家事をしなくてよく，家の稼ぎ手になるべきだという意見についても，それでは子供の面倒を見る時間がなくなるでしょうし，良いことではないと思います。それに，そうなるととても疲れるし，生活が混乱してしまいます。私の意見では，家事労働の分担は必要ですし，うまくできる誰かが引き受けるべきです。一人の人に押し付けるべきではありません。（ハドンの二児を持つ 31 歳女性）

　この調査の実証的事実からわかるのは，家事労働が，女性の時間や身体的精神的な力を大量に消費してしまい，リラックスして自分の労働を再生産するためのゆとりをほとんど与えないということである。筆者らが量的，質的調査を通じて接触した全世帯において，家事労働の大部分は常に女性によって担われていた。また，他の家族構成員，特に男性は「補助的な」役割を果たしていただけだった。オークレーが論じたように（Oakley 1987），夫が自分を「補助者」と見ている限り，その責任が誰にかかるのかを想像することは難しくないだろう。

　男性だけでなく，女性自身も，世帯内で女性の方に大きな負担を強いる労働の不平等分業を正当化している。そして，その正当化によって，男らしさと女らしさの支配的言説を強化している。この調査では多くの男性回答者が，「女性の方がこの分野に熟練しているから」大部分の家事労働を担うべきであると信じていた。さらに幾人かの男性は，この種の仕事がより女性に向いているのは，男ができる仕事を女性ができないためだ，と考えていた。同じように，女性回答者の多くが気にしていたのは，もし男性が「女らしい」と思われる仕事をしなければならないとすると，彼らの男らしさが損なわれるだろう，ということである。オークレーによると，こうした見方によって，男性がほとんどの家事労働に携わらなかったり，あるいはほんの少ししか「助け」なかったりする理由が十分に説明されるのだが，それは「彼らの男らしさを保つ」ためなのである（Oakley 1979）。同様に，こうした労働配分や分業のパターンは，男らしさと女らしさの伝統的規範を強化して，夫や夫

第 7 章　「公的労働と家事労働をうまくこなすには，三つの頭と六本の手が必要である」

写真 7-5　無償家事労働をするベトナム人女性⑤　自家消費用の野菜を育てる。

の家族への女性の依存的役割を制度化してゆく。このジェンダー化された関係性は，ジェンダー以外の社会関係や，すべての家族構成員の生活全般を支配するのである。

　筆者らが主張したいのは，1980 年代半ばの市場改革以降も，女性がより多くの家事労働を引き受け続けていることである。世帯が自律的な経済単位となるにつれて，それぞれの世帯は家族構成員，特に夫と妻の間で労働を再配分しなければならないが，それは新しい経済的状況の中で家族の機能を満たすためである。しかし，家族役割のこの変化が，男らしさと女らしさの伝統的文化を強化していることも明らかである。

　先に言及したように，労働力の急速な女性化は国家の公式統計からも明らかである。しかしこの事実は，それぞれの家族における平等の拡大や労働分担を伴っているようには見えない。逆に，ベトナムにおいて経済成長を動かすものとして世帯単位を強調することは，女性たちが，家族に衣食を供給し家事労働を担うという今までの役割をこなさなければならない上に，有償雇用を獲得しないといけないというダブルバインドを課せられやすくなることを意味している。こうした「女性的役割」は，女性の関心や利益を尊重する団体により，急速な発展の嵐の中でも家族を損なわずに保護する手段として

賞賛されてさえいる (Bui 2006)。さらにより悪いことに，国家的なマスメディアの番組は，伝統的なジェンダー役割についてのメッセージを絶え間なく送り出している。例えば，家族関係カウンセラーのディン・ドンは，社会的に認められた男女の役割を強調し，特に理想的な家族福祉との関わりにおいてこの役割を果たすことは決定的に重要だと述べている (Dinh Doan 2007)。彼の言葉を引用する。

> 「夫と彼の妻は『言わく言いがたい力による連帯』であるべきであって，『互助集団』や『コレクティブ』であるべきではない。そのことは，利益と損失の計算，幸福な家庭の中にいっさいその場所を持たない理由を説明する。家族の中で夫と妻が行うべき仕事を示す，分担が明確に示された労働分業の予定表は，不健全な婚姻生活の証拠である。家庭内の雑用は，常に満たされるものではない。しかし，『男は家を作り，女は家庭を作る』という言葉がある。それゆえ女性は，『家庭の火を絶やさないようにする』べきである。あなた方女性は思い出してほしい，夫や子供たちの世話ができるのは，他の多くの女性たちが憧れてきた最高の幸せの一つであることを。あなたが灯した感情の炎は『あなた自身を，そして同じく他の者たちをも暖める』であろうことを忘れてはならない」(Dinh Doan 2007)。

結局，女性は今日，「オフィス・ワークと家事労働の両方をうまくこなす」ような『スーパーウーマン』の称号を勝ち取るために，過度な負担に耐えなければならない。この二重の負担は，ベトナムの女性たちに，健康と若さ，そして余暇をさらに犠牲にすることを要求するのである。

④ 家事労働の貨幣価値

前述のように，この調査のもう一つの目的は，家事労働の経済的価値を算定して，この種の無償労働の貢献について理解を深め，評価を下すことである。

調査では，家事労働の貨幣価値を測定するために，機会費用（世帯の平均所得）と，市場代替費用（ハウスキーパーの原価法）の二つのモデルを採用し

第 7 章　「公的労働と家事労働をうまくこなすには，三つの頭と六本の手が必要である」

表 7-2　調査地に住む女性回答者の月毎，時間毎の平均収入（単位：ドン（VND））

調査地	月毎	時間毎
グエンチャイ	1,687,893	7,033
ダイドン	832,840	3,470

表 7-3　調査地における女性回答者の平均所得に基づいた家事労働の価値計算（単位：ドン（VND））

調査地	一日の労働時間	時給	日毎の貨幣価値	月毎の貨幣価値
グエンチャイ	5.66	7,033	39,806	1,194,185
ダイドン	5.09	3,470	17,663	529,894

た。最初のモデルは，個人が無償労働に従事する時に，その代わりに行えたはずの諸活動を付随する貨幣的・非貨幣的な利益ともども諦めなければならない，という仮定に基づいている（Hamdad 2003）。しかし注意すべきなのは，同じ家事でも誰が行うかによって，支払われる賃金に大きな差が生じうるということだ。なぜならば，人によって従事する仕事が異なるため，賃金レートも異なってくるからである。表 7-2 は，二つの調査地における，妻の月毎および時間毎の平均収入を示している。概して，グエンチャイ地区（都市部）に住む人々は，もう一方のダイドンのコミューン（農村部）に住む人々よりもはるかに多い収入を得ている。

表 7-3 によると，もしグエンチャイの妻が平均約 6 時間家事労働に費やすとすると，彼女は 1 日に約 4 万ドン，1ヶ月にほぼ 120 万ドンも稼ぐことになる。これは，有償労働で実際に手に入れられる彼女の月収にかなり近い。同様に，ダイドンの主婦は 1ヶ月に 50 万ドン以上，すなわち有償労働の約三分の二を稼ぐことができる。

もし時給を世帯所得から払うとすれば，家事労働の価値に幅があることも理解できる。表 7-4 に示されているように，最も低い所得層（月 50 万ドン以下）における，女性の時給は，約 396 ドンでしかない。それゆえ，彼女が家事労働に費やす時間は，ひと月約 5.9 万ドンの金額にしかならない。これに対して，二番目の所得層（50.1 万から 200 万ドン）に含まれる女性は，時給 2,500

第Ⅱ部 〈良妻賢母〉の変奏

表 7-4 所得階層に基づいた家事労働の価値計算（単位：ドン（VND））

所得層	月毎の平均収入	時間毎の平均収入	日毎の家事労働時間	日毎の家事労働の貨幣価値	月毎の家事労働の貨幣価値
500,000 以下	95,140	396	4.95	1,960	58,806
501,000～2,000,000	641,352	2,672	5.3	14,083	422,491
2,001,000～5,000,000	1,403,183	5,847	5.54	32,390	971,704
5,001,000～10,000,000	2,402,879	10,012	5.2	52,162	1,564,875
10,000,000 以上	7,633,333	31,806	4.56	145,033	4,351,000

ドン以上で，約5時間の家事労働に従事することで，ひと月42.2万ドンを稼ぐことができる。同様に，高所得層の女性はより高い時給を得られるため，彼女が家事労働に費やす時間の価値はずっと大きくなるだろう。

　家事労働の価値評価に関する第二のモデルは，市場代替費用である。このモデルは，世帯構成員とその「交代要員」が皆，同じように生産的で責任をもって仕事をするという前提のもとに，家事労働を同一サービスの市場価格に基づいた貨幣価値で評価できると仮定している。このアプローチを支えるもう一つの前提は，家事労働を自分たちで行うと決断することで，世帯が費用を節約できるということである。彼らが節約する額，したがって家事労働をすることで世帯所得へ付加される価値は，市場において同一サービスを購入する費用であり，あるいはその仕事を行うために誰か他の人を雇う費用である（Hamdad 2003）。

　このアプローチは，別の二つの類型に区分できる。それは，(1) 家事に対応する職業についている人々の収入に基づいて無償労働の代替費用を計算する方法，そして (2) 一般的なハウスキーパーの賃金レートに基づいてハウスキーパーを雇用する費用を計算する方法である。ここでは，全ての家事に対応した代替物が市場に存在しているわけではないこと，そして市場において異なる人々がその仕事を引き受ける時には，同一労働に対する賃金レートにも幅があるだろうということを銘記しておくべきである。加えて，ハウスキーパーが行うとは想定しがたいような，そして単一の賃金レートを適用すると適切な価値評価ができないような家事も，まだ多く存在すると思われる

表7-5 調査世帯がハウスキーパーに実際に支払った賃金レートに基づいた家事労働の価値計算

調査地	日毎の家事労働時間	時間毎の家事労働の貨幣価値	日毎の家事労働の貨幣価値	月毎の家事労働の貨幣価値
グエンチャイ	5.66	1,629 ドン	9,220.1 ドン	276,604.2 ドン
ダイドン	5.09	1,046 ドン	5,324.1 ドン	159,724.2 ドン

表7-6 調査地の一般的なハウスキーパーの平均賃金レートに基づいた家事労働の価値計算

調査地	日毎の家事労働時間	時間毎の家事労働の貨幣価値	日毎の家事労働の貨幣価値	月毎の家事労働の貨幣価値
グエンチャイ	5.66	2,500 ドン	14,150 ドン	424,500 ドン
ダイドン	5.09	1,667 ドン	8,485 ドン	254,551 ドン

(Hamdad 2003)。

　以前に述べたように，調査事例の中で家事労働を行うために人を雇った世帯は，わずか33世帯（11%）である。家事労働の担い手を雇うために，グエンチャイの世帯は月当たり平均390,960ドンを，ダイドンの世帯は251,000ドンを支払っていた。それゆえ，グエンチャイとダイドンの時給はそれぞれ1,629ドンと1,046ドンである。もしこの時給を家事労働の価値を評価する基礎として使用するならば，1か月の家事労働の評価額はグエンチャイに住む妻は276,000ドン，ダイドンの妻は160,000ドンとなる（表7-5参照）。

　調査地の一般的なハウスキーパーの平均賃金レートに基づいて，家事労働の価値を算定するとした場合，1か月当たりの家事労働評価額は，グエンチャイの女性で400,000ドン以上，ダイドンの女性で約250,000ドン（表7-6参照）となる。しかし，この評価は決して完全なものとはいえない。なぜなら，家族構成員が家事労働に費やす時間の価値を計算するために，一般的なハウスキーパーの賃金レートを使用するのは不可能だと思われるからである。交代要員の労働条件，生産性そして責任が，本来かなり質的に異なっているのは明らかである。ある回答者はこう述べている。「家庭内の仕事の全てが経済的な価値に置き換えられるわけではない。例えば，育児や子供のケアについては，両親と同じ責任と愛情を持って子供たちの世話ができる人を

雇うことは不可能だろう」。

結　論

　本章において筆者らは，他のすべての社会と同じようにベトナムでも，家事労働が家族と地域社会の生活の双方において重要な役割を演じていることを論じてきた。国家的そして国際的なレベルにおいても，家事労働は巨大な経済的価値を持ちうる。しかし，多くの国において家事労働は大半がジェンダー化されており，女性に過度の負担を強いている。実際に，それは家父長制的抑圧の一形式だとみなされている。1975年にメキシコ，1980年にコペンハーゲン，1985年にナイロビ，そしてさらに最近では1995年に北京で開かれた多くの国際的な女性会議やフォーラムは，女性の「家事の機能」に取り組んできた。これらの会議やフォーラムでは，このジェンダー化された認識が，総じて発展に対する女性の貢献を不可視化してきたという合意に達した。このことは，女性の経済的貢献の多く（1年間ほぼ11兆ドル程度）が極めて低く評価されている，あるいはまったく評価されていないと指摘した，1995年の人間開発報告書によって確認できる。同様に，発展に対する女性の経済的貢献が著しく過小評価されていることで，女性の社会的認知も制限されている。そのため，もし家事労働が主流の経済学の中で説明されるのなら，女性の労働を可視化できるだけでなく，所得配分への理解も深まるだろう。これは，ジェンダー平等に向けてのさらなる一歩となるだろうし，経済的活動についてのより包括的な評価を可能とするだろう（Aslaksen and Koren 1996; CWS 2006; Collas-Monsod 2007）。

　調査から明らかとなったのは，ベトナムでは男性，そして多くの場合女性自身も，家事労働を女性が担うのが当然だとみなしていることである。これは部分的には，ジェンダー社会化のせいであり，それを通して，人はジェンダーにふさわしい振る舞い方を内面化する。これらの仕事が個人の性，ジェンダー，年齢とは無関係であることは，多くの研究者が認めている。とはいうものの，この一般に広がった文化的理解は簡単には取り除かれない。それ

は，最近 50 年間の社会主義的プロパガンダにおいて，ジェンダー平等を達成することへの政府のこだわり，女性教育に関する目覚しい成果，経済活動への高い女性参加などが，繰り返し強調されてきたにもかかわらずそうなのである。ジェンダーが家事労働の配分に影響を与え続けているだけでなく，世帯もまた「ジェンダー工場」として機能している。そこでは，世帯内の仕事の配分を通じて，商品やサービスと一緒にジェンダー概念が作り出されている (Coltrane 2000; Davis et al. 2007)。

皮肉にも，今や国家は，国家統一のために「ベトナムの文化的価値」なるものを保護するという名目で，女性の力をさらに奪うような伝統的勢力に加担している。伝統的家族をその中核とする，ジェンダー化された社会的調和は，政策を通じて推し進められ，制度化さえ行われている。国家統制されたマスメディアは，伝統的ジェンダー役割を賞賛するメッセージを流して，ジェンダー不平等を日常的に祭り上げている。女性たちに家族からも社会からも加わる圧力は，「現代」女性のきらびやかなアイデンティティを彼女たちが獲得するよう強いている。そのアイデンティティとは，ベトナム女性連合が宣伝するように，「ジェンダー平等という目標に向かって懸命に努力しつつ，公的な仕事もでき，家事労働もうまくこなせる」というものである。女性に対するこの新しい役割の強要は，彼女たちが家族と社会によって尊重される「現代」女性となることに失敗するか，もしくは，健康，機会平等，個人の自由を代償にしてこうした仕事を全て完遂するために「三つの頭と六本の手」[2]を持つようになるかのいずれかを選ばざるをえないというジレンマを，女性たちに突きつけているのである。

● 参考文献 ●

Aslaksen, Iulie, Charlotte Koren. 1996. "Unpaid Household Work and the Distribution of Extended Income: The Norwegian Experience." *Feminist Economics* 2(3): 65–80.

Beblo, M. and J.R. Robledo. 2008. "The Wage Gap and the Leisure Gap for Double-earner Couples." *Journal of Population Economics* 21(2): 281–304.

---

2) 「三つの頭と六本の手」は，達成できないほどの大量の仕事を成し遂げないといけない時に，ベトナム人によってよく使われる表現である。

Blair, S.L. and D.T. Lichter. 1991. "Measuring the Division of Household Labor: Gender Segregation of Housework among American Couples." *Journal of Family Issues* 12: 91–113.

Bui, T. Huong. 2006. "Let's Talk about Sex, Baby. An Inquiry into Communication about Sexual Matters between Urban Educated Spouses in Contemporary Vietnam." MSc Thesis, the University of Hull, UK.

Collas-Monsod, S. 2007. Integrating Unpaid Work into Macroeconomics: A Short History and the Phillipine Experience [online]. Available at http://www.casablanca-dream.net/pdf/monsod_unpaidwork_070529.pdf. [Accessed on 3 October 2007].

Coltrane, Scott. 2000. "Research on Household Labor: Modeling and Measuring the Social Embeddedness of Routine Family Work." *Journal of Marriage and the Family* 62: 1208–1233.

Davis, Shannon N. 2003. "Sex Stereotypes in Commercials Targeted toward Children: A Content Analysis." *Sociological Spectrum* 23: 407–424.

Davis, Shannon N., Theodore N. Greenstein and Jennifer P. Gerteisen Marks. 2007. "Effects of Union Type on Division of Household Labor: Do Cohabiting Men Really Perform More Housework?" *Journal of Family Issues* 28: 1246–1272. [online].http://mason.gmu.edu/~sdaviso/Davis,%20Greenstein,%20and%20Marks%202007.pdf

De Vaus, D., M. Gray and D. Stanton. 2003. "Measuring the Value of Unpaid Household, Caring and Voluntary Work of Older Australians." Australian Institute of Family Studies October, p. 24.

Dinh Doan. 2007. Newspaper of Science and Life, 3 September 2007.

Dulaney, R. et al. 1992. "Market Valuation of Household Production." *Journal of Forensic Economics* 5(2): 115–126.

Edgar S. Cahn. 2002. The Non-Monetary Economy [online]. http://www.timebanks.org/documents/Non-MonetaryEconomy.pdf.

Efroymson, D., B. Biswas and S. Ruma. 2007. "The Economic Contribution of Women in Bangladesh through Their Unpaid Labour." In Financial and technical support. *HealthBridge*. Canadian International Development Agency (CIDA). WBB Trust-HealthBridge. Dhaka.

England, P. and N. Fobre. 1999. "The Cost of Caring." *ANNALS of the American Academy of Political and Social Science* 561.

Fahey, S. 1998. "Vietnam's Women in the Renovation Era." In K. Sen and M. Stivens (eds) *Gender and Power in Affluent Asia*. London: Routledge.

Folbre, N. 1996. "Introduction." *Feminist Economics* 2(3): xi–xii.

Gammeltoft, T. 1998. *Women's Bodies, Women's Worries: Health and Family Planning in a Vietnamese Rural Commune*. Surrey: Curzon.

Goodkind, D. 1995. "Rising Gender Inequality in Vietnam since Reunification." *Pacific

Affairs 68(3): 342–359.
Guendozi, J. 2006. " 'Thi Guilt Thing': Balancing Domestic and Professional Roles." *Journal of Marriage and Family* 68: 901–909.
Hamdad, M. 2003. "Valuing Households's Unpaid Work in Canada, 1992 and 1998: Trends and Sources of Change." Statistics Canada Economic Conference.
Hoang, Tu Anh and S. Schuler. 2004. "In Pursuit of the 'Three Criteria': Construction of the Female Gender in Vietnam." In the Collection of Six Papers from the Research on Link between Gender and Sexual and Reproductive Health in Vietnam. Hanoi: the Consultation of Investment in Health Promotion (CIHP).
Hochschild, A. 1989. *The Second Shift*. New York: Viking.（田中和子訳，1990『セカンドシフト 第二の勤務 —— アメリカ共働き革命のいま』朝日新聞社。）
International Research and Training Institute for the Advancement of Women (INSTRAW). "Measurement and Valuation of Unpaid Contribution: Accounting through Time and Output" [online]. Available at http://www.un-instraw.org/en/concepts/other-issues/measurement-and-valuation-of-unpaid-contribution-accounting-through-time-and-output/view.html. [Accessed on 3 October 2007].
International Research and Training Institute for the Advancement of Women (INSTRAW). "Measuring Women's Unpaid Work" [online]. Available at www.un.org/esa/gopher-data/conf/fwcw/pim/feature/2INSTRAW.TXT.
Ironmonger, D. 1989. *Households Work*. Sydney: Allen & Unwin.
―――. 1996. "Counting Outputs, Capital Inputs and Caring Labor: Estimating Gross Household Product." *Feminist Economics* 2(3): 37–64.
Ironmonger, D., F. Soupourmas and P. Newitt. 2003. "Counting and Valuing Household Outputs: Developing Personal Consumption Diaries with Time Use Dimensions." Comparing Time, the 25th IATUR Conference on Time Use Research, 17–19 September 2003 Brussels.
Khuat, T. Hong. 1998. "Study on Sexuality in Vietnam. The Known and Unknown Issues." *Population Council Regional Working Paper*, 11. New York: Population Council.
Le Thi. 1995 (Chu biên). *Gia dinh Viet Nam ngay nay*. Trung tam NCKH ve gia dinh va phu nu.
―――. 2004. *Gia dinh, Phu nu Viet Nam voi Dan so, Van hoa va su Phat trien ben vung* (Families, Women in Vietnam with Issues of Population, Culture and Sustained Development). Hanoi: Social Sciences Publishing House.
Lê Thi Quy. 1994. Ve bao luc không nhin thay duoc trong gia dinh. Tap chi Khoa hoc va Phu nu" So 15 nam 1994.
Le, T. P. Mai. 1998. "Violence and its Consequences for Reproductive Health: The Vietnam Case." *Population Council. Regional Working Paper*, 12. New York: Population Council.
Le, T. Qui. 1996. "Domestic Violence in Vietnam and Efforts to Curb It." In K. Barry (ed.)

Vietnam's Women in Transition. New York: St Martin Press.
Lewis, M.A. 2006. "What to Do about Care Work: Compensate or Facilitate?" [online]. Available at: http://www.usbig.net/papers/166−Lewis-Carework.doc [Accessed on 3 October 2007].
Liu, Y. Chu. 1995. "Women's Labour Participation in Vietnam's Emerging Market Economy." *Are Women Worse off?* Hanoi: AusAID/NCDS.
Long, L.T. et al. 2002. *Changing Gender Relations in Vietnam's Post Doi Moi Era*. Hanoi: The World Bank.
Mahalingam, A., N. Zukewich and K.S. Dixon. 2007. "Conceptual Guide to the Unpaid Work module" [online]. Gender & Work database. Available at http://www.genderwork.ca/cms/displayarticle.php?sid=18&aid=56 [Accessed on 29 September 2007].
Oakley, A. 1974. *The Sociology of Housework*. London: Martin Robertson. Reprinted with new Introduction. Oxford: Basil Blackwell, 1985.（佐藤和枝・渡辺潤訳，1980『家事の社会学』松籟社。）
―――. 1979. *Becoming a Mother*. Oxford: Martin Robertson. (Under the title *From Here to Maternity*. Harmondsworth: Penguin, 1981. Reprinted with new introduction, 1986.)
―――. 2005. *The Ann Oakley Reader: Gender, Women and Social Science*. Bristol: Policy Press.
Pham, D. Huynh et al. 2005. *Viet Nam dua tin ve tinh duc an toan - Phan tich noi dung hai to bao Thanh nien va Nhan dan* (Vietnam and Coverage of Safe Sex- Content Analysis of Youth's and People's Newspapers). AIDS Society of the Philippines, Inc. Philippines: Design Plus Publisher.
Population Council. 1998. "Men's Attitudes towards Family Planning: A Pilot Study in Two Communes of Northern Vietnam." Research Report 8. Hanoi.
Reid, Margaret G. 1934. *Economics of Household Production*. New York: John Wiley and Sons, p. 11.
Robinson, J. and G. Godbey. 1997. *Time for Life*. University Park, PA: Pennsylvania State University Press.
Tran, T. V. Anh and N. Hung Le. 1997. *Women and Doi moi in Vietnam*. Hanoi: Women Publishing House.
Trung tâm nghiên cứu phụ nữ (CWS). 2006. Vai trò giới và lượng hoá giá trị lao động gia đình- Một số giải pháp hỗ trợ xây dựng gia đình thủ đô theo hướng bình đẳng hiện đại. Hà Nội: Trường cán bộ phụ nữ Trung ương.
Tương Lai. 1996. (Chủ biên), Những nghiên cứu Xã hội học về Gia đình Việt Nam. Hà Nội: Nhà xuất bản khoa học và xã hội.
UNDP. 1995. *The Human Development Report*.（国連開発計画編，1995『人間開発報告書1995 ジェンダーと人間開発』国際協力出版会。）
UNESCAP. 2007. "Module Two: Time-use Data and Valuation of Unpaid Work, Measuring

the Value of Unpaid Work." In Guidebook on integrating unpaid work into national policies [online]. Available at http://www.unescap.org/stat/meet/wipuw/9.unpaid_module2.pdf. [Accessed on 3 October 2007].

UNIFEM. 1996. *Valuation of Unpaid Work*. Gender fact sheet no. 3.

UNFPD (United Nations Population Fund). 2003. "Addressing the Reproductive Health Needs and Rights of Young People since ICPD." *The Contribution of UNFPA and IPPF-Vietnam Country Report*. Hanoi: UNFPA.

Vu Manh Loi. 1991. "The Gender Division of Labour in Rural Families in the Red River Delta." *Sociological Studies on the Vietnamese Family*. Department of Sociology, Institute of Sociology, NCSS. Hanoi: Social Sciences Publishing House.

Waring, M. 2003. "Counting for Something! Recognizing Women's Contribution to the Global Economy through Alternative Accounting Systems." *Gender and Development* 11(1).

Yi, Yun-Ae. 1996. "Margaret G. Reid: life and achievement." *Feminist Economics* 2(3): 17-36.

# 第Ⅲ部
越境する妻と労働者

第8章

農家の娘から外国人妻へ
ベトナムの移民送出コミュニティにおける結婚・移住・ジェンダー

ダニエル・ベランジェ，チャン・ジャン・リン，
リ・バック・ズン，クアット・チュ・ホン
（髙谷　幸訳）

はじめに

　1990年代半ば以降，国際結婚をしてベトナムを離れ，夫の住む外国に移住する若年ベトナム女性が増加している。ヨーロッパ，オーストラリア，北米のベトナム人ディアスポラのコミュニティのメンバーと結婚する女性がいる一方で (Thai 2008)，1995年から2009年におけるほとんどの結婚移民は台湾人および韓国人男性と結婚した。台湾で結婚したベトナム人女性はおよそ11万人，韓国で結婚した女性はおよそ25,000人にのぼる。この二つの国で，ベトナム人女性は，中国大陸出身の女性に続き，外国人妻として二番目に大きな集団になる (Bélanger, Lee and Wang 2007)。彼女たちの出身コミュニティでは，結婚移住が「地域限定的な現象」となる場合が多い。結婚移住がパーソナルネットワークを通じて行われることがあるのも一つの原因だが，最大の原因は，結婚移住をビジネスとして取り仕切るブローカーや結婚仲介業者の募集戦略が効果を発揮していることにある (Wang and Chang 2002)。
　本章の目的は，結婚移住の出身コミュニティにおけるジェンダーにとって，近年の移住がもたらしうる重要性を探ることである。移住が，アジアにおけるジェンダーの再配置にいかに貢献しているのかどうかについては，社

201

会変容の要因として移住を検証する近年の探求の主題となってきた。結婚移動，モビリティの関係を調査する諸研究は，アジアにおいてしばしば「移住の女性化」と呼ばれる現象 ── 国際的な移民人口に占める女性の比率の増加 ── のなかで行われてきた (Castles and Miller 2003; Hugo 2005)。

　ジェンダーは，移住のプロセスや経験全体の構成要素として，さまざまな角度から検証されてきた。アジアの移民送出地域を対象とした多くの研究は，男性あるいは女性の労働移動が，移民自身や「残された」世帯メンバーにたいしてどのような影響を及ぼしたかに焦点をあてている。本章において筆者らは，労働移動とは異なる特徴をもつ移住の流れを検証する。このタイプの移住（結婚移住）では，ほとんどの移民が10代後半と20代前半の若い女性であり，彼女たちは，移住後，移住先の国で永住者となる。彼女たちは，その国で働くことが認められており，移住後数年たつと市民権を申請することができる。そして働いている地域で，自分が属するエスニックコミュニティのメンバーとかたまって住みがちな他の移民と違い[1]，自分自身の国際結婚によって「現地の (local)」家族のなかへと導き入れられる。

　本研究は，移民の家族やコミュニティの他の住民の目からみて，移住が移民のジェンダー配置をどのように変えているのかに焦点をあてる。また移民の故郷のコミュニティに暮らす，いわゆる「残された」男性と女性がどのような変化を経験するかについても考察する。筆者らの分析は，2007年に開始した調査，すなわち過去10年間，台湾と韓国に数多くの移民妻を送出してベトナム国内で悪評を買っている南ベトナムの三つのコミュニティにおける調査にもとづいている。この調査では，結婚移民が移民の家族および地元の社会編成に与える影響についてコミュニティの構成員がどう考えているかを探るために，400世帯を対象とした質問紙調査と，13人にたいする質的インタビューが行われた。それによって，調査の参加者が，(1) 移民自身，(2) 移民送出世帯に暮らす女性，(3) 村の若年女性，(4) 結婚可能な年齢の男性という四つの集団の再配置に，結婚移民がどのような影響を及ぼしていると考えているかを明らかにする。したがってこれらのデータは，移民の家

---

1) これは特に工場労働者に当てはまることである。家事労働者も「現地の」世帯で暮らしている。

写真 8-1　韓国男性とベトナム女性の結婚式会場。タイビン地方のホテル。

写真 8-2　台湾人男性と結婚したベトナム人妻と娘。台湾にて。

写真 8-3　自分の店で働くベトナム人妻。台湾にて。

族およびコミュニティの他の構成員（非移民家族とリーダー）にたいし，「変化の対象」としてよりも「変化の主体」としての役割に声を与えるものである。そこで本章では，人々や地元に及ぼす移民の影響を評価するために，移民の家族やコミュニティの他の構成員を中心に扱う。

　調査の結果は，世帯の内部および地元の結婚市場におけるジェンダーおよび権力関係全体にたいして，移民が重要な影響を及ぼしていることを示している。インタビューから得られた体験談や質問紙調査の結果は，移住した娘が，外国に住んでいるにもかかわらず，送金を通じて出身世帯における地位および権力を著しく増大させていることを示唆している。調査結果はまた，結婚の選択肢（地元での結婚か国際結婚か）の増加，社会経済的な上昇移動，国際移動の機会によって，若年単身女性とその家族が，地元での結婚取引に

おける交渉力を高めていることを示している。それとは対照的に，若年男性，特に結婚市場において価値があまりないようにみえる男性は，自分自身を不利と考え，結婚移住を否定的にとらえている。女性の結婚移住によって，移民世帯に属する彼女の姉妹の位置づけは変化するわけではないし，便益を得るわけでもない。しかし移民の母は，仕送りやその使途に力を及ぼしうる。全体として，移民送出コミュニティにおいて，結婚移民の「ジェンダー・バランスシート（貸借対照表）」は，若年女性にとってはジェンダー化された権力関係に肯定的な変化をもたらし，若年男性には否定的な変化をもたらしている。これによって筆者らは，結婚移住は，送出地域，とりわけたくさんの移民を送り出す地域におけるジェンダーを再構成しうると主張する。

　本章では，概念的に重要な点を二つ指摘する。第一に，マクロレベルでは，本章の知見は，相互に関連し合う「結婚のエコノミー」という考え方に依拠している。それは，ある集団のトランスナショナルな結婚が，その結婚移民の出身地域において，別の国際結婚の「通路」を開くというものである。「上昇婚」あるいは単に結婚を目的とした多様な結婚戦略は，「グローバルな結婚および再生産連鎖」と呼ばれるドミノ的な効果を生みだしている。この表現は，家事労働者や子育て労働者による国境の内外における連鎖的な移動を説明する「ケア連鎖」という考え方に倣ったものである。第二に，本章における分析からは，ジェンダーと権力の関係が複雑で不安定で多様な側面をもつことがわかる。つまりここでは，単純な家父長的モデル，あるいは女性の領域内部のヒエラルキー的モデルを超え，権力とジェンダーの関係を論じる。それは，さまざまな年齢集団およびライフコースの各ステージで，男性と女性がおりなすダイナミクスを検証することによって，言い換えれば，権力とジェンダー研究の交差的アプローチを適用することでなされるものである。

1 移民送出コミュニティにおけるジェンダー・移住・社会変化

本章の調査は,「ジェンダー」を移民研究と直接に結びつける文献から着想を得ている。移住のジェンダー化された性質は, ジェンダー化されたポリティカル・エコノミーやグローバルな家父長制のなかに位置づけられるが (Piper and Roces 2003), それは同時にトランスナショナルなジェンダー空間を創りだしている (Danneker 2005)。「ジェンダーは, さまざまな諸実践, アイデンティティ, 諸制度に浸透している」ために, 移住を構成する要素となっている (Hondagneu-Sotelo 2000: 117)。移住を社会変容の要素として概念化することもまた, 本章の中心的な目的である (Schuerkens 2005)。国際移動によってもたらされる社会変化の中には, ジェンダー関係および規範の再構成がある (Danneker 2005, 2009; Rahman 2007, 2009)。国外への出稼ぎや移民は, アジアにおける国内人口の小さな割合しか占めていないかもしれないが, 彼らがジェンダーと社会変容の他の側面に与える地域的なインパクトを無視することはできない。

本章の分析においては, 移住と開発の関係をめぐる最近の議論も参考にしている。Piper (2009) は, これまで広く行われてきた, 主に送金や経済的な影響に焦点をあてた移民研究から距離をおいた, より包括的な「社会的パースペクティブ」が必要だと述べている。彼女は, 近年の研究の方向性を俯瞰し,「開発に及ぼす移住の影響」の検証から「移民の開発への貢献」の探求に変化してきたと指摘する (Piper 2009: 94)。出身国の社会編成にたいする移住の諸効果を問うことは,「移住の社会開発アプローチ」として分類される (Piper 2009: 94)。本章の分析において筆者らは, この新しいレンズを用い, 移民世帯およびコミュニティの移住についての経験に焦点を当てる。このアプローチは, 労働移動がバングラデシュの移民送出コミュニティに与える影響について長期間にわたって研究をしてきた Rahman (2009) によって採用されている。

これまで研究者たちは, 国際移住から生じた世帯内のジェンダー関係の諸

変化について，三つの要因を用いて論じてきた。すなわち（1）労働のジェンダー分業，（2）意思決定への女性の参加，（3）家長としての女性の役割である（Rahman 2007）。これらの研究は，多くの場合，男性親族の国外への移住と送金が，家に残る女性のエンパワーメントを促し，女性の解放に役割を果たしているかどうかの調査を目的としている。

労働のジェンダー分業に関しては，家に残る女性は，追加的な生産的役割を果たす傾向があること，その役割はもともと，移住した夫が担っていたことが経験的証拠から明らかにされている。そこでは女性はもはや，受動的で男性親族に依存した存在とは見なされず，家族の問題を管理するうえで，より能動的で自律した存在としてみなされている（たとえば，Go and Postrado 1986; Gulati 1986; Rahman 2007 参照）。

意思決定における女性の役割を評価する多くの研究は，家族の資源，とりわけ男性親族からの外国送金にたいする女性の力が強まることを立証してきた。バングラデシュにおける Hadi の研究（Hadi 2001）によると，外国送金の流れが，ジェンダー役割，したがって女性の意思決定能力を大きく変える一方で，伝統的な男性の領域が知らず知らずのうちに侵されていることを示している。送金によって，女性たちは資源に直接アクセスできるようになり，またその使途の管理により大きな力を得る。それは，彼女たちの地位を変化させうるものである。先行研究ではまた，送金を管理する力をもつことで，残された妻たちは，一部の家事や農作業に従事する他の人びとを雇い，物理的な労働の重荷から解放されうることも指摘されている（de Haas 2007 によるレビューを参照）。全体として，夫あるいは他の成人男性が不在であるとき，女性たちは，世帯管理における自由と自律の拡大を享受しているようにみえる（Rahman 2009）。結果としてこれは，女性たちが新しい関心をもち，隠された可能性を発見する一助となるかもしれない（Go and Postrado 1986）。スリランカ，インドネシア，インド，フィリピンなどの国々の調査結果からは，女性たちが世帯の内外において自己充足を高め，個人としての成長を経験していることが明らかになっている（Arnold 1992）。

にもかかわらず先行研究のなかには，移住を通じてジェンダーが平等化されるということに疑念を呈するものもある。女性たちは家族の意思決定への

参加，送金の使途の管理および家長になることによっていくらかの自律性を獲得するものの，これらの権力の増大は一時的なものにすぎないという。出身地からはるか遠くにいるにもかかわらず，男性移民は依然として，世帯内の重要な決定や，送金の使途について力を及ぼすことができるのである。一部の研究は，男性が故郷に帰ってくるや否やジェンダー関係が移住前の状態に戻ってしまうことを示唆している（Arnold and Shah 1984; Arnold 1992; de Haas 2007; Hadi 2001）。女性が一時的な家長，決定者，そして家族の主たる労働者という多様な役割および追加的な責任を担うことは，必ずしも，女性の再生産役割の縮小や解放を意味するわけではない。むしろ彼女たちは，心身にいっそうの重荷を背負うことになるのである（de Haas 2007; Go and Postrado 1986; Rahman 2009）。

　女性の移住が送出地域に与える影響について検証した研究はほとんどない。フィリピンの女性移民にかんする研究によれば，送出国の家庭に残る男性は，女性移民が残した役割を代替するわけではない。代わりにその役割は，移住家族の中の他の女性の肩にのしかかる（Asis 2001; 2003）。Danneker (2005; 2009) は，ジェンダー化された権力関係を変容させる能力が移民にはあると強く主張しており，工業およびサービスセクターにおける国際移動の機会が，バングラデシュのようなイスラム社会に根付くジェンダー規範にどれほどの挑戦となり，ジェンダー関係の変容を主導してきたかについて論じている。多くの雇用主は女性労働者の方を好むので，女性移住労働者への需要が高まり，男性の後見人がいなくとも女性も移住し国境を越えてよいという考えを社会的に受け入れさせようとする圧力がかかる。Danneker はまた，「ジェンダー関係の諸変容と再交渉」をもたらすトランスナショナルな影響について論じている（Danneker 2005: 657）。さらに彼女は，「ジェンダー関係の変容はグローバルおよび地域的な移動の本質的な部分であるものの，それはいまだに世界中の政策決定者にも，主要な移民研究の多くにおいても無視されている」と主張する（Danneker 2005: 658）。本章における分析は，このギャップを埋めることに寄与するものである。

　ジェンダーの変化は，移住によって引き起こされる結婚の諸実践および機会の変化からも生じる。インドにおける観察結果では，中東で働いていた単

身男性は，高所得とコミュニティ内での名声ゆえに，地元で暮らす男性と比較して，「プレミアム付き」や「非常に価値の高い花婿」だとみなされることが示されている。同時に，これらの男性が自らのパートナーを選ぶ基準もまた変化している。たとえば，単身の移住労働者はダウリー（持参金）の慣習にあまり関心をもたない。むしろ将来の花嫁の家族の地位，教育および容姿の方を重視するように見える（Gulati 1986）。これらの観察結果を，バングラデシュの農村部の移民世帯に「残された」女性たちにあてはめた Hadi (2001) は，移民の家族の結婚では，ダウリーを拒絶したり減額したりしていることを見出している。さらに，家父長的なアジア社会の文脈のなかで，自らの結婚相手を探す際に男性移民がどのように主体性を発揮するのかという事例も報告されている。外国への移住と外国での稼ぎによって，両親への金銭的依存が低下した単身男性は，見合い結婚という伝統的慣習を拒否するようになる（Rahman 2009）。

　アジアの移民の出身コミュニティにおける移住とジェンダーの関係にかんする研究は，男性および，数は少ないが女性の労働移住にもとづいて着実に積み重ねられている。結婚移住という現象——女性の移住が支配的であり，そこでの入国の様式は，家族の再統合であり，労働契約でない——については，受入国でのプロセスの研究に集中している（たとえば Wang and Bélanger 2008; Lu 2008; Lee 2008; Wang 2007 参照）。ベトナムでは，労働移動は，開発戦略として奨励される一方で，結婚移住は「人身売買」あるいは「女性の商品化」と批判されている。移民たちは，「国家の恥」「国や家族にたいする義務を負わない不義理な娘」として国家によって蔑まれている（Bélanger, Khuat and Wang 2007）。

　これらの否定的な評価から距離をおいた最近の一連の調査は，結婚移民を人身売買の犠牲者としてではなく，彼女ら自身の生を営む「能動的な主体」として位置づけ（Constable 2005; Nakamatsu 2005），「結婚移民」あるいは「外国花嫁」というラベルが，移住先での女性たちの，労働者および市民としての生や貢献をいかに隠蔽しているかを批判する（Piper and Roces 2003）。また Hugo and Nguyen (2007) は，ベトナムからの移民送出世帯にとっての結婚移民の肯定的な側面について記している。ただし彼らは，ジェンダーおよび家

族関係におけるその重要性の検証は行っていない。

2　調　査

　本章の調査は，国境を越えるアジアの結婚と移住が，移民の出身コミュニティにおける社会発展に及ぼす影響を立証することを目指している。筆者らは，2007年8月にカントー (Can Tho) 市（南西ベトナムのメコン川デルタ地域）のトットノット (Thot Not) 地域の三つのコミューン（農村コミュニティ）でデータを収集した。私たちがこの地域を選んだのは，過去10年間にわたる，数多くの結婚移民の出身地だからである。三つのうちの一つのコミューンでは結婚統計が整備されていたが，それによるとこのコミューンでは，1999年から2003年のあいだに1,117件の結婚があり，そのうち半数弱（45%）が外国人男性（ほとんどが台湾人）との結婚だった。同じコミューン内で，1999年から2006年のあいだに765人の女性（2008年の18歳から35歳の女性人口は3,125人である）が，外国人男性と結婚後，外国に移住した。これらのコミューンには，他の種類の外国移住で目立つ動きはないが，男性のなかには近くの都市部やホーチミン市に一時的，循環的な移住を行うものもいる。

　筆者らは，250の結婚移民の送出世帯[2]（これ以降「移民世帯」と表記する）と150の非移民世帯（対照群）の調査を行った。移民世帯は，台湾や韓国の男性と結婚してコミューンを去り，現在はこれら二つの国のいずれかに住んでいる娘をもつ世帯と定義された。移民世帯はいくつかの村落（ハムレット）[3]に集中しているため，筆者らは各コミューンから，東アジア男性と結婚した女性を構成員とする世帯が最も多い三，四の村落を選んだ。選択されたそれぞれの村落では，地方行政当局から提供された世帯リストをもとに，一人かそれ以上の移民がいる世帯といない世帯のランダムサンプリングを

---

[2]　ここで世帯は，同一の住宅を共有している者たちと定義される。一般に結婚している両親と子どもから構成される。夫あるいは妻の両親が結婚した子どもとその核家族と一緒に暮らしている例もある。

[3]　ハムレット（村落）は，コミューンの一部である。

行った。サンプルに含まれた各世帯から一人の成人の回答者（多くの場合，移民の父か母）が選択された。

　筆者らは二つの質問票を作成した。移民世帯向けの質問票には，(1) 世帯の人口および社会経済的な特徴についての一般的な情報，(2) 移民および彼女の国際結婚についての情報，(3) 世帯における結婚移民の影響の評価，特に送金についての情報（金額，受け取り頻度と使途），(4) 世帯の生活条件についての情報，にかんする詳細な質問を含めた。非移民世帯向けの質問票はそれより短く，(1) 世帯の人口および社会経済的な特徴についての一般的な情報，(2) 移住世帯にたいする態度，(3) 世帯の生活条件という項目を含んでいる。

　さらに私たちは，深層インタビューを13回と，フォーカス・グループ・インタビューを3回実施し，37人の村人から話を聞いた。個人インタビューは結婚移民の母と妹および地元の政治指導者層を対象に行った。フォーカス・グループ・ディスカッションは，非移民世帯の代表者，地元の若年単身男性および女性を対象にした。またフィールドワークでは，コミュニティと世帯関係の参与観察や，国境を越えた結婚および移住についてのインフォーマルなディスカッションも実施した。本章における分析は，収集データすべてを参考にしつつ，特にインタビューに拠るものである。

3　ジェンダーの再構成

3-1. 移住した娘

　筆者らは，別の論文において，移民世帯の90％以上が，調査[4]に先立つ12ヶ月以内に移民した娘から送金を受けており，これが世帯収入に大きく貢献していることを示した（Bélanger and Tran 2009; Tran 2008）。女性たちの金

---

[4]　より多くの世帯サンプルを対象に，HugoとNguyenが分析した調査では，世帯の88％が娘から仕送りを受けたと回答していた（Hugo and Nguyen 2007: 382）。この調査もまた，世帯収入全体に仕送りが大きな影響を及ぼすと指摘している。

銭的貢献は、移民世帯における権力とジェンダー関係の再構成につながっている。とりわけ、以下の母親が表明しているように、移民は意思決定に積極的に参加している。

> 以前、私の娘が何もお金を稼いでいなかったときは、私は彼女に決して何も尋ねませんでした。私自身であらゆる決定を行っていたものです……。今は、彼女が家族全体を支えている一人なので、私は、高価な家具を買うことや家を建てること、息子の結婚を準備すること、あるいは小さなお店を開くことといった家族の問題を彼女に相談しなければなりません。相談すれば、彼女は私にお金を送ってきます（ホア、48歳）。

結婚して外国に行った娘は、土地の購入、高価な資産の購入あるいは家を建てることのような家族の経済的福祉にかんする決定に参加していただけではなく、教育、健康、他の家族構成員の結婚を含む家族生活の社会的側面においても、ある程度の権限を行使していた。ある移民妻の妹であるクックは、学校に通うにあたって姉が与えてくれた犠牲と投資に感謝していた。

> インタビュアー：以前、あなたの家族は家族の問題にかんしてお姉さんに意見を聞いていましたか。
> クック：ほとんど聞いたことはありませんでした。
> インタビュアー：今はどうですか？
> クック：よく、私の学費について彼女にお願いしています。［……］彼女は、もしまだ学校を続けたいならば、私のために何とかしようと言ってくれました。私の家族は昔、多くの経済上の問題を抱えていました。私の姉は、私たちが学校をやめなくてもすむよう、犠牲にならなければなりませんでした。［……］彼女は、将来自立できるように、学校でよく勉強しなさいと励ましてくれます（クック、20歳）。

別の例では、移民の母の発言から、家にいる家族構成員の結婚にかんして、娘が力をもっていることがわかる。

> インタビュアー：あなたは、息子の結婚にかんして娘の意見を求めましたか？
> アイ：もちろんです。私たちは一緒に話し合いました。彼女の弟の結婚を祝

第Ⅲ部　越境する妻と労働者

写真 8-4　送出家族の家①　母親によれば，娘は 1 年前に台湾男性に嫁いだが，家で家事をするため外で働くことを許されないので，送金ができないという。家は古いままである。メコンデルタのカントー市。

写真 8-5　送出家族の家②　娘の夫になった台湾男性の送金により新しい家を建てた。カントー市。

写真 8-6　②の家の幸せそうな両親。

写真 8-7　送出家族の家③　韓国男性の妻になった娘からの仕送りで建てた家。北部のハイフォン市。北部からの結婚移民は，貧困からの脱出のためというより，比較的ゆとりのある家族が投資のために行い，豪華な家を建てる傾向がある。気温の下がる北部は南部よりも頑丈な家屋を建てる習慣があることも関係しているだろう。

第 8 章 農家の娘から外国人妻へ

うために使ったお金は，すべてすべて彼女が出しました。実際，私の息子は，彼女のお金がなくては結婚できなかったでしょう（アイ，59 歳）。

タムやアイが言うように，移住した娘は，家族の意思決定に関わることと，出身家族における送金の使い途を管理することによって，ある程度の権力を獲得した。

もし私の母が高額のものを購入したいなら，母は（外国で結婚した）私の姉の許可を得ると同時に，仕送りをするよう頼むでしょう［……］姉が許可しなければ，私の母はもう一度考え，代わりに別のものを買おうとするでしょう（タム，移民妻の妹，18 歳）。

通常は，彼女（移民妻）のお金を使って私が何か買ったりしなければならない場合［……］あるいは彼女の弟にお金をあげる場合，私は彼女の了解を得ます。なぜお金を使ってしまったのかと，思われないようにするためです。ときどきは彼女に，私が欲しくはないものを買うように言われたり，私が買いたいと思うものについてダメと言われたりします［……］私が自分のものを買うためにお金を使うとしたら，彼女は決して許してくれないでしょう（アイ，移民妻の母，59 歳）。

フォーカス・グループ・ディスカッションを通じて集められた非移民世帯および地元の他の人びとの体験談は，移民女性が彼女らの出身家族に影響をもっているという広く共有されている確信を裏付けていた。ディスカッションへの参加者は，国際結婚の結果として生じた娘の位置の驚くべき変化——権力をもたない状態から権力をもつ状態へ——について次のように述べた。「今や娘はたくさんのお金を家に仕送りしているので，何もかも彼女の承認を得なくてはならず，家族の誰もが彼女に従わなければならない」。「お金をもつことは威信と権限をもつことを意味する」。「もし家族が何かを買いたいならば，彼女に電話して仕送りを頼まなければならない」。

一部のケースでは，移民したものの送金できなかった娘は，他の家族のようにお金を受け取ることができないことに憤慨した家族たちに非難されていた。

参加者 No. 2：近所にそういう家があります。その貧しい家族は，娘を台湾人男性と結婚させました［……］彼女が家を出たあと何年も経ってから駅で娘を迎えたとき，母親は，彼女が家に何かを持ち帰ったかどうか心配そうに尋ねました。しかし娘が，家にお金を持ち帰らなかったと言ったとき，母親は彼女とそれ以上話をしようとはしませんでした。娘は，自分がお金を持っていなかったので，母がそのような扱いをしたと考えました。その後，彼女は台湾に戻り，6年か7年，家にお金を送りませんでした（非移民世帯によるフォーカス・グループ・ディスカッション）。

フォーカス・グループ・ディスカッションでは，世代間に生じる緊張についてさまざまな指摘がなされた。緊張関係は，故郷の両親や親戚にたいして，移民が軽蔑した態度をとっているように見えることに起因しているのかもしれない。

参加者 No. 3：対立といえば，台湾人と結婚した女性とその父親とのあいだに対立が起きました。彼女にまだお金があったある頃，家に里帰りしました。彼女はただ遊びふけるばかりでした。父親は彼女に忠告しようとしましたが，彼女は親の言うことを聞きませんでした。父親と口論になったとき，彼女は，自分のおかげで，父親はお金を使うことができるとさえ言ったのです。そして彼女は，台湾に戻ってももうお金を送るつもりはないと言いました。お金をもつ女性のなかには，両親や兄弟姉妹や一族にひどい仕打ちをする人もいます（非移民世帯によるフォーカス・グループ・ディスカッション）。

このような状況にくわえて，次の例のように，家族内の緊張は，出身国の家族が，娘への感謝の気持ちを十分にもっていなかったり，送金を無駄使いしたりすることにも起因している。

参加者 No. 9：私は，家に里帰りしたときに大泣きした女性たちを知っています。彼女たちは，自分が家に送るお金を稼ぐために，移民した先で何年も一生懸命働いてきたことを両親は知っているのかと尋ねました……家に残るものは，彼女たちが稼いで家に送金をすることがどれだけ難しいのかを理解していませんでした。家族のなかにはもう働かなくなったものもいます。彼らは，遊びほうけ無分別に送金を使っているだけです。彼らはお金を貯めようとは決して思いません［……］私は彼女たちがかわいそうだと思います。彼

女たちはずっと泣いています（非移民世帯によるフォーカス・グループ・ディスカッション）。

　筆者らは別の論文において，送金によって，移民世帯の家族構成員が日常の出費を依存するようになり，仕事をすることの必要性が薄れ，消費水準が高まるという結果につながることが多いことを立証した（Bélanger and Tran 2009; Tran 2008）。送金がもたらすこれらのマイナスの影響は，より長期にわたって送金し続けねばならないという圧力を女性たちにかける可能性もある。シンガポールで一時的な移住労働に従事したバングラデシュ人男性を対象とした調査において Rahman（2007）が指摘したように，送金を受ける世帯のなかには，「外国での稼ぎ」を容易なことと錯覚し，それゆえ安易に使えると信じる者もいる。

　全体としてみると，送金は移民の地位の向上につながっていた。しかしときに，十分な送金ができなかった者は拒絶され，家族の中に対立が生じた。私たちが調査した250世帯の90％以上は送金を受け取っていたため，これらのサンプルからは，送金が，出身世帯における移民の地位に肯定的な影響を及ぼしていることが示唆される。

　移住後の移民の地位は，単に送金のみに依存しているのではなかった。筆者らが次に説明するように，アジアの豊かな国に住む移民妻のような移民は，世渡り上手でモダンな女性になりたいと憧れる若い単身女性の役割モデルとなっている。地位は，先進国の居住者あるいは市民であることに関わっており，彼女たちが「韓国に住んでいる」あるいは「台湾で結婚している」こともまた，故郷での女性たちの地位の向上に貢献している。

3-2．移民世帯の女性

　国際移住と送金が，移住した女性たちの権力を強化する場合がある一方で，これらはまた出身家族内における家父長的なジェンダー関係にも異議を申し立て，それが家族の他の女性たちの権力を強化させることにつながっているだろうか。この疑問に答えるために，私たちは，非移民の女性（ほとん

表 8-1 ある世帯の構成員が結婚移住した後，家族の意思決定における世帯内の女性の役割がどう変化したかについての評価

	移民女性	家にいる他の女性
よくなった/増加	32.9	10.9
影響なし/同じ	61.6	85.6
悪くなった/減少	5.4	3.7
全体	100.0	100.0

どは母や姉妹）が家族の問題にかんして主要な決定を行うことができるのか，また女性親族からの送金を受け取ったり使ったりする権限をもっているのかについて調査を行った。

調査では，移民世帯からの回答者に，意思決定における移民女性と家族内の他の女性の役割について，移住の前後で比較するよう求めた。表 8-1 に示したように，意思決定における女性の役割にかんしては，世帯にとどまっている女性よりも移住した女性の方に，大きな変化が認められた。

移民女性の母と姉妹にたいする深層的な個人インタビューからは，送金は，主に，姉妹ではなく母や父によって受け取られ，管理されていることが明らかになった。たとえば，移民妻の妹であるファンにたいするインタビューで，彼女は以下のように答えている。

> インタビュアー：誰が主に（外国で結婚した）あなたのお姉さんからの仕送りを受け取るのですか。
> ファン：お金を受け取り，管理するのは母です。
> インタビュアー：送金の使い途を主に決めるのは誰ですか？
> ファン：母はよく，たとえば電動スクーターを買うかどうかなど，父に相談します。しかし主要な決定者は母です。
> インタビュアー：あなたのお母さんは，家族の問題について，あなたの意見をよく聞きますか。
> ファン：聞かれることはほとんどありません。たとえばもし母が私や私の兄弟にお金をあげたいと思うときは，母は私の姉に電話しなければなりません。姉が同意してはじめて，母はそれを決定します（ファン，18 歳）。

家への送金を管理している主体について調査すると，世帯の40％は女性の家族構成員だと答え，55％は男性の家族構成員だと回答した。インタビューの結果は，その女性の家族構成員とは，ほとんどが年長の女性，一般的には移民妻の母親であることを示している。

インタビュー対象者はまた，結婚移住結果として，移民世帯の女性構成員，特に姉妹が，自分の仕事量がいかに増えたかについても話した。たとえばクックは，移住以前は姉がしていた家事を，自分自身が引き受けなくてはならなくなったと話した。

> （外国で結婚した）私の姉は一日の半分は仕事をして，残りは母親を手伝って家事をしていたものでした。彼女はとても従順で働き者でした。［……］彼女が家を出たとき，私の家族はすべてを組織し直さなければなりませんでした。私の兄弟はすでに結婚していて家から離れて住んでいます。今やここに住んでいるのは，私の母と私だけです。だから私は料理，家の掃除や母がもっている小さなお店の手伝いのような，以前は姉がしていたことをする責任を果たさなければなりません（クック，20歳）。

これを要約すれば，送金がどのように管理されるかは，年長者を優先する世代間の権力関係に対応している。家に残る若い女性（その大部分は移住した女性の姉妹）は，世帯の生活や仕事にかんするかぎり，姉妹の移住から便益を得ているようには見えなかった。彼女たちは多くの場合，不在となった姉妹の穴埋めをしなければならなかった。一方で，もし彼女たちの姉妹が地元で結婚していたならば，労働など現物による手助けはできたであろうが，移住した場合と同じような経済的な支援はできなかっただろう。

3-3. 若年単身女性

集められた体験談から，移住した女性の姉妹は，外国での結婚を強く望んでいることが明らかになった。たとえば，最近高校を卒業したファンとタムは，他の国の男性より台湾人男性と結婚したいと答えた。

> ときどき（外国で結婚した）私の姉に，誰か私にあう人を探してもらえないか話します。そうすれば，私は姉の近くに住み，姉と同じように，家族を助け，自分の視野を広げることができます。[……]私は，母にも，自分が結婚できる年齢になり，十分な条件が整ったら，姉のように外国に行くつもりだと話しました（ファン，18歳）。

> 私は両親をもっと助けられるので外国人男性と結婚したいと思います。[……]私は外国に行きたいのです。[……]けれどもまだふさわしい相手は見つかっていません。結婚したら，その後すぐに外国に行くつもりです。近くで暮らすことができるので，姉も，私が姉のように台湾人男性と結婚することを望んでいます（タム，20歳）。

成功した国際結婚を目の当たりにして，村の単身女性のあいだでは，国際結婚願望が強くなっている。これらの女性は，姉妹の国際結婚を理想化しており，姉妹がジェンダー平等を経験していると信じていた。彼女たちは，姉妹は世渡りがうまく，モダンな生活を送っていると想像していた。

> 私は，姉が以前よりきれいで，ふっくらとして（肯定的特徴），オシャレになったと思います。彼女は，私に，たくさんの美しい場所に旅行したと話してくれました。[……]私は，将来，自分が姉のようになれたらと考えています（タム，20歳）。

同様に，クックにたいするインタビューからの次の引用は，彼女が，姉の影響から外国人夫にたいして肯定的な見方をするようになり，外国での将来性のある生活を想像し始めたことを示している。

> 私は，（外国で結婚した）姉がいないので寂しいし，心配でたまりません。しかし姉の夢がかなったので，彼女にとってはよかったと感じています。[……]姉は，私に外国人男性は家族のことを大切にすると話してくれたので，私も外国人男性がいいと考えています。それに，新しいこと，新しい外国の言葉や新しいライフスタイルをたくさん学ぶことができるでしょう（クック，20歳）。

女性の国際移動が進み，特に移民世帯に残された若い女性，そして一般的

第8章　農家の娘から外国人妻へ

にはコミュニティ内部の地元女性が抱く結婚の展望は変容している。言い換えれば，ある女性の家族構成員が結婚移住をすると，家に残る女性のあいだにはしばしば，「雪だるま式に増える，模倣効果 (snowballing, imitation effect)」(Palriwala and Uberoi 2005: xviii) が生じる。第一に，移民世帯の家族の社会的・経済的地位が向上することで，若い女性親族はよりよい結婚の展望をもてるようになる。移住した女性の両親と同様に姉妹も，花婿候補を選ぶ際に，より高い期待を抱くようになる。送金を受け取る世帯は，社会的・経済的な地位の変化を経験し，それゆえに，他の娘の将来の夫としてよりよい条件の人を検討できるようになる。たとえば，姉が国際結婚したファンは，どのような人が将来の夫としてよいかについて次のように話す。

> 最も重要なことには，彼は安定した職業に就いていなければなりません。［……］彼はハンサムである必要はありません。それよりも裕福な家族の出身で，私が自分の家族を援助できるようになる方がずっといいです［……］彼の家族は，（社会経済的な地位にかんして）私の家族より下であってはなりません。姉がしてきたのと同じくらい，自分が自分の家族を援助できるかどうかはわかりませんが（ファン，18歳）。

ファンの将来の伴侶にたいする基準から，彼女が価値を置いているのは，雇用，経済的安定性，同等の社会的地位であることがわかる。同様に，娘の婿を選ぶとした場合，ベトナム人男性あるいは台湾人男性のどちらがいいかという質問にたいして，移民妻の母であるアイは，自らの望みを次のように表現する。

> 娘が地元の男性と結婚することを望むのであれば，私がそれを許可するのは，将来の夫がまともで，ある程度裕福な場合だけでしょう。そうでなければ，台湾人が義理の息子となる方がいいです（アイ，59歳）。

外国で結婚した娘をもつ別の母親は，二人の結婚適齢期の娘が，以前と比べてより選り好みをするようになったという。

> 私には，外国で結婚した一人のほかに，工場で働く23歳と24歳の二人の娘がいます。どちらも私に，外国人男性と結婚したいと言います。そして，ベ

トナム人男性とは結婚しないと言いはります。ある人が，二人の娘のうちの一人に，交通警察官を紹介してくれました。彼は巡査の地位にあるそうです。しかし彼女は断りました。［……］昔なら，私の家は貧しかったので，彼女たちは，そのように選り好みをあえてしようとは思わなかったでしょう（タム，59歳）。

　この地域では，国際結婚移住が盛んになり，これがライフコースにおける正統な選択肢となっている。地元で結婚する女性にとって，結婚の選択肢（国際結婚でも地元の人とでも）が広がり，有利な結婚の展望が開けたことは，移住によってもたらされる経済的および人口的変化と関係している。このように調査対象地の女性たちには，結婚の選択肢が多い一方で，男性はそうではない。形勢が逆転したことはグループディスカッションでの話し合いからも明らかである。

　　インタビュアー：将来の夫を選ぶ基準は何ですか。
　　参加者 No. 5：まともで安定した仕事に就いている人です［……］彼の家族も裕福でなければなりません。
　　参加者 No. 1：将来の夫にたいする私たちの基準は高くなっていると思います。昔は，仕事のない男性でも妻を見つけることができました。しかし今や，貧しくて無職の男性でもいいという女性はほとんどいません。花嫁は無職でもいいですが，花婿は仕事をしていなければなりません（地元の若年単身女性によるフォーカス・グループ・ディスカッション）。
　　参加者 No. 9：女性の価値は上がりました。ろくに読み書きができず貧しい女性でも，台湾人男性と簡単に結婚できるのです［……］。女性は結婚相手に，外国人男性とベトナム人男性のどちらかを選ぶこともできます［……］。私たちの村には，未婚女性はほとんど残っていません。若く美しい女性の大半は，すでに外国人男性によって選ばれてしまいました。一方で，残されたものはベトナム人男性と結婚しました。
　　参加者 No. 8：一般的に言って，今日の女性は夫を選ぶ権利をもっています。ベトナム人夫と結婚するならば，お金か仕事のある者を選ぶに違いありません。貧しいベトナム人夫をもつよりは台湾人男性と結婚する方がよいのです（非移民世帯によるフォーカス・グループ・ディスカッション）。

　男性よりも若い女性の数が少ないということは，結婚の取引における力関

係を変えてしまった。若い女性とその両親は，地元男性と結婚する際に，花嫁と家族に贈られる婚資（あるいは「間接的なダウリー」）の額を上げるよう交渉することによって，地元の結婚の風習に異議を唱え始めた。花婿の家族が支払う婚資は，新婚夫婦が世帯をもつ際に使われるからである。彼らは，国際結婚移民の出現以前は，そのような交渉力をもっていなかった。調査の参加者は，近年，花婿の家族が負担する婚資や結婚費用が上昇していると述べた。たとえば，タムは，彼女のコミューンにおける婚資上昇の実態について詳しく説明してくれた。

> 花嫁の家族は，前より多くの婚資を要求するようになっています。たとえば，1テールではなく2テールの金[5] を要求します。[……] 昔は，花嫁の家族は，花婿の家族から提供されたどんな額の婚資でも受け入れたものでした。彼らは異議を申し立てたりはしませんでした（タム，20歳）。

さらにタムは，台湾人と結婚できるようになり，地元女性の価値が高まったという認識が，婚資の額を押し上げているとも述べた。この点で非常に印象的だったのは，非移民世帯のフォーカス・グループ・ディスカッションへの参加者の体験談だった。

> 参加者 No. 9：教育を受けていない男性のなかには，妻を探しにはるか遠方まで行かねばならない者もいます。私の甥のひとりもそうでした。その甥は，花嫁の家族の要求がとても高かったので，地元の女性とは結婚できなかったのです［……］この地域では，男性が結婚するためには，約3あるいは4テールの金が必要です。お金をあまり持っていない男性は，結婚することが困難です。さらに，ここの女性は，もはや教育を受けていない男性を相手にはしません（非移民世帯によるフォーカス・グループ・ディスカッション）。

3-4. 若年単身男性

多くの地元女性が外国人夫を選ぶもう一つの理由としてよく挙げられるの

---

5) 1テール（タエル）は37.5グラム。金はいざというときに現金に換えられる資産として与えられる。それはまた地位の印でもある。過去には，金は，貿易や購入の通貨として使われた。

は，ベトナム人男性にたいする否定的な見方である。地元の男性は，調査への参加者によって「遊んでばかりの男性」「酔っぱらい男性」「責任感のない男性」あるいは「暴力をふるう男性」などと分類されることが多かった。女性は，外国人男性，あるいは地元の男性との結婚をはかりにかけていた。クックは地元の男性について次のように言っているが，同じような意見は他にも見受けられた。

> 私は，ベトナム人より外国人男性と結婚したいです［……］なぜなら，ここのベトナム人の男たちは遊んでばかりいて，お酒をたくさん飲むからです。彼らは，家族のことをまったく気にかけません。酔うと，彼らは妻や子どもに暴力をふるったりさえします［……］率直に言えば，外国人男性と結婚したら，私はよりよい生活ができるだろうし家族も援助できます（クック，18歳）。

年長の世代の意見をみても，移民妻の母であるタムが地元男性にたいする不満を述べていた。

> 本当に情けないです！　ベトナムの男たちは，遊びにふけって飲んで浮かれ騒ぐことしか知りません。彼らはお金を稼ぐことを知らないのです。彼らは，妻や子どもを叩いたりさえします。ですからここの女性は，男性にたいしてたくさんの不満をもっているのです（タム，59歳）。

これらの話を総合すると，結婚による女性の国際移動によって，地元女性のあいだでは国際結婚への願望が高まり，彼女たちの結婚の展望も変化している。同時にこれは，既存のジェンダー関係への異議申し立てとなり，世帯内およびコミュニティ内の双方における女性の地位を向上させてきた。地元女性の国際結婚移住が，地元男性の結婚に影響を与えているかどうかについての村人の認識を調べるために，筆者らは，移民世帯と非移民世帯の双方に対する質問票に，それにかんする質問を一つ含めた。表8-2に示したように，400世帯のうち半分以上が，地元男性は結婚にあたって困難に直面しており，仕方なく，コミュニティの外で妻を探さねばならないと回答した（調査地域では，男性にとって同族結婚が好まれていた）。

個人インタビューとグループディスカッションにおける多くの回答では，

表8-2 女性の結婚移住が地元男性の結婚に及ぼす影響の評価

	回答数	割合（％）
影響なし	194	48.7
結婚が困難だった	147	36.7
コミュニティ以外で妻を見つけなければならなかった	53	13.3
その他	6	1.3
全体	400	100

地元男性にとって結婚市場がますます限られているという共通の経験が示された。地元の単身男性によるフォーカス・グループ・ディスカッションでは，地元女性の大量移住を悲観したり，結婚の可能性が[6]限られていることを心配したりする気持ちが現われている。

　　参加者 No. 1：とても悲しいです。地元の若くてかわいい女性はもうほとんど，結婚して外国にいます。私たち貧しい男性は，本当に結婚することが難しいです。私は「売れ残って」いるのです（私は年をとり，未婚のままです）[……]友だちの多くも，そのような厳しい状況に陥っています。彼らの多くはドンタップ（Dong Thap）省やアンギアン（An Giang）省，あるいはその近くのコミューンで妻を見つけなくてはなりません。私もそうしようかと考えています。

　　参加者 No. 4：ここの女性は，正直に言えば［……］たとえば，私は貧しく生活が安定していないので，もちろん誰も私と結婚したいとは思いません。ですから女性たちは私にたいしてはっきりとこう言います。生活が不安定だから妻を養うことはできない，だからよりよい生活を送って家族を養うために，外国人男性と結婚する方がいいと。そうすれば，彼女たちは一生懸命働く必要はありません［……］一方で，ここのベトナム人夫は，毎月ほんの少ししか稼ぐことはできません［……］結果として，私たちベトナム人男性は，この苦い事実を受け入れなければなりません。私の友人の多くも同じような状況に陥っています（地元の単身男性によるフォーカス・グループ・ディスカッション）。

---

[6] Hugo と Nguyen も，彼らの調査地において，単身男性が同じような意見を述べたと報告している。Hugo and Nguyen (2007: 384) 参照。

これらの引用から明らかなように，女性による外国移住の劇的な増加によって，将来の花婿の経済的および雇用上の地位にたいする期待が高まった。婚資が高額になることによって，貧しい男性が結婚することはより難しくなっている。彼らは結婚するには，劣っていて，望ましくないと見なされている。特に衝撃的なのは，自分自身を「売れ残り」の存在だと評していた26歳の男性の認識である。結婚資金を準備できない場合は，それに代わる戦略として，若い女性がまだいて，婚資がほとんど，あるいはまったく要求されない他の地域，一般的には辺ぴな地域で「より安い」妻を見つけることである。

> 参加者 No. 6：昔は女性が「売れ残った」ものでしたが，今や，男性の方が売れ残るようになりました。私たちには結婚相手となる女性がいません［……］。ここでは男性の方が数多く「売れ残って」いる傾向があります。妻を見つけるために山奥にまで行かなければならない者もいます。たとえばツー叔父さんの息子がそうです。
> 参加者 No. 5：彼ら（地元男性）は，お金にどん欲な女性は外国人男性と結婚すると言います。彼らは貧しいので，誰も彼らと結婚したいと思いません（地元の若年単身女性によるフォーカス・グループ・ディスカッション）。

こうして移民世帯の両親は，娘は外国人男性と結婚し，息子の嫁を見つけることは難しくなるという，矛盾した状況に直面する。

> ときどき私も考えます。たとえば，もし私が息子の妻を探そうとしても，見つけるのは難しいでしょう。というのも，ここの女性はみんな，外国人と結婚してしまったように思えるからです。まだ他のコミューンなら女性がまだいるかもしれませんが（アイ，59歳）。

　ある地元のリーダーは，地元の結婚市場の変化が心配だと述べ，コミュニティの男女の比率が不均衡になっていることを説明した。

> 私から見ると，国際結婚移住という現象は少し心配です。多くの女性が外国で結婚するので，私たちのコミューンにおける男女比率はいびつになっているようです。女性が足りない一方で，男性は余っています。その結果，男性

は結婚するにあたって困難に直面しています。たとえば，家族が経済的に苦しい状況にある者は，妻を見つけることができません（フアン，法務局のコミューン担当官）。

これらの例からも，台湾人および韓国人男性がベトナムから花嫁を「輸入」しているために，調査対象地のベトナム人男性が「結婚難」を経験していることがわかる。Davin (2007) が中国での調査において指摘するように，花嫁候補の不足は，価値の変容（花婚の教育レベルにたいする期待の高まりや，女性からの高額な婚資の要求など）とあわせて，男性のあいだで結婚の見込みを減少させる。筆者らの調査対象地のベトナム人男性には，トランスナショナルな結婚市場で妻を見つける見込みはなかった (Palriwala and Uberoi 2005)。その代わりにできるのは，国内の近くの地域，通常は自分のところよりも貧しい地域で妻を見つけることだけだった。

3-5. 息子と娘の再定義

調査対象地のコミュニティにおいて，結婚移住がジェンダーにどう影響するかの「決算」は，村人が，娘と比較した場合の息子の価値や地位をどう評価しているかに，実によく表れている。調査参加者たちは，娘には国際移住し両親を援助する可能性があるので，息子の優位性は以前より弱まっていると思っているようであった。

> 参加者 No. 3：私の意見では，娘は台湾人と結婚でき，家族を経済的に助けることができるので，今や息子より娘の方がいいです。息子たちは家族を助けるより遊ぶことに関心をもっています。
> 参加者 No. 2：その通りです。今や娘がいるほうが有利なのです（非移民世帯によるフォーカス・グループ・ディスカッション）。

フエが説明するように，調査対象地域では村人とコミューンの行政当局のいずれもが，女性が望まれていると述べた。

> 最近では，この地域に住む親は息子より娘の方がいいと思っています。なぜ

なら娘はよりお金を稼ぎ，家族を支えることができるからです（フエ，コミューンの女性団体の代表）。

両親に仕送りができる娘をもつことの恩恵をめぐる議論がある一方で，農民たちが指摘する，息子の象徴的な価値もまた維持されている。

> 参加者 No. 6：私の意見はこうです。外国で結婚した女性は，家を出ていきます。彼女たちはお金を稼ぎ，家族を支えるために仕送りをします。しかし息子たちもまだ，家系を維持し，家にいる両親の面倒をみるために必要とされているのです。これも同じように重要です（非移民世帯によるフォーカス・グループ・ディスカッション）。

これらの意見は，息子との比較における娘の価値をめぐって，重要な社会変化が生じていることを示している（Bélanger and Pendakis 2009 も参照のこと）。第一に，ベトナムでは，息子の優位性は十分に立証されており，それは最近でも女性不足が増大していることによって裏付けられている（男児の出生数の方が女児より多い出生性比の不均衡，Bélanger and Khuat 2009 参照）。対照的に，国内であれ国外であれ，若い女性が移住の機会を得ることは，家族のなかの娘の位置づけを変える。それは多くの場合，送金という形での彼女たちの金銭的な貢献によって，彼女たちの地位が向上するからである。結果として，娘や息子の社会的な解釈も変化し，過去と比較すると娘の価値が上昇している。要約すれば，筆者らの調査参加者が，娘に国際移住の機会があることと結びつけて，［子どもをもつならば］娘の方が望ましいと述べる傾向がみられることは，息子と娘の価値をめぐる社会的な解釈が，移住によって変化しうるという可能性を示している。

結　　論

筆者らの調査結果は，一方で，女性の国際移住が移民送出コミュニティにおけるジェンダーと権力関係を変容させる強力な要素となりうることを示している。他方で，出身家族にたいする女性の強い責任感や，継続的に送金し

ようとする努力は，ジェンダー不平等や娘の従属を再生産しているともいえる。実際，受入国に身を置いた女性は，自分自身がより家父長的な環境におかれていることに気づく可能性もある。台湾や韓国の女性の労働参加率は，ベトナムと比較すると低い。ブローカーは，ベトナム人花嫁をおとなしく，従順で，純粋なものとして売り込む。したがって，女性が家庭の外で働いて自立したいと希望したときには，対立も起こりうる (Lu 2008)。配偶者との年齢差は大きく，とりわけ韓国では，女性は平均して夫より 17 歳若い (2004年のデータ；Kim, 2007 参照)。多くの場合，夫とその両親は，女性が子どもを産むことを切望し，彼女が家にいて，家事労働をすることを望む (Bélanger, Tran and Le 2011)。逃亡を恐れる家族が外国人妻のパスポートを取り上げたり，彼女に外を出歩いたりほかの人と関わりをもったりすることを禁じるようなさらにひどいケースもある (Bélanger, Lee and Wang 2010; Wang 2007)。故郷で移民妻の地位が上昇しても，必ずしも受入国で同様の変化が並行して起きるわけではない。移住経験がジェンダーの次元において故郷と移住国とでは異なる働きをすることは，故郷での移民妻の地位を議論する際に，視野にいれておく必要がある。

　女性移民自身にかんしてはこれらの注意点があるものの，地元レベルでの社会変化は重要で，移住は，男性より女性に有利に働いていることが明確に示されている。とりわけ，貧しく若い男性は，移住による被害をもっとも受けている。他の研究によれば，男性や女性の国際移住が世帯およびコミュニティにおけるジェンダー不平等を減少させ，女性の地位を高め得る場合もあるとされるが，筆者らの調査結果はこれを裏付けるものである。しかしこの変化の道筋は，筆者らの調査結果では他と異なっていた。結婚適齢期の女性を村から枯渇させ，移民世帯では送金によって世帯収入が増加することによって，コミュニティの社会編成全体が影響を受けている。筆者らはジェンダーの観点から，世帯内および世帯間における男性と女性の関係の変化を観察した。調査対象の三つのコミュニティの状況は，アジア内部の「グローバルな結婚および再生産の連鎖」が出現し，それによってある地域における「花嫁の不足」は，別の地域における移住の流れを創り出していることを示唆している。

送出地域における結婚移民の社会的影響の諸相を調査し，記録することは，アジア地域にとっての移住の重要性の全貌を明らかにするための第一歩である。筆者らが調査にあたって使用した「社会開発のレンズ」は，厳密な経済的アプローチによっては見ることのできなかったミクロレベルのダイナミクスを明らかにした。労働移動の事例にもとづく移動の諸効果にかんする理論と枠組みは有用だが，本章の調査は，結婚移民の特異性についてさらに詳しい調査が必要であることを示している。

• 参考文献 •

Arnold, Fred and Nasra M. Shah. 1984. "Asian labour migration to the Middle East." *International Migration Review* 18(2): 294–318.

Arnold, Fred. 1992. "The contribution of remittances to economic and social development." in Mary M. Kritz (ed.) *International migration systems: A global approach*. Oxford: Clarendon Press.

Asis, Maruja, M.B. 2001. "The return migration of Filipino women migrants: Home, but not for good." pp. 23–93 in *Female labour migration in South-east Asia*, Christina Willie and Basia Passl (eds) Bangkok: Asian Research Centre for Migration.

―――. 2003. "International migration and families in Asia." in Robyn Iredale, Charles Hawksley and Stephen Castles (eds) *Migration in the Asia Pacific: Population, Settlement and Citizenship issues*. Cheltenham, UK: Edward Elgar.

Bélanger, Danièle and T.H. Khuat. 2009. "Second-trimester abortions and sex-selection of children in Hanoi, Vietnam." *Population Studies* 63: 1–9.

Bélanger, Danièle, Tran Giang Linh and Le Bach Duong. 2011. "Marriage migration within Asia: Contributions of women migrants to their families of origin in Vietnam." *Asian Population Studies* 7(2): 89–105.

Bélanger, Danièle, Thu Hong Khuat and Wang Hong-Zen. 2007. "Threatening nationalism, patriarchy and masculinity: Constructions of transnational marriages between Vietnamese women and East Asian men in Vietnamese mass media." PAK/IPAR conference on International Marriage Migration in Asia, Seoul.

Bélanger, Danièle, H.K Lee and T.H. Khuat. 2008. "Sweet dreams, sour endings: Stories of marriage migrants returning home to Vietnam." Paper presented at the Meeting of the Association for Asian Studies, Chicago, March 2009.

Bélanger, Danièle, Hye-Kyung Lee, and Hongzen Wang. 2010. "Foreign brides surveys: Ethnic statistics in East Asia." *Ethnic and Racial Studies* 33(3): 1–23.

Constable, Nicole. 2005. "Introduction: Cross-border marriages, gendered mobility, and global hypergamy." pp. 1-16 in Nicole Constable (ed.) *Cross-border marriages: Gender and Mobility in transnational Asia* edited by Philadelphia: University of Pennsylvania Press.

Davin, Dalia. 2007. "Marriage migration in China and East Asia." *Journal of Contemporary China* 16(50): 83-95.

Danneker, Petra. 2005. "Transnational migration and the transformation of gender relations: The case of Bangladeshi labour migrants." *Current Sociology* 53(4): 655-674.

―――. 2009. "Migrant visions of development: A gendered approach." *Population, Space and Place* 15: 119-132.

de Haas, Hein. 2006. "Migration, remittances and regional development in Southern Morocco." *Geoforum* 37: 565-580.

―――. 2007. "The impact of international migration on social and economic development in Moroccan sending regions: A review of the empirical literature." *Working papers* No. 3. International Migration Institute: University of Oxford.

Go, Stella P. and Leticia T. Postrado. 1986. "Filipino overseas contract workers: Their families and communities." in *Asian Labour Migration: Pipeline to the Middle East.* Fred Arnold and Nasra M. Shah (eds) Boulder and London: Westview.

Gulati, Leela. 1986. "The impact on the family of male migration to the Middle East: Some evidence from Kerala, India." in Fred Arnold and Nasra M. Shah (eds) *Asian labour migration - Pipeline to the Middle East.* Boulder and London: Westview.

Hadi, Abdullahel 2001. "International migration and the change of women's position among the left-behind in rural Bangladesh." *International Journal of Population Geography* 7: 53-61.

Hondagneu-Sotelo, Pierrette. 2000. "Feminism and migration." *The Annals of the American Academy* 571: 107-120.

Hugo, Graeme and T. H. Xoan Nguyen. 2007. "Marriage migration between Vietnam and Taiwan: A view from Vietnam." pp. 365-392 in *Watering the Neighbour's Garden: The Growing Demographic Female Deficit in Asia* edited by Isabelle Attané and Christophe Z. Guilmoto (eds) Paris: CICRED.

Hugo, Graeme. 2005. "The new international migration in Asia." *Asian Population Studies* 1(1): 93-120.

Nakamatsu, Tomoko. 2005. "Complex power and diverse responses: Transnational marriage migration and women's agency." pp. 158-181 in *The Agency of Women in Asia* edited by Lynn Parker. Singapore: Marshall Cavendish Academic.

Kim, Doo-Sub. 2007. "The rise of international marriage and divorce in contemporary South Korea." *Population and Society*. 3(1): 3-39.

Lee, Hye-Kyung. 2008. "International marriage and the state in South Korea: Focusing the governmental policy." *Citizenship Studies* 12(1): 107-23.

Lu, Melody Chia-Wen. 2008. "Gender Marriage and Migration. Contemporary Marriages

between Mainland China and Taiwan." PhD thesis, Leiden University.
Rajni, Palriwala, and Patricia Uberoi. 2005. "Marriage and migration in Asia: Gender issues." *Indian Journal of Gender Issues* 12: v-xxix.
Nicola Piper and Mina Roces. 2003. "Introduction: Marriage and migration in an age of globalization." pp. 1-21 in *Wife or Worker? Asian women and migration* edited by Nicola Piper and Mina Roces. Lanham: Rowmand and Littlefield.
Piper, Nicola. 2009. "The complex interconnections of migration-development nexus: A social perspective." *Population, Place and Space* 19: 93-101.
Rahman, Md. Mizanur. 2007. "migration and social development: A family perspective." *ARI Working paper, No. 91*, Asia Research Institute, National University of Singapore.
―――. 2009. "Temporary migration and changing family dynamics: Implications for social development." *Population, Place and Space* 15: 161-174.
Schuerkens, U. 2005. "Transnational migrations and social transformations: A theoretical perspective." *Current Sociology* 53(4): 535-553.
Thai, Hung Cam. 2008. *For Better or for Worse: Vietnamese International Marriages in the New Global Economy*. Piscataway, NJ: Rutgers University Press.
Tran, Giang Linh. 2008. "The Impact of Women's Emigration on Sending Areas of Vietnam." MA thesis, Department of Sociology, The University of Western Ontario.
Wang Hong-Zen and Shu-Ming Chang. 2002. "The commodification of international marriages: Cross-border marriage business in Taiwan and Vietnam." *International Migration* 40(6): 93-114.
Wang, Hong-Zen. 2007. "Hidden spaces of resistance of the subordinated: Case studies from Vietnamese female migrant partners in Taiwan." *International Migration Review* 41: 706-727.
Wang, Hong-Zen and Danièle Bélanger. 2008. "Taiwanizing female immigrant spouses and materializing differential citizenship." *Citizenship Studies* 12(1): 91-106.

第9章 業者婚をした中国女性の主体性と葛藤

郝　洪芳

はじめに

　本章では仲介業者を通しておこなう国際結婚のことを「業者婚」と呼ぶ。また，本章で論じる中国女性は，日本男性と業者婚をした中国籍女性のことを指す。

　結婚までの流れ[1]はおよそ以下の通りである。①日本男性が仲介業者で交際したい女性を選ぶ，②女性に交際を申し入れる，③女性が同意したら，通訳を介して，手紙かメール，インターネットのテレビ電話で交流する，④実際に会うため，男性が中国に行く，⑤会って，デートをし，双方が同意するなら婚約する，⑥男性が日本に帰国。手紙，メール，テレビ電話で交際を続ける，⑦男性が再び中国に行き，中国で結婚式を挙げる，⑧女性がビザを取得し来日して，日本で一緒に暮らし始める。

　このような業者婚の場合，お互い言葉が通じない，交際期間が短いなど，最初から困難が伴うために賛否両論があるが，本章は業者婚の是非を論じるつもりはない。業者婚をした中国女性当事者の人生に注目し，3人の事例を細かく描写することによって，それぞれの人生経験における結婚の位置づけ

---

[1]　結婚の流れは，主にインターネットで探し出したいくつかの日中国際結婚紹介所のホームページにある結婚プロセスの説明と，実際にインタビューした仲介業者の話を参照して，まとめたものである。

と意味合い，女性たちの考えや体験，葛藤を紹介したい。ごく少数の事例で何が代表できるのか，何が説明できるのかという問題はあるが，個人が見えない一般論や，画一的な扱いを避け，思考に富み，主体性のある個々人を表出しようというのが本章の主旨であることを，まずは断っておきたい。

第1節では，先行研究を概観し，業者婚をした中国人女性を含む「アジア人妻たち」に関する研究にはどのような特徴があるのかを見る。第2節では，筆者の視点や調査方法を述べた上で，中国人女性3人の事例を具体的に描写する。第3節では，事例から見た女性の主体性と葛藤を分析し，最後に本章の結論を述べる。

1 アジアから来た妻たちは日本でどう描かれてきたか

本節では，日本の国際結婚に関する研究をレビューし，その中から「アジア人妻たち」に関する研究の特徴を見てみよう。

日本では国際結婚を扱う研究の大半は「妻」に関する研究である。賽漢卓娜（2006）はそれらの研究を研究対象によって「日本人夫と結婚する欧米人妻」，「外国人と結婚する日本人妻」，「アジア人妻」の三種類に分けて分析している。

それによると，欧米人妻と日本人夫に注目する研究はあまり多くなく，性別役割分業の分析をおこなった研究（Imamura 1990）や，文化的差異と異文化適応に重点を置いた研究（Nitta 1992; Diggs 2001；渋沢 1994；佐藤 1989）などがある。そこでは「日本社会と女性の出身社会との間における差異が前提として強調され」，「女性が異文化に接触する際の不適応，コミュニケーション障害などの現象」（賽漢卓娜 2006：78）に焦点が当てられているという。

また，外国人夫と結婚する日本人妻に対する研究は歴史が長く，量も豊富で，多方向からアプローチした研究がある。例えば，江戸時代，明治時代の国際結婚における日本人女性に関する研究（小山 1995；竹下 2000；嘉本 2001），第二次世界大戦中・戦後に米国軍属関係者と結婚，渡米した「戦争花嫁」や，台湾植民地時代の日本人に関する研究（竹下 2000；坂岡 2004），

さらに異宗教結婚,「戦争花嫁」の延長線上にある米国軍人の妻についての研究などがある。日本人妻に関する研究は「結婚相手の文化,宗教,生活習慣及び海外在住のときのホスト社会に対しての適応プロセスとパターンが紹介されることに主眼がおかれる」(賽漢卓娜,2006:80)。

一方,アジア人女性と日本人男性の結婚に関する研究は,地域社会学および農村社会学の分野が中心となって進めており,さらには心理学もこれに加わっている。これらは主に国際結婚をめぐる社会環境とアジア人妻の意識と適応という二つの角度から論じている。前者については,受け入れ側の変容に注目した松本・秋武 (1994, 1995) らによる山形県の地域住民を対象とする調査や,宕谷 (1998) による国際結婚に伴う農村社会と「家」の変化についての研究,宿谷 (1988) の受け入れ側としての日本を批判したレポートが例に挙げられる。後者では,山形県の農山村に嫁いだアジア系外国人妻の生活・居住意識をアンケートで調査した中澤 (1996) の研究,精神科医でNGOスタッフでもある桑山 (1996, 1997, 1999) の研究が重要である。注目に値するのは,これらの研究の中でアジア人妻たちは多くの場合,「妻」ではなく「嫁」と呼ばれていることである。

つまり,欧米人妻・日本人妻に関する研究では,「異文化が何よりのスタートであり,夫婦間のみならず,移住先の社会,そして夫の家族との間に異文化接触が起こり,それにいかに適応し,アイデンティティが再確立するプロセス及びパターンが描かれる」一方,アジア人妻に関する研究は「日本社会側から彼女たちを扱おうとして」いて,「異文化を経験する当事者としてのアジア人妻自身の姿が薄く,地域社会,更に日本人家族により焦点が当てられている」(賽漢卓娜,2006:82)。そのうえ,「アジア人妻を日本社会に同化して行く単なる外国人妻として一括りにすることで,彼女たちの主体性が明確に浮き彫りにされにくくなって」おり,研究全体が「読者にネガティブな印象を与えている」(賽漢卓娜,2006:83) のである。アジア人妻に対する研究は,最初から国別ではなくアジアから来た妻を一括りに「嫁」と位置づけた上で,日本社会や「家」の変容に焦点を当てている。さらに,業者婚をしたアジア人妻たちに関する研究は,そのような結婚を社会問題として論じているものが大半で,アジア人妻たちの母国の文化的背景や,アイデンティ

ティの変容や異文化適応などに注目しながら，彼女たちを主体として論じた研究は極めて少ないのが特徴である。

以上のような先行研究の問題点を踏まえ，本章は業者婚をした中国女性3人の事例を通して，アンケート調査や「アジア人花嫁」と一括りにしては見えてこない，女性の主体性と葛藤を描写する。そして，一人ひとりの異なる経験や，それぞれの人生の中でこの結婚はどのような意味を持つのか，結婚した彼女たちはどのように暮らしているのか，どのような思いがあるのか，具体的に見ていきたい。

2 調査手法と具体的な事例

本章であげている3人の事例は，筆者が2007年6月から2008年1月までに断続的に行ってきた調査の一部である。半構造化インタビューという方法により，2, 3時間で一回の集中的なインタビューを行うのではなく，たびたび電話で話をしたりするなど，できるだけ長いスパンで彼女たちの経験，心情の変化を聞き取るように努めた。全部で中国女性12人にインタビューしたが，本章ではその中の代表的な3人の事例を取り上げる。3人のプロフィールは下記の表にまとめた。この表で示されているように，3人は学歴および中国での経済階層，婚姻状況，夫の職業に示される日本での階層など，あらゆる点で異なっており，12人の多様な状況を適切に反映していると思われる。また，後で詳述するが，国際結婚をした理由も12人の中では代表的な3つのタイプにそれぞれ当たっている。さらに，12人の来日以来の年数は10年，8年，3年などさまざまであるが，国際結婚についての語りは来日年数によって変化することが分かった。この3人は来日期間がほぼ同じなので，比較できると思われる。また，来日1年〜3年の間が一番大変だったという話は12人に共通している。この3人は最初の調査時点において来日期間が1年ほどであり，その大変な適応時期にあった。この時期にどのような困難に出会い，それにどのように対処していくのかというプロセスを，継続的に聞き取りを行うことによって調査し，その生活の状況と変化をリア

表9-1　調査対象者一覧

	Hさん	Zさん	Sさん
年齢（調査時点）	36歳（夫58歳）	29歳（夫47歳）	37歳（夫56歳）
出身	農村（黒龍江省）	都市郊外（吉林省）	都市（吉林省）
学歴	中卒	高卒	大卒
婚姻状況	再婚	初婚	初婚
（中国）職業	幼稚園教師	デパートの営業員，テレビ局の受付	ダンス教師
（中国）月給	1万円程度	2万円程度	15万円程度
（日本）職業	工場アルバイト（夫・自営業）	専業主婦（夫・サラリーマン）	専業主婦（夫・会社経営）
来日時期	2006年4月	2006年7月	2006年9月

ルに見ることができると考えた。第1節で述べたように「アジア人妻」はいままで一括りにされてしまっている。本章はそのさまざまなパターンを代表する3人を取り上げることによって，「アジア人妻」の中の多様な主体を描き出す。

　これまでの研究では業者婚した女性が来日する前の母国での体験は無視されてきた。そして，受入側の日本の視点から，女性たちをステレオタイプ化した画一的な見方で捉えていた。本章は聞き取りの内容に基づき，3人はいったいどのような経験を経て，日本人と結婚し，日本で暮らすことになったのか，また，日本でどのような生活を送っているのか，その間に彼女たちはどのような思いをしているのかを紹介し，彼女たちの人生に注目する。そして，それぞれのライフコース上における結婚の位置づけ，彼女たちにとって日本に越境したことの意味をあらためて探ってみたい。

事例1　Hさん　36歳再婚　2006年4月来日（夫　58歳，自営業）

結婚するまでの経験

　Hさんは農家の生まれで，姉，兄，妹の3人のきょうだいがいる。中学校を卒業して，幼稚園教師養成の学校に入り，2年間で卒業した。その後，22歳の時，同じ学校の先輩と3ヵ月付き合って，結婚した。結婚後，家で

第Ⅲ部　越境する妻と労働者

写真9-1　日本への多くの結婚移民を送り出している東北中国の町の風景。道の両側に立ち並ぶ新築マンションは、国際結婚をした女性や日本で働く人たちが投資する不動産。黒龍江省。

幼稚園を開いたり、ほかの幼稚園で仕事をしたりするなど、ずっと幼稚園の教師をしていた。家は裕福とは言えないが、息子が1人いて、3人で十数年間そこそこ幸せに暮らしていた。しかし、そんな平穏な生活は夫の浮気で壊された。夫は別の女性と同棲するようになった。Hさんはそれが許せず、子供の親権を取り、離婚した。そして、意地でも自分と子供が絶対幸せになってみせようと決めた。だが、子持ちで離婚したHさんのような人は、中国で再婚相手を見つけるのが難しいという。比較的早く再婚ができ、また自分を大きく変えられそうなのが、日本人と結婚して日本に行くことだと彼女は考えた。

結婚の決意

　なぜ日本人かというと、Hさんの出身地では歴史的な縁で、日本に行っている人が多いためである。Hさんの親戚や近所の人も何人か日本にいる。しかも、みんな幸せそうに日本で暮らしているという。そのような周りの状

第 9 章　業者婚をした中国女性の主体性と葛藤

写真9-2　日本語を併記した看板がしばしば見られる。黒龍江省。

況を見聞きするうちに，Hさんも離婚後，中国で時間をかけて再婚相手を探すより，いっそ日本に行ったほうがいいのではないかと考えるようになり，結婚紹介所に登録した。Hさんの出身地では外国に嫁ぐため，お金を払わなければならない。結局，借金して100万円を払い，今の夫と結婚した。結婚する前に不安がまったくなかったとはいえない。家族，特に母親に反対された。日本は遠いし，仲介業者による紹介では結婚相手はいったいどんな人なのかもわからないからである。彼女自身も，日本に行ってうまくいくかどうかわからず，不安はあった。しかし，行ってみたい気持ちは何よりも強かった。行ってみないと何もわからない，日本に親戚や知り合いもたくさんいるし，とにかく，ここを離れて，外国で自分なりの幸せ，新たな可能性を見つけよう，少なくともほかの人のようにお金でも儲けて，変身してみせようと覚悟を決めたのだ。だが，現実に紹介してもらった日本人の夫とは22歳の歳の差がある。「初めて会ったとき，父親と歳が近くて，顔を見たとたん，自分でも少し驚いた。でも，なんとなく優しそうな人だし，自分のことを大切に思ってくれている感じで，まあいいやと思った」とHさんは言う。夫のほうは一度離婚の経験があり，自営業をしている人である。

第Ⅲ部　越境する妻と労働者

来日後

　そんな思いを持って，Hさんは日本に着いた。実際に日本で生活してみたら，やはり想像と現実の間にギャップがあった。中国にいた時に，Hさんがイメージした日本の生活は甘美なものだった。しかし，家族や友達を離れ，まわりに中国人もいない。このような異国の地でまず避けられないのがホームシックである。電話で泣いたりもした。そして，物価が高い。お金がかかるから，簡単に帰省することもできない。夫とは中国語と日本語を混ぜて，なんとか意思疎通ができるが，外に出ると一切通じない。にぎやかな郷土からこの静かな町に来て，どうにも心寂しいのである。夫にいろいろなところに連れて行ってもらって，楽しい時もあるが，寂しい時は寂しい。

助け合うネットワーク

　幸い，日本では故郷からきた親戚や知り合いが多く，日本各地に住んでいるが，お互い頻繁に連絡をとって，随時情報交換をしている。Hさんは暇な時には，みんなと電話で歓談して楽しい時間を過ごし，何か問題がある時には，みんなにアドバイスを求めている。在留資格の申請手続き，日本の習慣，仕事のことや周りの日本人のあれこれから，格安航空券まで，あらゆる必要な情報がこのネットワークを通して飛び交っている。そのため，Hさんは日本で言葉が通じず，近くに知り合いの中国人がいないにもかかわらず，それほど困らない。このネットワークに支えられ，Hさんは徐々に日本の生活に慣れていった。

仕　事

　日本に来て2ヵ月後，外で働き始めた。日本に来るための借金があったので，返済しなければならない。そして，夫のほうも裕福ではないから，家計を支えるためにも働かなければならなかった。言葉が通じないので，断られることも多かったが，なんとか仕事ができた。仕事をする時のHさんは無遅刻，無欠勤を徹底し，一生懸命だと言う。車の部品メーカーで，1時間あたりでどれぐらい組み合わせられるか，一人ひとりの数が計算され公表される。Hさんはいつもグループの中でトップである。しかし，順調ではない

時もあった。最初の職場で理由がわからないまま，契約を切られてしまった。Ｈさんは自分が中国人だから契約を切られたのだと不服に思い，裁判を起こして，賠償を受けた。もう一回は 2008 年後半の経済危機で不景気の時で，車部品メーカーが派遣社員を解雇することになった。Ｈさんはいつもグループで一番優秀だったので，解雇されるのは最後だったが，それでもやはり仕事がなくなってしまった。仕事を失うたびに，彼女は落ち込み，家族や友達に相談し，また立ち直って，新しい仕事を探していく。

夫　婦

　Ｈさんがこれほど仕事熱心なのは，絶対幸せになって，変身してみせようという思いからだと考えられる。日本人の夫とは 22 歳の歳の差があり，夫婦生活はほとんどない。夫は優しい人だが，夫婦というより家族に近い。夫との生活から実際の夫婦の幸せが得られないので，仕事をしてお金を貯めて，中国でマンションを購入したり，自分と家族の生活を変えたりすることで達成感を得るのである。

　日本に来たばかりの頃，夫婦生活ができず，持病を患っている夫との離婚も考えた。友達に紹介してもらって，日本でほかの人と結婚することも一つの道であった。しかし，彼女はそれができなかった。そうすると，いまの夫がかわいそうだからだという。夫のほうも「若い妻に利用されて，いつかは必ず捨てられる」といろいろな人に言われ続けており，不安があった。だから，ほとんどＨさんの言うことを聞くし，いつもやさしく振舞う。Ｈさんが中国に残していた子どもも自分の養子にして，日本に呼び寄せた。二人は日本語，中国語を混ぜながら会話をし，お互いに助け合いながら，将来中国で暮らすことを目指している。

家　族

　「わたしの父親はもう 63 歳なのに，まだ懸命に働いている。大工の仕事で屋根に上ったり，大変よ。わたしが少しでもお金を儲けたら，その仕事をやめて欲しいの。母親も病気で体の具合がよくないけど，まだ農業をやってるし，うちの子の面倒を見てくれている。うちの子も勉強ができなくて，中

国で将来が見えないの。こちらに呼び寄せたいね。こちらに来て，日本語を勉強させて，言葉ができたら，いくらでも仕事があるからね。両親が離婚した子はかわいそうね。でも，ここここんなに寂しいから，うちの子が慣れるかどうか，ちょっと心配だけどね」。Hさんは家族思いの人である。中国に残してきた子どもを自分のそばに呼び寄せたいと考えた。ただ，最初の頃，自分も日本の寂しさに耐えるのに精一杯で，子どもは耐えられるか心配だった。しかし，子どもの将来を考えて，結局呼び寄せた。親子は家で喧嘩することも多いが，子どもが思ったよりスムーズに日本の学校に馴染んできて，学校にいくのが楽しみになってよかったとHさんは言う。

事例2　Sさん　37歳初婚　2006年9月来日（夫　56歳, 会社経営　再婚）

　Sさんはもともとダンス教育の短期大学卒である。卒業後もさらにダンスの勉強をしたいと思い，北京で1年間研修し，その後大学まで進学した。中国にいた時は，政府の文化センターでダンス教師をしていた。それとは別に，自分のダンス教室も持っていた。月収は15万円くらいあり，地元ではかなりの高収入であった。

外国に興味

　90年代からまわりの友達が何人か外国に行って，外国のいろいろな話を聞かされているうちに，Sさんは自分も外国に行ってみたいと考え始めた。その時に，ちょうどシンガポールで中国語教師を募集していたので，Sさんは旅行で1週間シンガポールに行ってみた。しかし，現地で中国語教師の待遇がそれほど良くないことがわかり，さらに，まだ若いという理由から外国に行くことを家族に猛反対されたため，結局，シンガポールには行かなかった。2000年頃になると，30歳近くになったSさんはアメリカに行こうと考えた。アメリカに友達がいて，留学のビザを代理申請してもらったが，領事館で却下されてしまった。その間に，Sさんの姉夫婦はイギリスに移住した。

恋　愛

　一方，Sさんの恋愛の道もあまり順調ではなかった。80年代，中国で「下海」（ビジネス界に身を投じること）が時代の先端とされ，「下海」によって成金になった人との結婚が流行っていたとSさんは言う。彼女もそのような人と付き合っていたが，うまく行かなかった。その後，高学歴の人との結婚が流行って，Sさんは大学院卒の人と付き合った。それもまたうまく行かなかった。だんだん仕事も忙しくなってきて，恋愛する暇がなくなった。ダンス教室の仕事が忙しくなるとともに，月収もどんどん上がっていった。そうすると，自分より給料の安い人との結婚も嫌になって，選択の範囲が余計に狭くなった。「わたしがいつも冷静すぎるのかな？いままで恋愛で熱くなって盛り上がったことがないわ」とSさんは言う。唯一好きだった人は彼女が結婚したい時に結婚してくれず，そのまま別れてしまった。

外国に行く理由

　30歳になってから，彼女は現実的になり，いい結婚相手を探しながら，一方で，外国に行くチャンスも探していた。「もし中国でいい人にめぐりあえたら，わたしは別に外国に行かなくてもいいの。でも，なかなかいい人が現れないから，外国に行くこともあきらめなかった。両方の準備をしていたんだ」とSさんは言う。そして，友達の紹介で結婚紹介所に登録して，今の夫と結婚した。結局，彼女は結婚とともに外国に渡ったのである。
　中国で収入も高く，自分の車や家も持っていて，あちこち旅行などもよくしていたSさんが，なぜそんなに外国に行きたかったのか。「中国はどんなに発展しても，やっぱりまだまだ発展途上国。国って，自分の親みたい，誰でも自分の親がよい親であって欲しいもの。中国人はみんな自分の国が日々強くなって，豊かになって，外国人が憧れる国になって欲しいでしょ。でも，一人の力では何も変えられないじゃない。人生って，そんな何十年くらいのものでしょ，その短い間にいろんな生き方をしたいし，いろいろ体験してみたい。一度でも先進国で暮らしたいのね。若いうちによりいいところへ移動するのも悪いことじゃない。外国に行って，外国語を勉強して，残りの人生が大きく変わるかもしれないわ」。Sさんは中国で仕事が順調だった。しか

し，先進国への好奇心と憧れがあり，一度しかない人生だから先進国で暮らしてみたい，外国語を習得して人生に新たな道を切り開きたいという思いがあった。

しかし，外国で本当にうまくいくかどうか彼女自身にもわからないので，戻れる道も敷いておいた。Sさんは内緒で結婚し，人には「日本に勉強に行く」と言った。仕事も保留してもらった。

結　婚

夫とは19歳の歳の差がある。結婚の時，躊躇しなかったとは言えない。しかし，その時「ノー」と言って結婚を逃したら，次がいつ来るかわからないのだ。もう歳だし，どうせ外国に行く決意をしたのだから早く行ったほうがいいと彼女は考えて，結婚した。

彼女なりの結婚哲学は次のとおりである。「実際，結婚は条件の上に成り立つものなの。二人の間に愛情しかいらないというのはありえないと思う。特に女ね，そういうコトワザがあるんじゃない？『男怕选错行，女怕嫁错郎』（男は間違えて仕事を選んではいけない，女は間違えて男を選んではいけない）。でもね，婚姻は確かにときには未知数だね。宝くじを買うみたい，賭けの性質があるのね。人はそれぞれの運命がある。運が良かったら，うまくいく。運が悪かったら離婚になるかもしれない。どうなるか誰も予想できないわ」。「今の夫と結婚する前に，言葉が通じないから，結婚後のコミュニケーションに問題があるのが目に見えている。でもね，あたしね，まず条件を見るの。まず学歴，そして収入を見るの。彼は大卒で社長でね，たとえ小さな会社でも，貧乏な人ではないと思うの。で，身長などを見る。彼は183センチだから，これも大丈夫。これらの条件を備えた上で，あとは恋愛感情だね。情っていうのは長く一緒にいると必ず芽生えるとも言えるでしょ。一緒にいたら，時間の経つにつれて，感情も出てくるでしょう。このような国際結婚はね，結婚前に付き合う時間なんてまったくないのよ。普通はまず恋愛して，その後結婚するんじゃない？　だからね，結婚する前にお互い愛し合ってるなんてありえないの」。このように，業者婚のリスクを全部わかっていながら，Sさんは自らこの道を選んだのである。

来日後

　しかし，Ｓさんにとっても理想と現実との間にはギャップがあった。想像がつかなかった現実の言葉の壁，ホームシック，以前の充実した生活から今の専業主婦生活になった時の虚無感，慣れない食事など，中国でかなり覚悟したつもりだが，現実になるとやはり大変なところがたくさんあった。その中でＳさんが最も困っているのは言葉の問題である。中国にいた時は，周囲に日本語の環境があるから，きっと習得は早く，１年くらいでだいたいできるようになるだろうと予想していた。しかし，１年が経っても，まだまだ壁が厚い。それで挫折感を覚えているのである。Ｓさんは日本に来てからすぐ大きな日本語学校を見つけて，通い始めた。そして，積極的に国際交流会館の日本語教室に出たりして，一生懸命日本語を勉強していた。

仕　事

　そのような時，周りの人々から，アルバイトでもしたら日本語が上達するし，毎日することがあって良いだろうと言われたが，Ｓさんはなかなかアルバイトをすることができなかった。「中国でね，いつも『先生，先生』と呼ばれてたのにね，ここでお皿を洗ったり，部品を組み合わせしたりするにはどうしても抵抗があるのよ。でもね，いまの私の日本語レベルはそのような仕事しかできないよ。そのような仕事はどうしてもいやでね。それで，スーパーなどで接客の仕事をしたら言葉の練習になれるかなと思って，そのような仕事を探したの。でね，挨拶もちゃんとできてないのにと言われて，だんだん諦めがついたの。しかたないから，普通のバイトでもしてみようと決心した。最初は直接お店に行って探すのが恥ずかしくて，電話をかけたりしたの。でも，直接会って話したら，たぶんまだ少しマシと思うんだけど，電話だったら余計難しくて，言葉がわからないよ。で，結局『すみません』だけがわかって，それはだめだってことでしょ。その時ね，本当にすごくショックだったのよ。自分がお皿を洗うくらいの仕事もできないってことじゃない。だから，もうあきらめたの。いまは，毎日学校や家で一生懸命日本語を勉強しているだけ。もう少しできるようになったら，また仕事を考えよう。」中国ではダンス教師をしていてプライドの高いＳさんにとって，肉体労働の

ようなアルバイトはどうしても抵抗があるのだ。しかし，日本語ができない自分はそのような仕事にしか就けないのも現実である。

　また，Ｓさんは日本語の勉強に集中し，どうしても早くマスターしたい。できれば大学院に入って進学したいとも考えている。2008年には日本語学校を卒業して，大学に入り研究生として勉強し始めている。

夫　婦

　では，夫との関係はどうだろう。「夫はね，忙しいのよ，毎日。朝も早いし，夜７時か８時くらいに帰ってきて，学校で習った日本のサラリーマンの特徴と一緒だよ。起きる，食べる，寝る，それだけ。あと，野球を見てるの。毎日毎日必ずそれを見る。一緒にいる時間は一時間くらいかな。それでも，あまりわたしと話をしなくて，テレビばっかり見てるの。週末は時々一緒に買い物に行ったり，外食したりするけど，いつも彼は彼の部屋で仕事をして，わたしは私の部屋で勉強をする。」「まあ，彼はいい人だけど，ちょっと歳の差が大きいね。一緒にいると，きっと周りに夫婦だと思われないよ。彼が私と結婚したのもきっと愛情のためではないね，こういう国際結婚は最初に愛情があったって言ったらうそだよ。彼は仕事の手伝いをして欲しかったみたい。中国関係の仕事の付き合いとか。でもね，言葉が大きな問題だよ。日本語ができないから，仕事の付き合いに付き合うことができないの。」

思　い

　現在の生活や自分の選択について，Ｓさんは今でも考えている。時に運命だと嘆き，時にやっぱり来てよかったと思う。「中国にいた時，もうね，ほんとに毎日かわりのない生活にうんざりしてたの。外国に行って，新しいものや生活にチャレンジしたかったのね。でも，いったん実家を出たら，祖国と離れたら，またもとの生活が恋しくてね。人間って，やっぱりあれなのかな。ないものねだりって言うか，欲しいものをいったん手に入れたら，その意味や価値もなくなる。で，大切なものも失ってはじめて大切だと思い知らされるね。でも，もし今回の結婚をせずに日本に来なかったら，それもきっと後悔すると思う。」

第 9 章　業者婚をした中国女性の主体性と葛藤

彼女はいろいろ悩みながらも，この道を選んだ以上最後までがんばりたいという気持ちで，日本語を勉強し続け，大学院進学を目指している。

事例 3　Z さん　29 歳初婚　2006 年 7 月来日（夫　47 歳，サラリーマン初婚）

結婚までの経緯

　Z さんは中国のごく普通の小さな町で生まれ育った。高校卒業後，デパートの営業員をしていた。その後，テレビ局で受付として 1 年間勤務した。2000 年に，友達が 30 歳の日本男性を紹介してくれたが，当時まだ若く，親も心配で反対し，交際中の男性もいたため，きっぱりと断った。しかし，その男性と 5 年くらい付き合った末に別れてしまった。とても傷ついた。しかも，もう 25 歳になってしまって，故郷では未婚の女性にとって結婚がやや難しい年齢であった。なかなか出会いがなく，両親も焦ってきて，いろいろな情報を集めたりしていた。そのうち，国際結婚も考えるようになった。「あたしの場合，もう歳だからね。ほんと，歳をとるにつれて，結婚相手に対する要求も変わってくるね。若い時は本当に何も考えずに，ただ好きでいればいいんだけど，だんだん歳をとったら，やっぱりこれからの生活を考えると，安定した収入があるか，家を持っているか，人柄がどうかなど全部見るようになるのね。でもね，まわりにいい仕事を持っていて，持ち家もあって，人柄もいい男が少ないよ。なかなか出会えないの。あと，条件のいい人なら，よく浮気するしね」と彼女は言った。それで，新聞で見た結婚紹介所に電話して，今の夫を紹介してもらった。「家に姉がいるから，両親は少し心配しているけど，夫が優しそうな人だし，それほど反対しなかった。もし，家にわたし一人しかいなかったら，たぶん外国には行かないと思う。で，日本人との結婚，いいことも悪いことも聞いている。良し悪し全部運命でね」。そうして，Z さんは姉と両親を残して，日本に来たのである。

来日後

　Z さんも来日後，ホームシックにかかった。それまで実家を離れたことが

245

なかったので，毎日パソコンで両親と話していても，やはり泣いたりしたことがある。頻繁に帰省することができない，テレビを見ても意味がわからない。毎日，夫は朝から夜遅くまで仕事なので，自分はいつも一人で家にいる。来る前に友達から日本の話を聞いていた。高層ビルやきれいな夜景はどこにもある風景ではなく，2階建てのマイホームが多いとか，遊ぶところもそれほど多くない，どこでも静かだ，などの話である。ある程度の覚悟はしていたが，実際に来たら，本当に毎日退屈でたまらないくらいだった。だが，少しずつ慣れてきて，1年くらい経った頃には少しよくなった。

また，来日後妊娠したので，Ｚさんは子どもの誕生を待ち遠しく思っていた。子どもが生まれたら，自分は忙しくなるはずだと思っていた。

夫　婦

夫はまじめな人で申し分ないが，歳が離れているせいか，Ｚさんが遊びたい時に，夫はいつもそのような気分ではない。「あたしね，ちょっと明るくておもしろい人が好きなの，だけどね，夫がね，ちょうど反対なの，無口で内向的なの。どう言ってもだめなんだ。そういう性格なんだからね。休みの日も音楽を聴いたり，本を読んだりするだけ」。夫は内向的だけど，誠実でやさしい人なので，Ｚさんはそれほど大きな不満がない。完璧な人はいない，完璧な婚姻はないと自分なりに納得しているからである。家計のやりくりをして，夫と一緒に子どもの誕生を待っていた。

思　い

Ｚさんにとって，日本で一番腹が立つのは中国人の自分に対する差別である。「今妊娠で病院で診てもらっている先生は明らかに差別なんだよ。ほかの日本人女性を診察する時に，笑顔で時間も長いのに，あたしの番になると，なんか迷惑でもかけられているようで，いやな顔をするの。あの先生と顔を合わせると，すぐ腹が立つんだよ。ほかの人に対してあんなに丁寧なのに。いつも診てもらうときに，私の顔すら見ないのよ。言葉になってないけど，その仕草や表情を見たら，誰だってすぐ差別だとわかるのよ。とてもひどいよ。腹が立つことは赤ちゃんによくないから，できるだけ考えないよう

にしてるけどね」。

　それだけではない。子どもが将来差別されないように，Zさんは日本で出産することを決めた。中国にいる母親に出産の手伝いに日本に来てもらいたかったが，母親の体の具合が悪いから来てもらうことを断念した。「母がいなくて，姑も体の具合がよくないから，手伝ってもらえない。一人で日本で産むのがちょっと心細いけど，自分でがんばらないとね。中国で産むことも考えてたんだけど，やっぱり，子どもの将来を考えると，日本で産むと決心したの。出生地やパスポートが中国だと差別されると聞いてるからね。日本で生まれたら，日本国籍で日本人で，学校に行く時に差別がそれほどないらしいの」。Zさんは誰にも頼らず日本で子どもを産むことを決めた。そして，無事に男の子を出産し，育児に忙しい日々を過ごしている。

3　女性たちの主体性と葛藤

　以上，3人の事例を紹介した。具体的な分析に入る前に，先進国と発展途上国との間に存在する格差について，前提として触れておきたい。
　賃金格差，社会環境の格差，教育格差，人々の教養の格差，外国に行く自由度の格差など，周知のように，先進国と発展途上国の間には様々な格差が存在している。この格差がなくならない限り，発展途上国の人は限られた選択肢の中でよりよい環境に行くことに挑戦せざるをえない。本章で紹介した3人もこのような格差と自分の人生経験を背景に，主体的に動いて自らの運命を変えようとしたのである。無論，その時にすべてが予想できるわけではないし，すべてが思うとおりになるとは限らない。行動にはリスクが伴ってしまう。彼女たちは直面する困難の前で戸惑い，葛藤しながら，策略をめぐらし，局面を打破しようとするのである。
　例えば，Hさんは夫に浮気され，離婚後失意の中，地元で再婚するより，むしろこの傷つけられた土地を離れて，いっそ日本に行ってしまおうという気持ちになった。もともと日本人との結婚が盛んな土地柄で日本に関する情

写真9-3 日本と韓国への国際結婚を斡旋する結婚紹介所。「胸に祖国を思い，世界に視野を広げよ」というキャッチコピーが掲げられている。黒龍江省。

報が豊富である。よりすぐれた環境，より高い賃金，よりよい教育環境などの話を聞いて，Hさんは自分と息子の幸福を求め，高額な手数料を払ってまで日本に来た。Sさんは中国で結婚相手に恵まれないまま30歳を過ぎてしまった。地元では30歳を過ぎた女性は結婚がますます難しくなる一方である。仕事などは順調だが，もともと外国に行きたい気持ちも強く，結婚紹介所に登録し，現在の夫と結婚して日本に来た。そして日本語を覚え，日本で新しい人生を切り開こうとした。Zさんは長く付き合っていた男性と別れてしまい，また結婚を考える時に，現実的になり経済的条件を重視するようになった。しかし，学歴が高くなく，それほどよい仕事に従事していない彼女にとって，理想的な条件の人との出会いは難しい。地元で条件の良い男性は，浮気もよくするという。自分のことを大切に思ってくれる夫と経済的な心配のない安定的な暮らしを求めて，今の日本人夫と結婚した。

　冒頭で述べたように，業者婚の場合，言葉が通じず，付き合う期間が短いゆえに，困難とリスクが伴う。初めて足を踏み入れる土地で，慣れるまで時間もかかる。異国での寂しさを味わう。夫とお互いの性格，習慣を合わせな

第9章 業者婚をした中国女性の主体性と葛藤

ければならないなど，課題も少なくない。Hさんの場合，夫と夫婦生活がない，仕事がなくなるなど，うまく行かないことも少なくなかった。それでも日本に来た以上，なんとか主体的に自分を変えようとした。とにかく一生懸命仕事をして，地元でマンションを購入し，子どもの将来のために日本に呼び寄せた。Sさんの場合は，日本語の習得が思った以上に時間がかかり，良い仕事に就けないことで悩んだ。それでも，このままあきらめるのが悔しいから，日本語学校に通って，猛勉強した。そして日本語能力試験を受けたり，大学院に入ったりして，将来は，日中間でビジネスでもしようという目標に向かっている。Zさんは子どももできて，今の生活に割と満足している。言葉がまだできないことと，妊娠中に受けた差別が一番の問題だった。そこで，子どもが差別を受けないように日本で産んで，日本国籍にすることにした。

　3人とも日本に来たことを後悔した時があるとこぼしたことがある。筆者が結婚紹介所にインタビューした際も，日本に来たばかりの女性たちは後悔したり，落ち込んだりすることが多いという話が出ていた。しかし，この時期を自分の努力とまわりのサポートで乗り越えたら，後はうまく行くケースも少なくない。インタビューの中で日本に来て8年や10年の人にも会ったが，彼女たちは日本語にまったく問題がなく，ごく普通に暮らしている。彼女たちによると，日本に来て3年までは大変で，一日中ずっと寝込んだり，あるいはパソコンに向かい続けたりしたこともあるという。本章で挙げた3人は日本に来たばかりで，まさにその努力の途中なのではないかと思う。

　業者婚は理解できない，女性がかわいそうだ，そもそもそのような結婚はすべきではない，というような見方もある。たしかに，業者婚のシステムには改善の余地があるだろう。しかし，自由に外国に行けない，でもよりよい環境やチャンス，よりよい生活を手に入れたいと願う女性たちは，本章で挙げた3人のように，リスクも高いが，この業者婚を選択するのである。この結婚は，単に結婚それ自体だけではなく，なかなか行けない先進国日本に行けることを意味する。そして，日本に来たあと，まわりの状況と，自分がどれくらい努力し，どのように主体的に行動するかで，どうなるかが決まるのである。彼女たちは日本で困難に遭い，悩み，葛藤すると同時に，自分の将

来のために主体的にしたたかに生きている。

おわりに

　業者婚はマスコミでも注目され，テレビのドキュメンタリー番組で扱われることもある。これらの番組の中ではしばしば「光と影」という言い方を使い，幸せな夫婦と不幸な夫婦を対照的に例に挙げている。しかし，筆者はこのような取り上げ方に疑問を感じてしまう。本章の事例のように，「光」と「影」は個々人の中で常に交錯し，交じり合って存在しているのであり，それらは必ずしもはっきり分けられるものではない。幸せそうに暮らしている夫婦の背後にも苦労や問題は存在し，逆にひどい目に遭ってかわいそうに見える人も日本に来て得たものが大きかったりする。それぞれの人生の一コマだけを見て判断するのではなく，長いスパンで多角的に捉えるべきだろう。

　また，このような結婚について，あらかじめ「社会問題」というレッテルを貼って議論してしまうと，欧米人妻や日本人妻と同様に夫婦の間に存在する，異文化理解の問題や適応・コミュニケーションの問題などに目が向かなくなってしまう。たしかに社会問題の側面はあるかもしれないが，それよりも，実質的な問題を発見し，解決の提案をしたほうがより有益だと思われる。

　現在，国家間の人の移動が頻繁になり，以前であれば国内に限られていたお見合いも国際化している。調査の過程で，自分が日本に来た後，周りの日本人を中国の自分の友達に紹介したりするといった話をよく聞いた。その感覚は国内のお見合いとそれほど変わらないかもしれない。また，電子辞書の存在によって，言葉が通じなくてもコミュニケーションが取りやすくなり，通信産業の発達による国際電話の無料化が，移動後の母国や家族との距離を縮めている。調査する中で，これらの手段が果たしている重要な役割を実感した。これにより国際結婚に伴う障害が減ることで，外国人との結婚も選択肢となりやすくなっていくだろう。

　しかし一方で，各国の出入国規定が依然として存在し，先述のように，中

国の場合，日本に行くことがまだまだ容易ではない。女性たちは結婚するまで日本に行くことができず，男性側の生活ぶりを知ることができないのである。女性たちにとって外国人との結婚は一つの選択肢になるが，簡単に行き来できない限り「賭け」になってしまう。したがって，このような国際業者婚やお見合い婚の「結婚」はあくまでスタートであってゴールではないだろう。男女双方にとって，外国人との結婚は一つのチャンスになる。しかし，その後どうなるのかは周りの環境と二人の努力次第である。

　本章は3人の事例を通して，業者婚をした女性側のことを紹介してきた。あまり触れていない男性側については，別稿にて論じることとする。無論，筆者が調査を行った事例はまだまだ少ないが，今後もさらに調査を進めていきたいと思う。また，今まで調査してきた事例については，これからも注目していきたい。業者婚は問題が多く，複雑だと言われているが，地道な調査を積み重ねていき，実態究明と問題解決に力を注いでいきたいと思う。

• 参考文献 •

Diggs, Nancy B. 2001. *Looking beyond the Mask: When American Women Marry Japanese Men*. Albany: State University of New York Press.

葛慧芬　1999「国際結婚に対する地域ケアシステム作りの必要性 ── 中国人花嫁の事例から」『日中社会学研究』7：146-165。

日暮高則　1989『「むら」と「おれ」の国際結婚学』情報企画出版。

Imamura, Anne. 1990. "Stranger in a Strange Land: Coping with Marginality in International Marriage." *Journal of Comparative Family Studies*, vol. X, XI: 171-191.

嘉本伊都子　2001『国際結婚の誕生 ──「文明国日本」への道』新曜社。

小山騰　1995『国際結婚第一号 ── 明治人たちの雑婚事始』講談社。

桑山紀彦　1996『国際結婚とストレス ── アジアからの花嫁と変容するニッポンの家族』明石書店。

─── 1999『多文化の処方箋』アルク。

桑山紀彦編著　1997『ジェンダーと多文化 ── マイノリティを生きるものたち』明石書店。

松本邦彦・秋武邦佳　1994「国際結婚と地域社会 ── 山形県での住民意識調査から（その1）」『山形大学法政論叢』創刊号：126-160。

─── 1995「国際結婚と地域社会 ── 山形県での住民意識調査から（その2）」『山形大学法政論叢』4：178-206。

右谷理佐　1998「国際結婚からみる今日の日本農村社会と『家』の変化」『史苑』59(1)：73-74。
光岡浩二　1989『日本農村の結婚問題』時潮社。
中澤進之右　1996「農村におけるアジア系外国人妻の生活と居住意識 ── 山形県最上地方の中国・台湾，韓国，フィリピン出身者を対象にして」『家族社会学研究』8：81-96。
Nitta, Fumiteru. 1989. *The Japanese Father - American Mother and Their Children: Bicultural Socialization Experiences in Japan*. University of Hawaii, Ph. D. Dissertation.（＝1992 藤本直訳『国際結婚とこどもたち』明石書店。）
賽漢卓娜　2006「『国際結婚』研究における『異文化』と『同化』── アジア人妻へのまなざしをめぐって」『名古屋大学大学院教育発達科学研究科紀要（教育科学）』53(1)：75-87。
────　2007「中国人女性の「周辺化」と結婚移住 ── 送り出し側のプッシュ要因分析を通して」『家族社会学研究』19(2)：71。
坂岡庸子　2004「国際結婚をした日本女性の生活史 ── ハワイ州オアフ島在住米軍人の妻」『久留米大学文学部紀要　社会福祉学科編』4：35-44。
佐藤隆夫　1989『農村（むら）と国際結婚』日本評論社。
渋沢田鶴子　1994「異文化間結婚 ── 日本人男性と結婚している米国人女性の場合」『女性学研究』3：44-57。
宿谷京子　1988『アジアから来た花嫁 ── 迎える側の論理』明石書店。
竹下修子　1997「国際結婚カップルの結婚満足度」『ソシオロジ』129号，41-57。
────　2000『国際結婚の社会学』学文社。
────　2001「国際結婚における異文化適応 ── ヨーロッパに居住する日本人妻の場合」『愛知学院大学　教養部紀要』49(1)：53-61。
────　2003「国際結婚におけるエスニシティの表象としての宗教 ── 外国人ムスリムと日本人女性のカップルの場合」『家族研究年報』28：14-26。

第10章 シンガポールにおける海外出稼ぎ家事労働者の抵抗の諸相

上野加代子

はじめに

　経済発展が停滞している国の女性がより経済的に進んだ国において家庭内で家事やケア労働に携わるために国境を越える，という現象については，1980年代後半から活発な研究が行われてきた。それらの研究は，彼女たちと非熟練とされる男性外国人労働者の経験との間の不均衡を明らかにしている。第一に，家事に従事する女性は，家庭という閉鎖的な環境において単独で働く傾向があるため，主に集団で建設現場や港湾などの開かれた場所で集団で働く男性に較べて，虐待や搾取などを受けるリスクがより高い(Chammartin 2004)。第二に，男性外国人労働者の職場は「本物の」とみなされるのに対し，家庭は私的な領域と捉えられてしまう(Hondagneu-Sotelo 2001; Romero 1988, 2002)。女性の雇用者と家事労働者という下位のジェンダーに属する女性たちの間のシスターフッドが，家庭という場では前者から後者への親愛を偽装した搾取に変形しやすい，という指摘もなされてきた(Anderson 2000; Romero 1988, 2002)。第三に，自身の家族，とくに子どもとの関係における家事労働者の経験は，男性労働者のそれよりも厳しいものになる。実際，少なからぬ割合の外国人家事労働者が，自国に子どもを残している(Hondagneu-Sotelo 2001, 2002; Hondagneu-Sotelo and Avila 1997)。子どもの教育費が海外出稼ぎの主要な理由のひとつになっているからである。これらの

家事労働者は，一家の稼ぎ手という役割を獲得する一方で，「ケアを行う」というジェンダー化された役割を遂行することを社会的に強く期待されているがゆえに，それは海外で就労する母親にとっても自国の子どもにとっても痛ましいことになる（Hochschild 2002; Hondagneu-Sotelo 2002; Horton 2009; Parrenas 2001, 2005）。専門職についている外国人女性も類似した経験をしているとはいえ，この問題は家族の再統合の困難性から，家事労働者の間でより顕著であるといえる（Chin 1998; Hondagneu-Sotelo 2001, 2002; Horton 2009; Parrenas 2005）。

他方，これまでの研究は，外国人家事労働者が労働者としての周縁化や搾取といった扱いを受けやすいにもかかわらず，ただの受動的な犠牲者であるだけではなく積極的なアクターでもあることも強調してきた。パレーニャス（Parrenas 2001）は，家事労働者の語りを調査するなかで，ロサンゼルスとローマの家事労働者が雇用者の用いる規律的な手段に従いながら，同時に様々な方策を用いてそれを覆してもいる側面を明らかにしている。たとえば，家事労働者は，お金を借りたり自分の滞在を合法化するために雇用者との家族に似た親密な関係を利用したり，不快な扱いについて雇用者に謝罪させたり，仕事量を減らしたいがゆえに表情を曇らせ，また寂しさを表現するために泣いたりさえもするのである。同様に，ロメロ（Romero 2002）は，家事労働者が自分たちのネットワークを使って労働条件の向上を交渉するさまを描いている。ただ，西欧圏の家庭で働く家事労働者において観察される方策は，雇用エージェンシーや雇用者に対する国からの法的規制が緩いアジア諸国では，外国人家事労働者たちはこれらの方策を有用なものとは捉えないかもしれない。これらの「直接的な奮闘」（Parrenas 2001: 188）は，雇用者との契約の終了を簡単に導いてしまうかもしれないのである。

1　枠　組

アジアにおける外国人家事労働者の主要な受け入れ国においては，彼女たちの抵抗の形式は通常ひっそりとしていて控えめである。香港におけるフィ

リピン人家事労働者に関する研究で，コンスタブルは様々な抵抗の形式を提示している。たとえば彼女は，「雇用者と家事労働者の役割を象徴的に逆転させる」(Constable 1997: 174) ジョークの機能について説明している。家事労働者は仲間内で香港の雇用者の「稚拙な英語表現」などを題材にジョークを交わしているからである。チン (Chin 1998) は，マレーシアにおけるフィリピン人およびインドネシア人家事労働者についての興味深い研究で，彼女たちがいかにして目を光らせている雇用者に対処するか，ということを描いている。家事労働者の隠れた戦略には，雇用者に巧妙なやり方で口答えすること，自己卑下を演じること，雇用者の感謝の気持ちを利用すること，小言をいう雇用者にたえず微笑みかけること，などが含まれる (Chin 1998)。台湾では，家事労働者は雇用者の前ではトラブルを避けるために敬意を表し，休日にうわさ話で雇用者をあざ笑う (Lan 2006)。本章では，これらの研究に刺激を受け，シンガポールにおけるインドネシア人およびフィリピン人家事労働者が直面する典型的な困難のいくつかを，彼女たちが生き抜くために採用する日々の戦略の諸相とともに浮き上がらせていく。

　アジアの他の国や中東における住み込みの正規外国人家事労働者と同じく，シンガポールにおける家事労働者も，通常，アメリカやヨーロッパにおける家事労働者よりも多くの困難に直面している。シンガポールで働く外国人家事労働者が直面する困難のうちもっとも有害なのは，家事労働者の労働条件を保護する法の欠如，保証金制度，雇用エージェンシーの「外国人メイド交換プラン」の3点であろう。第一に，休日や残業を定めた雇用法は外国人家事労働者には適用されない[1]。よって彼女たちは，2年間の契約期間中一度も休日がないということも起こりうる。第二に，シンガポールでは家事労働者の監督責任が雇用者にあり，それが厳格に定められている。たとえば雇用者は5,000シンガポール・ドル (325,000円) の保証金を支払わなければならず，もし家事労働者が逃亡したり，妊娠したり，シンガポール国民または永住者と結婚したり，シンガポールの安全と幸福にとって有害な活動に参加したりしたら，その金額が没収される可能性がある。このことが家事労働

---

1) 雇用法（シンガポール法令第91章）http://agcvldb4.agc.gov.sg/, accessed on 15 November 2010。

者の行動を制限する根拠として用いられている[2]。第三に，家事労働者は雇用エージェンシーの交換プランから厳しい制約を受けており，結果として経済的および心理的な危害を被り，雇用者と取引するための力が奪い取られる。このプランのもとで雇用者は，特定の期間内に家事労働者を，ほんのわずか，あるいはまったく追加料金を払うことなく，エージェンシーに返却することができる。戻された労働者は，エージェンシーに対する借金が1，2ヶ月の給料分延長され，ときにはエージェンシー滞在期間の宿泊費も課金される（Ueno 2008）。

　シンガポールでも家事労働者の困難に対する奮闘は研究者の関心を惹いてきた。雇用者と休日を交渉し，公共空間で自分たちの自国の衣装を身につけ母語を話すことで，自らの文化を主張する行為などを記している（Yeoh and Huang 1998）。この研究は主に公共空間における行為に注目したものであり，シンガポールの政治的状況を考慮に入れると，家事労働者の公的な活動は，政治的主張よりはむしろ，技能訓練プログラムやボランティア活動におけるものが主である（Ogaya 2004）。これらの活動は家事労働者個々人にとって重要であるが，その一方で，外国人家事労働者とその雇用者とのより広範囲な相互作用や，他の領域において彼女たちが直面している問題への対処も明らかにされるべきである。外国人家事労働者は，同じ雇用者と再契約するひとたちが少なくない。少し前の情報であるが，シンガポール人材省によると，外国人家事労働者の3分の1が同じ雇用者と再契約している（Human Rights Watch 2005: 3）。このことは，家事労働者が，構造的に厳しい条件のもとに置かれているにもかかわらず，巧みに対応していることをうかがわせる。雇用者家族の内情に通じ（Hondagneu-Sotelo 2001: xi），雇用者と直接的で日常的な接触を持つことが，彼女たちが生存戦略を展開するのを可能にしているのかもしれないのである。

　本研究では，弱者や周縁化された者の抵抗についてジェイムス・スコットが『弱者の武器』で展開した枠組を援用する。スコットは，マレーシアにお

---

[2]　入管法の入管規定（規制21），「（家庭で働く）外国人家事労働者のための保証金書式」（http://www.mom.gov.sg/publish/etc/medialib/mom_library/work_pass/files2.Par.9876.File.tmp/Step_by_Step_Guide_on_FDW_WP_eRenewal.pdf, accessed on 30 November 2009）。

ける小作農民たちが自分たちを搾取しようとする資本家たちに対して用いた抵抗の枠組を記述している (Scott 1985)。外国人家事労働者の先行研究においては、スコットの「隠されたトランスクリプト (hidden transcripts)」(Scott 1990) について言及されているが (Chin 1998; Constable 1997; Parreñas 2001)、本研究はむしろ、スコットのサボタージュや偽りの服従、感情の偽装、着服、ゴシップ、見せかけの無知、職場放棄などの、「抵抗の様式」(Scott 1985) に焦点を当てる。仕事のペースを落とすなどのサボタージュを行う、真の感情を現さずに偽装する、偽りの服従を行う、常習的な着服をする、中傷する、無知を装う、職場を放棄する、といったことは、組織も資金も持たない個々の小作農民であっても容易に日常的に為しうる抵抗様式であった。それゆえ、同様の抵抗様式が、家庭で長時間働き、労働者の組織化が困難である家事労働者においても観察されるのではないかと予想される。もちろん、労働者の様々な行為を抵抗という観点から捉え、それらを理想化することは慎まなければならない (Constable 1997)。また、抵抗が起こったり、起こらなかったりする文脈を詳細にみていくことも必要である (Constable 1997)。そして何が抵抗を構成するのか、誰がそれを抵抗とみなしうるのかについても議論がある (Ortner 1995)。そうしたことを念頭に置いて、筆者は、フィリピン人およびインドネシア人女性がいかにして自分たちの脆弱な立場を組み立て直し、自らに貼られた否定的なラベルに抵抗したり、それを利用したり再定義しているのかをなるべく具体的に見ていきたい。

　本研究は特に、家事労働者の日常的な交渉や抵抗のいくつかの領域を扱っている。就労の場だけでなく、地域社会や今までほとんど研究者の関心を惹くことがなかったトレーニングセンターや雇用エージェンシー、そして出身国の親族との関係もみていく。送り出し国においてすでに搾取構造が始まっているということは見て取りやすく、女性たちが雇用者宅に移ってくる前のプロセスも注目に値すると考えるからだ。

　また、異なる出身国からの家事労働者間における権力関係も、調査されるべき側面である。シンガポールでは、住み込みの外国人家事労働者が約20万人雇われている——5〜6世帯のうち1世帯の割合で外国人家事労働者を

正規に雇っている[3]。家事労働者としてのシンガポールへの入国は、フィリピン、インドネシア、ミャンマー、スリランカ、インド、タイなどから可能であるが、彼女たちの多くはフィリピンとインドネシアから渡航している。雇用エージェンシーや雇用者の家事労働者の扱いは、女性の出身国においても異なっている（Ueno 2008）。また家事労働者自身も、他国出身の家事労働者に対して特定の見方を形成している。チン（Chin 1998）によると、マレーシアにおけるフィリピン人家事労働者は、インドネシア人家事労働者に対するネガティブなステレオタイプを共有している。出稼ぎ家事労働者への差別的な取り扱いが、彼女たちのなかで従属的な下位集団の奮闘にどのような影響を及ぼすかの議論はまだ十分になされておらず、その上下関係も本研究で触れていきたい。

2　調査方法

調査は 2001 年 8 月～ 2010 年 9 月の期間で筆者はその間、なるべく多くの時間を主な調査地であるシンガポールで過ごすようにした[4]。シンガポールには修士論文以来、1990 年代にも頻繁に訪れていた。シンガポールの知

---

[3]　何世帯に 1 人の割合で家事労働者を雇用しているかの数字は公表されていないので筆者の推計の域をでない。シンガポール政府は外国人家事労働者の数を統計として公表していないが、新聞記事に数字が掲載されることがある（"Levy aimed at moderating demand for maids, not wages," *The Straits Times*, February 18, 2011）。シンガポールの世帯数は 1,119,600（Singapore Department of Statistics, 2009, Key Annual Indicators, http://www.singstat.gov.sg/stats/keyind.html#hhld）である。しかし、イクスパトリエートと呼ばれる外国人居住者の数は 11 万人であり（http://www.mom.gov.sg/foreign-manpower/working-in-singapore/Pages/default.aspx）、収入の高いこの人たちの間で外国人家事労働者を雇用している割合が高いと考えられる。また 1 世帯に 2 人以上の家事労働者が雇用されていることもある。

[4]　本研究は科学研究費補助金の補助を受けたものである。「科学研究費補助金・基盤研究 A　アジア諸社会におけるジェンターの比較研究―日本・韓国・中国・タイ・シンガポールを対象に」（2001 年～ 2003 年　代表：宮坂靖子）、「科学研究費補助金・基盤研究 B　アジア諸国女性における主婦化の比較研究：近代化とグローバル化によるジェンダーの変容」（2006 年～ 2008 年　代表：落合恵美子）ならびに「科学研究費補助金・基盤研究 B　アジアの女性の国際移動：家事・介護労働と国際結婚において」（2007 年～ 2009 年　代表：上野加代子）の共同調査研究の一環である。

人たちの外国人家事労働者の語り，そして知人たちの家事労働者との相互作用を訪問客として見せてもらい，また家事労働者から興味深い話を聞くなかで，この研究テーマに引きこまれていった。したがって，はじめから緻密な調査計画があって会話を録音したわけではなく，家事労働者を雇用していた数名の友人たちから居宅に自由に出入りすることを許可されたことを契機に，家事労働者と雇用者，ならびに近所の家事労働者同士の相互作用の輪のなかに入れてもらった。そして，これらの家に通うなかで，そこで働く家事労働者にインタビューの了解を取り，休日に同じ家事労働者の友だちを紹介してくれるよう依頼した。また，インドネシアのチラチャップとフィリピンのリパでは，シンガポールで知り合った家事労働者たちが自分たちの帰国にあわせて，地元で家事労働海外出稼ぎ経験者への家庭訪問をコーディネイトしてくれた。そのようにして，インタビューや観察の対象をインドネシアとフィリピン女性を中心に少しずつ広げていくことが可能になったのである。

シンガポールにある外国人労働者を支援するNGOであるH. O. M. E.（Humanitarian Organization for Migration Economics）が運営するシェルターの居住者による本研究への協力も計り知れないものがある。筆者とH. O. M. Eとの関係は，2007年〜2008年に居住者の調査（合計218名への包括的な質問表に基づくインタビュー調査）を依頼されたことにはじまる。インタビュー調査を実施するなかで，このシェルターで，雇用者による給与不払いや暴力，斡旋業者によるハラスメントなどの理由により入所しているフィリピンやインドネシアなどからの女性たちと多くの時間を過ごす機会が与えられた。筆者は，外国人家事労働者という存在についての自分の解釈を彼女たちへ投げかけ，フィードバックをもらうということを繰り返した。H. O. M. Eが主催する家事労働者の集会やグループミーティングにも参加し，家事労働者たちの類似の経験や別様の経験を聞き，筆者のあいまいな思考の断片を少しずつ繋げたり，修正したりしていった。

また，各地で，家事労働者だけでなく，雇用者，送り出し国の領事館，斡旋業者とトレーニングセンター，そして多くの海外就労者支援NGOのスタッフなどからも外国人家事労働者や，その関連政策に関して情報と意見を収集した。

写真10-1　インドネシア・チラチャップのトレーニングセンターでの料理の授業模様。

本章で使用した会話についてはテープを使用した場合と使用しなかった場合がある。しなかった場合は，メモをとり，インタビューの直後にメモをつなげていった。インタビューは英語で行った。ただし，インドネシアのチラチャップでは一部，通訳をお願いした。本文で記載されている名前はすべて仮名である。

3　困難と抵抗

トレーニングセンター / 雇用エージェンシー

一般的に，フィリピン人女性とインドネシア人女性では，入国プロセスが異なっている。フィリピン女性が観光ビザで入国し，シンガポールのエージェンシーに直接登録して雇用者宅をみつけることが少なくないのに対して，インドネシア女性のほとんどが，インドネシアでスポンサー[5]からト

---

[5] スポンサーは，海外就労希望者を勧誘し，彼女たちをトレーニングセンターに連れて行く。応募者が健康診断に合格した時点で，スポンサーから本人あるいは家族に支度金が支払われること

第 10 章　シンガポールにおける海外出稼ぎ家事労働者の抵抗の諸相

写真 10-2　インドネシア・チラチャップのトレーニングセンターでの語学の授業模様。

レーニングセンターを紹介され，そこで訓練を受けながら待機し，トレーニングセンターと同じ経営のエージェンシーで雇用者が決まってから入国する。トレーニングセンターは訓練生の髪を短く切り，就労国の言語や家事・育児・介護のスキルと家事労働者としての身体作法を教える。訓練生がインドネシアから出発するのに先立って持ち物を検査し，ピアスなどの装飾品や携帯電話，「黒魔術」関係の物品[6]，家族などの写真や携帯番号が書かれたメモなどを持っていないか調べる。

　シンガポールのエージェンシーも，基本的な生活用品の持ち込みしか認めず，彼女たちの貴重品を没収して出国まで保管するといった方法をとっているところが多い。エージェンシーに登録したフィリピン女性が持ち込む貴重品もここで没収されることになっている。しかし，実際は，少なくない割合で，禁止されているはずの所持品がシンガポールに持ち込まれていた。

が多い。トレーニングセンターは，応募者を紹介されたことについて，スポンサーに周旋料を払う。応募者は，シンガポールで就労することになったら，海外での仕事を見つけるためにかかった費用のすべてを 8 〜 10 ヶ月間の給与カットによって返済する。

[6]　インドネシア人の家事労働者や以前家事労働者であった人たち，トレーニングセンターやエージェンシーのスタッフらの間では，魔術を行使することで自分の健康や安全を促進したり邪悪な雇用者を罰したりできる，ということが広く信じられている。

> インドネシアのエージェンシーからは，お金をシンガポールに持っていかないよう言われた。でも私は怖かった。もし何か悪いことが起きたとき，お金がなかったら何もできない。私の父も，私が海外で働くことを心配していた。父は私に50シンガポール・ドルをくれた。私はそれをたたんで，下着のゴムの部分に縫い付けた。
>
> （ビービー，インドネシア人）

> 結婚したばかりだったので，夫と離れるのはとても辛く，結婚指輪だけでも持っていこうと決めた。トレーニングセンターでは荷物検査と身体検査があるので，方法をいろいろと思案した揚げ句，生理のナプキンのなかに指輪を縫い込んだ。検査の前後，下着にナプキンをつけた。うまく検査をくぐり抜けた後，大きなため息がでた。
>
> （ラニー，インドネシア人）

　ビービーは50シンガポール・ドル（3,250円）だけでなく，証明書サイズの子どもと夫の写真も靴の底に隠して持って入った。事例のような隠し場所として生理ナプキンやパンティ，そしてブラジャーが一般的である。他にも，英語の教科書の余白や小さな紙切れに前の雇用者や親戚の電話番号を書いていたと語る女性もいた。ティッシュペーパーまで一枚一枚調べられ発覚したケースもあるし，生理中だという女性をトイレまで連れていって調べるエージェンシーもあるが，これらの方法は「やってみる価値がある」と考えられていた。

　トレーニングセンター／エージェンシーの仲介プロセスにおける最大の問題は，労働契約が明確にされていないことである。「労働契約書を見たことがない」，「契約書の説明が実際と異なっていた」，「スタッフの口約束は嘘だった」といった事態がインドネシア女性だけでなく，フィリピンからエージェンシーを経由した入国の際にも頻繁に生じている。労働条件や賃金をめぐるトラブルについては，女性たちの間では一般的に，「どうしようもない」「私たちになにができるのか」と受け止められている。とはいえ，それでも彼女たちは，悪口でエージェンシーの評判を落とし，自分たちのシンガポール就労中に培ったネットワークで情報収集し，次回の入国の際には比較的評

判の良いトレーニングセンターやエージェンシーを探そうとする。あるいは，シンガポール就労中に自力で次の雇用者を探し，仲介業者を介さないよう説得するという方法も取られている。

雇用者

　雇用者もまた，家事労働者に様々な制約を課している。貴重品の紛失を防止するという名目で，採用した際にパスポートやビザだけでなく時計などの貴重品を預かる雇用者がいる。雇用者が特に用心深くなるのは携帯電話に対してである。雇用者のなかには，注意散漫になるという理由で，携帯電話の購入や所持を禁止していることがある。にもかかわらず，ほとんどのフィリピン人女性は携帯電話を持っていた。シャロンは，前の雇用者宅では携帯電話をマットレスの下に隠していた。シャロンの友人は，携帯電話を下着に包んでチェストの引き出しに入れており，雇用者が疑っていると感じると，その疑いが晴れるまで近所のフィリピン人女性のところに隠していた。また別のフィリピン人女性は，野菜を入れるつりかごに隠していた。

　携帯電話を入手することは一般に，インドネシア人女性にとってはより困難であった。なぜなら，彼女たちは8〜10ヶ月の借金返済期間後にも休日が与えられないことがあるからである。シンガポールの雇用エージェンシーは，月に1〜2回の休日を与えたくない雇用者を，フィリピン女性ではなくインドネシア女性を雇用するように誘導するからである。それでもなお，インドネシア人女性の大多数が何とかして携帯電話を入手していた。筆者が滞在した家庭の向かいに住んでいたインドネシア人女性は休みをもらえず，外出を禁止され，朝ごみを出す時でさえ雇用者の祖母が彼女についてきた。彼女は深夜に抜けだし，助けを求める手紙を向かいの家庭のゴミ箱の下に隠した。そのメモを見たインドネシア人家事労働者が，中古の携帯電話を友人から入手し自分の雇用者のためにパンとバナナを買ってくるついでに料金前払いカード（トップアップ）を購入した。そのカードを添えて，深夜，彼女にこっそりと渡した。近所に住んでいる家事労働者たちは皆その出来事を知っていたが，他言する者はいなかった。

第Ⅲ部　越境する妻と労働者

写真 10-3　インドネシアからの家事労働者ラニーさん。

　家事労働者を監視するために隠しカメラを設置している雇用者もいる。家事労働者は，雇用者が不在のときにも気を抜くことができない。しかし，このカメラも考えられているほどの効果をもたないこともある。フィリピン女性のジェーンは 2 年の契約を終え帰国する際に，彼女の代わりに来る女性に 4 日間ほど引き継ぎをしなければならなかった。その間に，家事や介護のやり方，雇用者が好きな料理，家族メンバーの性格や癖，仕事の手の抜きかたを新入りに教えた。その引き継ぎの一環として，ジェーンは新入りが「良い

第10章　シンガポールにおける海外出稼ぎ家事労働者の抵抗の諸相

性格の持ち主だと思った」ので最終日にカメラの設置場所を伝達した。また，隣の家でカメラが設置されるのを目撃していたフィリピン家事労働者が，隣家で新しく雇用された家事労働者にそのことを伝えたということもあった。もちろん，監視カメラを設置している家は少なく，より一般的な監視方法は抜き打ちチェックである。50歳代の雇用者はその利点を次のように説明する。

> わが家のインドネシアからのメイドは良い人だ。こういうことがあった。家族でオーストラリアに行ってきた。メイドに知らせていた予定より1日早く帰国したが，家に着くと床にモップかけの跡があった。ときどき抜き打ちチェックをしてみないと彼女たちの本当の働きぶりは分からない。

　この雇用者は普段から，家族旅行の帰国日や時間の変更などを家事労働者に連絡しないことにしている。しかしインドネシア人家事労働者は，雇用者の親類宅で働く家事労働者から携帯メールで帰国予定日の変更を教えてもらっていたのである。雇用者が家事労働者の日常の生活リズムをチェックする以上に，家事労働者は自分の助け合いのネットワークを使って雇用者の行動パターンをチェックしているのである。
　家事労働者に食べ物の制約を課している雇用者もいる。「メイドは家族の一員だ」と公言しても，彼らは依然として家事労働者が食べるものを見張る傾向がある。このような矛盾は，フィリピン出身のルビーの語りに現れている。ルビーの前の雇用者は来客に，彼女が本当に家族の一部のようだと誇らしげに述べ，また実際にルビーもそのように感じていた。しかしそれは，彼女が冷蔵庫の果物を食べたことに対して，祖母が怒鳴りつけ，「馬鹿なメイド」と言うまでのことだった。通常，食べ物については，冷蔵庫のなかの高価なフルーツや残り物のケーキの処分がひとつの争点になる。家事労働者は，新しいものには手を付けないが，古くなりかけたときに，処分するタイミングが難しいという。早すぎると「もう無くなった」と驚いた表情をされてしまう，傷むと「もったいないことをして」と咎められる。女性たちに特定の食べ物を食べないよう命じる雇用者もいた。ある家では，家事労働者は節約のためお肉を食べてはいけないことになっていた。以前にそこで働いていた

265

第Ⅲ部　越境する妻と労働者

　フィリピン女性のスーザンは，いつも料理をつくるときにつまみ食いをしていた。ある日，鶏を揚げながらいつものように口に入れようとしたら，雇用者の義母が突然台所に入ってきた。彼女はあわてて，ズボンのポケットに唐揚げを隠し，大やけどをした。

　雇用者にとって，自分の家庭は安らぎと休息のための私的な領域である。しかし，家事労働者にとってそれは職場であり，ストレスの源であり，生きていく闘いの場所である。ほとんどの家庭では，仕事は午前6時に始まり，午後9時すぎに終わる場合が多い。しかし雇用者が麻雀パーティを開いていたり来客があったりすると，夜遅くまで働かなければならない。とはいえ，そのような状況においても，上手に休憩をとっている場合がある。インドネシア女性のソフィは1ヶ月に1度，午後の休みをもらえるだけだった。3階建ての庭付きの家と，その家族の世話をひとりで切り盛りしている彼女は，日々の過ごし方について筆者に説明するなかで，手抜きの方法に言及した。

　　ソフィ：トレーニングセンターは一般的な家事について教えてはくれたけど，いくつかは私が発明しました。
　　筆者：そうなんですか？
　　ソフィ：私はベッドメイクが得意です。こちらの部屋に来てください。
　　筆者：とても素敵ですね。
　　ソフィ：トレーニングセンターが教えてくれたやり方ではないのですよ。（中略）朝は旦那様(サー)と奥様(マム)のところにコーヒーと新聞を運び，奥様の髪を整えるのを手伝います。就寝前には奥様に冷たいお茶とワインを持っていきます。
　　筆者：とても忙しそうですね。
　　ソフィ：いいえ，そうでもないのです。奥様も働いているので，雇用者は私が実際に働いている場面を一部始終みているわけではないのです。この家は夫妻の扱い方のコツが呑みこめたら，それほど大変ではないのです。ポイントをおさえることが大切です。掃除は2時間以内に終えます。奥様が職場から戻ってきて，部屋が綺麗に片づいていて，芸術的作品のようなベット・メイクをみたら，それだけで十分満足げなのです。

　ソフィの雇用者の家庭では妻が主導権を持っている。したがって，妻を満足させ，ソフィへの依存度を高めていくことが重要になる。ソフィは，自分

の雇用者宅でのサバイバルのために，雇用者家族のプライバシーには全く関心がないというそぶりをみせながら，夫婦の勢力構造，それぞれの性格特性をいち早く学習していった。嫌みや叱責を受けても，「はーい，奥様 Yes, ma`am」と鼻歌を歌っているように声高らかに返事をするのである。

　ソフィもそうであるが，朝の支度を終え，夫婦や子どもを送り出してからは，しばしの情報交換の時間を楽しむというのは一般的な光景である。雇用者が出かけた直後の朝，絶妙なタイミングを狙っているかのように，雇用者宅の固定電話が一斉に鳴りだす。この光景は，携帯電話が家事労働者の間で一般的に使用されはじめるようになって少なくなったものの，まだ観察される。携帯を持っていなかったり，携帯には通話料がかかるので，雇用者の電話を借用しているのである。雇用者が休暇をとって平日に家にいるといった日課の変更がある場合，友人に携帯メールで「家の電話にかけてこないように」と即座に連絡をまわす。この光景は，携帯電話が家事労働者の間で一般的に使用されはじめるようになった 2000 年代後半から極端に少なくなった。その代わり彼女たちの携帯電話が鳴り始めたのである。

　このような家事労働者間の頻繁なやりとりを通して，「妻が夫を怒鳴った」「娘が親に反抗している」「夫の恋愛で夫婦がもめた」など雇用者家族のゴシップが外部に伝わっていく。近所の家庭に関して家事労働者が有している知識量は雇用者も知るところであり，雇用者たちが彼女たちに隣人たちの様子について尋ねる，というのはよく観察されている。このような場合には，近隣の情報は家事労働者が差し控えることもできるし，漏らすこともできる資源になるのである。

　おそらく，雇用者が家事労働者に課す制約の最たるものは，外出禁止であろう。これはしばしば，「彼女の利益のため」という名目のもとになされる。ある雇用者は，家事労働者が妊娠するリスクがなくなり，また彼女が男性外国人労働者と交際することや，男性に騙されること，ギャンブルによってお金を失うことなどを防ぐことになると説明した。この雇用者は家事労働者に 1 ヶ月に 1 日の休みさえも許さず，家族以外の人間と話すことも，玄関のドアから出ることさえも許さなかった。また別の女性の雇用者は，休みの後には気分にムラがでるので，雇っていたインドネシア人家事労働者には定期的

第Ⅲ部　越境する妻と労働者

な休みを与えないと語った。

　外出を制限しようとする雇用者と家事労働者との間には，攻防戦が展開されることになる。休日を与えない雇用者に対して，家事労働者は外出の口実を与えてくれるような申し立てをする。たとえば，「父親が病気で，お金を送るために銀行に行かなければならない」「叔父がシンガポールに来ていて，両親への贈り物を彼に預けたい」などである。雇用者も「一体，何人の叔父や叔母がいるのだろうか」と訝しがりつつも，「家族」「親族」を持ち出されると弱腰になりがちである。25歳のフィリピン女性，ジェニーは「親の入院」と「家の火事」を理由に，給与を前借りして一時帰国まで成し遂げた。

　給与前借りがしばしば必要であるのは，出身国のエージェンシーを経由してシンガポールに入国した女性は通常，最初の8ヶ月から10ヶ月の間，給与が支払われないからである。その間，雇用者から月に10シンガポール・ドルから20シンガポール・ドル（650円〜1300円）を「小遣い」として渡され，そのなかでやりくりするのである。当然，家族に送金もできず，彼女たちはお金が必要になれば，子どもの学費，親の医療代，借金があれば金利分の支払いなどを雇用者に前借するしか方法はない。

　借金返済期間が過ぎても給料を支払わない雇用者もいる。あるフィリピン人女性は，賃金未払いの問題に次のように対処した。

> 私は内心，とても不安で仕方なかった。一週間待った。しかし雇用者は給与のことに何ら言及しなかった。私は勇気を振り絞り，息子の写真を奥様にみせて，ここではあなたの二人の子どもたちを世話しているが，私も自分の国ではこの子の母親であると言った。緊張のあまり声が震えていたと思う。私の家族は送金なしに生活できない，と涙ながらに言った。翌日，奥様は給料を全額くれた。

　このように，家事労働者は弱者やイノセンスを武器にすることもあるわけだ。

　シンガポールにおける家事労働者が直面している大きな困難のひとつは，エージェンシーから課される1〜2ヶ月分の給料に相当するペナルティのために，理不尽な雇用者宅を去るわけにはいかないということである。他方，

第 10 章　シンガポールにおける海外出稼ぎ家事労働者の抵抗の諸相

　前述したように「無料メイド交換プラン」によって，雇用者は気軽に家事労働者を交換することができる。インドネシア出身のマニセンは，無能なように振る舞って交換プランが終了になる前にエージェンシーに返されることで，家事労働者に不利なプランを強みとして利用した。

　　長い間我慢したが，もう我慢できなくなった。私の前の雇用者は，午前は彼女の家で，午後は彼女の母親の家でというように，二軒で働くように命じた。食べ物も十分ではなかった。残り物か，煮汁をかけたご飯とインスタント麺だけだった。それで，私はその家から離れる方法を考えていた。もし私が訓練不能だと雇用者が考えたら，彼女は私をエージェンシーに返すだろう。前に私は雇用者のところを辞めて，エージェンシーに叱られたことがある。エージェンシーから「両親はきっと裕福なんだろうな」とか「バタム[7]に行きたいのか」と罵倒され，ひどく傷ついた。そしてこの家を出るために高価なカップを割ったことはいまから考えると愚かな行為だった。でも，そのときはそれしか方法がないと思っていた。雇用者が大切にしている紅茶カップセット一式のなかからおそるおそるカップをひとつ取り出し大理石の床に落とした。もやもやした気持ちがふっきれて，気分がスカッとした。カップが割れたとき，芝居ではなく本当に泣けてきた。

　マニセンは愚かなふりをすることで雇用者の家から逃れたのである。こうした奮闘のすべてが成功するわけではないし，マニセンは，給与カット期間を 2 ヶ月延長され，エージェンシーの寮に住んでいる間は日常経費を払わなければならなかった。彼女は結果的には「ずっと良い今の奥様」に雇用されたが，何度もエージェンシーにもどると仕事への適合性が問われ「雇用されにくい家事労働者」になる可能性もあった。

　外国人労働者といっても一括りにはできない。フィリピン人とインドネシア人が協力し合うという可能性は，それぞれのカテゴリーに対する異なる扱いによって妨げられることがある。給料や休日の数でいうと，一般的に，フィリピン人の方が待遇が少し良く，また個人の所有物や髪型などについても規制が少ない傾向がある。何人かの雇用者が言うところでは，フィリピン人の

---

[7]　バタム島はシンガポールから高速艇で 1 時間の位置にある，インドネシアの工業開発地域であり，性産業が盛んである。

269

方が給料が高いのは，彼女たちの方が英語が堪能で，学歴が高く，仕事を効率的にこなすからである。しかし近年では，インドネシア人が，従順で我慢強く安価であるというエージェンシーの触れ込みもあり，「扱いやすい」インドネシア人のほうを好む雇用者も多くなっている。

　フィリピン人とインドネシア人も，互いのステレオタイプに影響されている (Chin 1998)。フィリピン人労働者へのインタビューでは，「インドネシア人は私たちとは違う」とか「彼女たちは彼女たち，私たちは私たち」といった発言がいくつか聞かれた。インドネシア人労働者は，フィリピン人労働者の有利な立場をわかっていて，彼女たちを同僚として警戒する傾向にある。あるケースでは，退院してきた寝たきりの母親の世話を依頼するため投薬などを間違えない，「賢いメイド」を雇うことを考えている雇用者がいた。彼の家ではそれまでずっとノラというインドネシア人が6年間働いていた。フィリピン人を雇う計画を知ったとき，ノラは「それなら私は辞めなければならない」と雇用者に告げた。「フィリピン人のメイドは，インドネシア人と働くといつも仕事を仕切るようになる。私に何をすべきか命令し，私が雇用者の高齢の母親の世話をすることになる」。雇用者は母親の退院という大変な状況にあってベテランのノラを手放すわけにはいかず，結局，インドネシア人女性を雇った。ノラは弱い立場に立たされているにもかかわらず，彼女はまさにその立場を雇用者との交渉に利用し，「賢すぎる」フィリピン人が雇われることを阻止したのである。

シンガポールの地域社会

　シンガポールでは，前述したように外国人家事労働者を雇う雇用者の管理責任が，法律に明確にされている。しかし興味深いのは，雇用者宅を訪問する親類や知人の訪問者もまた，外国人家事労働者の一挙手一投足に強い関心を持っているという事実である。訪問客は，その家で働く家事労働者を「さぼっていないか」「メイドの英語で，子どもの英語が変になっていないか」「派手な服を着ていないか」「妊娠していないか」など，自分の家や知人の家の家事労働者と比較しながら，実に細かくチェックしている。

第10章　シンガポールにおける海外出稼ぎ家事労働者の抵抗の諸相

訪問者だけではない，近隣をはじめとした地域の人たちが，彼女たちに好奇の眼差しを注いでいる。そして家事労働者が若ければ，性的関心の対象にもなりやすい。25歳のインドネシア女性，エトリは，ひとりでタクシーに乗ったとき，運転手が彼女に不適切なことを言い，性的な経験を詮索されたことがある。インドネシア人家事労働者は通常，一人の場合はタクシーではなく公共交通機関を使うので，タクシー運転手から生意気だとみなされた。家事労働者なら警察に通報しないだろう，と運転手は思っていたに違いない。エトリはそのように考えている。エトリの友人は公団の階下の空き地で知り合いの家事労働者と長話をしていたら，近隣のひとが雇用者に連絡したようで，夜，マダムから注意された。またある時は，高層の公団住宅の駐車場で男性と立ち話をしていたら警察がきて，雇用者の家にすぐに戻るように言われた。エトリの近所のフィリピン人女性も，海岸で男性労働者と親しげに腕を組んで歩いていたら，警察に何をしているのかと質問された。

家事労働者は四六時中雇用者宅で働いているべきだと考えられている。それ以外の場所でのそれ以外の行為は，「メイドにふさわしくない」とみなされがちである。「公共の場を汚していないか」，「わがもの顔で場所を占領していないか」，「男性と遊んでいないか」，という眼差しが彼女たちの言動や行動に注がれているのである。家事労働者は，自分たちの振る舞いが「メイドとして適切か」どうか見ている人々に対して，敏感である。特にインドネシア人女性は，高価な店でウィンドウ・ショッピングをしたり高級ホテルのトイレを使ったりといった行為に注意している。休日は，時折，橋の下で「パーティ」をするインドネシアの家事労働者がいた。ひとの目に触れにくく，にわか雨を防げる場所を「占領」しているのである。他方で，フィリピン人家事労働者は観光地などで休日用のスペースを占める傾向にある。一般的に，彼女たちは英語を上手に話し，学歴もシンガポール人雇用者よりも高いことがある。次の会話で示されているように，「メイド」という英語には敏感であり，そう呼ばれることを拒否するフィリピン人もいる。

　　筆者：あなたは自分の仕事をどういうふうに言いますか？　つまり，メイドと呼んでもいいですか？

271

アイリーン：いいえ，DH です。
筆者：DH とは何ですか？ Domestic Helper のことですか？
アイリーン：いいえ，DH なんですよ。
筆者：何が違うのですか？
アイリーン：その方がクールだからですよ。

このやり取りには，マジョリティから自分たちに押し付けられる「メイド」というラベルに応酬しようとするフィリピン人家事労働者の抵抗を垣間見ることができる。アイリーンのような女性たちは，「DH」の呼称を周囲の人たちに広げようとしているのである。

親族や家族

彼女たちは受け入れ国においてのみ搾取されているわけではない。シンガポールでの就労歴 8 年のビービーは，「私が抱えるトラブルのほとんどは，インドネシア側で起こっている」と言い切った。故郷の親族が時に搾取者として立ち現れることがあり，彼女たちは親族に対しても交渉や抵抗を行なわなくてはならない。

> 妊娠してお腹が大きいときに夫に蹴られたのが暴力のはじまりだった。お酒を飲んで機嫌が悪くなるとすぐに私に当たる。ある日，耐えきれなくなって，下の子どもを連れて実家に戻った。もう一人の息子は置いていくように義母に命じられたからだ。父親や妹からは，夫と離婚したほうが良いと言われている。夫からは，離婚したら殺すと脅されている。どうして良いのか分からない。以前から知り合いだった男性が，私に好意をもってくれているので，そのひとに連絡したら，親身になって相談に乗ってくれた。私と子どもたちの世話をしたい，とも言われた。彼はいまマレーシアで働いている。彼が良い性格の持ち主であるかをシンガポールにいる間に見極めたい。彼とメールで密に連絡したいので，奥様に携帯を買うお金を借りた。

女性の出稼ぎ問題でしばしば言及されているのが，家庭内での暴力や夫の飲酒やギャンブル癖が海外への出稼ぎのプッシュ要因になる点である（Oishi 2005）。ビービーは，夫が暴力を振るい，夫に定職がないので子どもを養う

ためシンガポールに来たが，その間にインドネシアに送金しながら，後ろ盾になってくれる次の男性を探している。雇用者には携帯の購入は夫と連絡を取るのに必要だと説明しているが，彼女にとっては静かに進行中の離婚計画の一環である。同様に，調査に協力してくれた女性のなかには，問題を抱えた結婚生活から距離をおくため，夫からの電話やメールに応答しないひとたちもいた。

　親族とのトラブルでより一般的なのは，絶え間ない送金の依頼や物の無心である。故郷の親族への経済援助や贈り物のため，送金や買い物に走り回っている女性たちがいる。23歳のインドネシア女性ウジは，すでに再婚した母親の家族のために給与のほとんど全てを渡しているのに，さらに前借りをするように催促されている。また，インタビューしたなかに，週末の朝に雇用者宅の固定電話に電話をかけて送金を依頼する親を嘆く家事労働者がいた。雇用者夫婦が電話で朝早く起きてしまい，彼女の立場が悪くなるからだ。週末の朝に電話をかけないように言っているのに，親は状況を理解しようとしない。この女性によると，親は自分がどのような苦労をしてシンガポールにきたのか，またどのような働き方をしているのか，考えも及ばないらしい。

　親だけではなく，叔父や叔母などの親族のなかにも，気軽に無心するひとたちがいる。インドネシア女性，スティナは，腕時計を無心する親族について途方にくれた様子であった。

> シンガポールに行くと決まったら，叔父はセイコーの腕時計を持って帰ってほしいと言った。普通なら，「良い雇用者に恵まれるといいね」とか，「身体に気を付けて」と言うものではないか。7ヶ月後に休日をもらった。ブギスの時計店にいって，セイコーの腕時計をみて泣いてしまった。こんなに高いものをどうして気軽に催促するのか。私がインドネシアのトレーニングセンターとシンガポールの雇用者宅で，これまでどのような苦労をしてきたかに思いを馳せることがどうしてできないのだろうか。

　この種の故郷の親族からの無心に対しては，いくつかの抵抗の様式がある。インドネシア女性，アトンは，頻繁な送金依頼にすっかり嫌気がさして，かなりの部分を自分で使ってしまったらしい。

> 故郷では家族や親戚は皆親しい。とても友好的な人たちだ。しかしお金になれば話は別で、兄と姉がいるのに、親にお金を出すのはいつも年下の自分になる。いま、自分はとても無駄遣いをしていると思う。休日にショッピングにいくと手に取った物が全部欲しくなる。物を欲しがるこの手が憎い。でも、すごく気持ちがいい。自分のためにお金を使うと、本当にいい気持ちになる。

家事労働者が自分のために買い物をすることは、親族や雇用者からは、浪費だと受け止められてしまう。しかし、アトンからすると、自分で稼いだお金を自分のために使うという、当たり前の権利行使なのである。

このような直接的な行動以外の方法として、一時帰国せずにシンガポールで働き続けるという方法がある。通常、プレゼントやお小遣いを親族に渡すことになるのは、2年の契約が終了した時点での一時帰国である。したがって、浪費しないように帰国せずに、次の契約を開始することが選択されることもある。

次に、自分のために土地や家を買うことで自分のお金を自分の資産として残すという方法がある。「土地を買わなければ、自分が4年間で稼いだお金はすべて（親族に渡ってしまって）なくなっていただろう」と言う女性がいた。独身者にとって、今後の人生を独立して送っていく上での大きな出費のひとつは土地や家の購入である。それは、自分自身の資産を確保しておくための現実的な方法でもあるのだ。

4 考　察

> 国家や資本主義者が欲しいのは「労働者」であるが、実際のところかれらが獲得するのは「人間」である。この『労働力』と『個性をもつ人間』との間の緊張は、外国人家事労働者をめぐって、とくに顕著である（Anderson 2000: 108）。

外国人家事労働者は、グローバル経済において、実質的に「商品」として扱われている（Chang 2000）。インドネシア人の女性にとって、そのプロセス

はトレーニングセンターでの経験から始まる。そこでは，ベルトコンベヤーのように，英語や家電製品の使い方についてトレーニングが行われ，数週間で，冷蔵庫や洗濯機や掃除機の使用経験のない女性を，近代的な家電が設置されている家庭で就労可能な家事労働者に仕立てあげる。その過程で持ち物を剥奪し，「個性をもつ人間」の部分をそぎ落とそうとする。シンガポールにおいて家事労働者は，中・上流階級の雇用者が消費するために大量生産され，返品や使い捨ての可能な安価な商品なのである。家事労働者本人には契約内容などが十分に知らされていない場合が多い。「商品に自己決定権はない」と言ったら言いすぎだろうか。

　シンガポールにおいて家事労働者は，労働者の統制を強調する入国政策の適用を受ける。前述のように，雇用者には家事労働者の監督義務が課されており，家事労働者は，入国した瞬間から出国に至るまで，システマティックな管理のもとに置かれるのである。家事労働者に対する規律的な管理の水準は，西欧の受け入れ国で外国人家事労働者が経験しているものとは大きく違う。外国人家事労働者の社会的排除は，雇用者の家庭や公共の場において明示的にも暗黙のうちにも課される制約に明らかであった。また，家事労働者を「家族の一員」と位置づける雇用者も多いが，結局のところそれは家族の行うべき仕事の押し付けや長時間労働の口実として機能していることが多く，家事労働者を外出させなかったり所持品を取り上げたりする雇用者がいることはみてきた通りである。雇用者は，あの手この手で家事労働者の仕事量を増やし賃金を据え置くことで単位時間当たりのコストを下げようとする（Pratt in collaboration with the Philippine Women Center 1999)。

　外国人家事労働者の労働条件や彼女たちが感じている疎外感や拒絶を考慮すれば，彼女たちの日々の交渉や奮闘を，抑圧的な環境への「抵抗」をも含む対処戦略と呼ぶのはふさわしいことである。これらの女性たちは，固有の人格を備えた個人として，日々，自らの尊厳を取り戻そうと試みているのである。

　グローバル経済の中にあって，「商品たちの抵抗」が世界中で遂行されている。たとえば，アメリカにおけるメキシコ系女性家事労働者は，労働市場における自らの価値を引き上げるための幅広い戦略を展開している。それ

は，①仕事の柔軟性への機会を増やす，②給与と手当を増やす，③仕事内容を明確にした契約を確立し，それを守らせる，④雇用者との接触を最小化する，⑤自らを専門的なハウスキーパーとして規定する，⑥小規模でビジネスのような環境をつくる，といったものである (Romero 2002: 8)。家事労働者が管理に抵抗する戦略は，コンスタブルによる香港の家事労働者の研究においても観察されている。そこで彼女は，自らの権利を主張したり，デモに参加したりするフィリピン人家事労働者について記述している (Constable 1997)。

　しかしながら，ロメロが観察した戦略のほとんど，そしてコンスタブルのものでさえも，シンガポールの家事労働者には採用されえないだろう。第一に，シンガポールでは家事労働者に休暇や休日は保証されていないし，政治的自由[8]はそもそもすべての国民に対して制限されている。労働組合法は，家事労働者を含む外国人労働者に独自の組合を結成することを禁じている[9]。彼女たちは，労働者の権利を求めるデモに参加することも，資本を必要とするビジネスに携わることもできない。第二に，シンガポールの家事労働者のすべてが雇用者のところに住み込みで働いていることから，雇用者との接触を最小化することも不可能である。このように，他国においては有効な戦略であっても，それらはシンガポールの外国人家事労働者にとっては利用可能なものではないのである。

　それに対して，冒頭で言及したスコットのマレーシア小作農の研究は，組織も資金も持たない個々の小作農民にも容易に日常的に為しうる抵抗様式であった (Scott 1985)。それゆえ，シンガポールの家事労働者においてもそれと類似した抵抗様式が見られるのではないかと予想したのだが，ここまで紹介してきた事例から，そうした予想が正しいものであったと確認できるだろう。本章で見てきた家事労働者たちの行動が，スコットがあげる，ペースダ

---

8)　シンガポールでは，「その他の違反行為（公的秩序と迷惑行為）法 Miscellaneous Offences (Public Order and Nuisance) Act」によって，「公道において交通の障害あるいは妨害となる行為」を制限している。「2009 年公共秩序法」(The Public Order Act of 2009) は，個人や集団や政府への指示や反対を表す「大義に関連する活動」のための集会を人数に限らず許可制にしている。これらの法令の任意の適用によって，集会や議論の自由が侵害されている。

9)　労働組合法 (Trades Union Act) Section 30(3).

ウンやサボタージュ，偽りの服従，常習的な着服，偽装された無知，ゴシップ，感情偽装，職場放棄といった様々な抵抗の諸相と大きな類似性を持つことは明らかである。

　家事労働者たちは，雇用者のいない時間帯に，友人と電話や立ち話に興じ，雇用者に気づかれるであろう仕事だけを完璧にこなし，残りは手を抜いたりする（サボタージュ）。雇用者との日々の接触を通じて，自分たちに対する依存度を高め，自分たちにかかる統制を弱める。実際，多くの家事労働者は監視カメラの存在に気づいていないふりをしている（偽りの服従）。雇用者からの叱責や不平に対しては，家事労働者は自分の本当の気持ちを隠して，熟練した役者のように，「はーい，奥様」と大きな声で暗誦する（感情の偽装）。雇用者のためにつくった食事をつまみ食いする（着服）。また，雇用者やエージェンシーの悪口を言うことで，彼らの評判を落としたり（ゴシップ），雇用者との無駄な話し合いを避けるために無能を装ったり（偽装された無知），雇用者からエージェンシーに返されることによって合法的に職場から脱出する（職場放棄）。家事労働者が住み込みで，雇用者家族構成員の力関係やスケジュールを詳細に把握しているからこそ，これらの戦略の多くが可能となるのだ。

　本研究からは，家事労働者が用いる様々な抵抗戦略はスコットによって詳述されたものに留まらないことがわかる。家事労働者が近隣の家族についての情報を部分的に雇用者に伝え，雇用者との交渉において「実は家族が……」という「家族レトリック」や，「無一文」といった「弱者レトリック」を資源として利用する。暴力を振るう夫にはシンガポール滞在中に離婚計画を進める。自国で土地や家などの消滅しない資産を買ったり，ときには自分のために散財することで，お金や高価な贈り物を要求してくる親族をはねつける者もいる。そして，休日には，ショッピング・モールの前や橋の下を占拠する。多くのフィリピン人労働者は，（雇用者や地域社会が用いる）「メイド」や（シンガポール政府が用いる「外国人家事労働者」を表す）「Foreign Domestic Workers（フォーリン・ドメスティック・ワーカー）」やその省略形である「FDW」といった呼び名を拒否し，代わりに自分たちを「DH」と呼ぶ。さらに，多くの人たちの証言では，インドネシア人女性のなかには，理不尽な

雇用者から自らを守るために「黒魔術」を使うこともある。それゆえ，インドネシアのトレーニングセンターはいつも，「黒魔術」関係の特殊な石やバラの花，アラビア文字の書かれた紙などを，出国前の家事労働者が持っていないかどうか徹底的に調べ，没収している。

　これらはすべて目立たないテクニックである。雇用者やエージェンシーと直接対決するというより，日常的には明確な対立を避けながら，公の見えている部分では計算された従順さを貫徹させる。本研究において記述された戦略は，何らかの組織に頼ることなく個人によって行われうるものである。そのなかには，女性たちが自分たちで編み出したものもあるし，彼女たちの流動的なネットワークを通じて仲間から学んだものもある。ハーヴィ・サックスは，「ティーンエイジャー」という呼称と「ホットロッダー」という呼称との違いに着目し，後者を「自己執行カテゴリー」として分析した (Sacks 1979: 邦訳 1987)。「ティーンエイジャー」は，大人が彼ら若者を自分たちの枠内で管理しようとして名付けた言葉であるのに対し，「ホットロッダー」は若者が自ら編み出した言葉である。同様に，「メイド」，あるいは政府の使用する FDW という名称は，支配者側の目線から家事労働者を管理しようとする言葉であるから，労働者本人の自尊心を高めるものではないだろう。他方，「DH」は「ホットロッダー」と同様，フィリピン家事労働者自身によって定義され，執行されているカテゴリーであった。

　そして，ひとりだけでは DH のカテゴリーは定着しない。インタビュアーである筆者にも，自分たちを DH だと主張することで，DH の呼称を受け入れ，使用するひとびとのサークルを広げようとしている。自己執行カテゴリーが通用する範囲が拡大することは，彼女たちの自己執行権が拡大することにも繋がるのである。

おわりに

　以上みてきたように，シンガポールで家事労働者として雇われているインドネシア人やフィリピン人は，厳しい法的・制度化な拘束に直面しており，

また搾取的な構造にさらされてもいる。本研究は，家事労働者が多くの困難にもかかわらず，その「弱さ」を雇用者や他の人々と付き合っていくときの資源として使っていることを浮き上がらせた。アメリカの生活保護の研究，『自分の人生のヒーローたち』の著者であるアメリカの歴史家リンダ・ゴードンは，貧困者，とくに社会的立場の弱いシングルマザーとその子どもが公的機関によって家庭に介入を受けた被害者であるとする，定型的な語りに見られる解釈モードからの脱却を試みている。ボストンの福祉機関のケース記録を再検討するなかで，母親もまた「(元) 夫からの暴力」などを利用して，家族に必要な公的援助を引き出すため，介入の一翼を担い，そのラベルを実に巧みに利用してきたとする (Gordon 1988)。シングルマザーが，自分と子どもたちの生存のために，ありとあらゆる方法を駆使したように，本研究でも，どの程度うまくいくかの差はあるにしても，家事労働者は自分たちが利用できるあらゆる手段を用いてエージェンシーや雇用者や親族，そして地域社会と渡り合っていた。

　家事労働者によって用いられるすべての手段がほめられたものであるわけではないし，彼女たちの抵抗の行為は取るに足りないものだと思われるかもしれない。これらの戦略は家事労働者の日々の経験を形づくる政策には公然と異議を唱えないがゆえに，限定的なものである。しかしながら，外国における彼女たちの周縁化された地位を考えれば，これらの戦略こそが彼女たちに利用可能なものであり，日々の生活で採用されうるものなのである。まさしくゴードンがシングルマザーを自分の人生のヒーローであると名付けた意味において ── フィリピン政府が彼女たちを国家のヒーローと称揚する意味ではなく[10] ──，家事労働者たちは，状況に対応するために賢く立ち回り，自分たちの安全と将来への変化を求める長く続く闘いのヒーローなのである。

---

10)「ヒーロー」の言葉は，アキノ元大統領が 1899 年に香港で家事労働者たちに行ったスピーチで最初に出現した (Maglipon, 1993)。

• 参考文献 •

Anderson, Bridget. 2000. *Doing the Dirty Work: The Global Politics of Domestic Labour.* London and New York: Zed Books.

Chammartin, Gloria Moreno Fontes. 2004. "The Feminization of International Migration." *Migrant Workers, Labour Education.* Geneva, ILO. 129: 39–47. http://library.fes.de/pdf-files/gurn/00072.pdf, accessed on 15 November 2010.

Chang, Grace. 2000. *Disposable Domestics: Immigrant Women Workers in the Global Economy.* Boston, MA: South End Press.

Chin, Christine. 1998. *In Service and Servitude: Foreign Female Domestic Workers and the Malaysian 'Modernity' Project.* New York, NY: Columbia University Press.

Constable, Nicole. 1997. *Maid to Order in Hong Kong: Stories of Filipina Workers.* Ithaca, NY: Cornell University Press.

Hochschild, Arlie. 2002. "Love and Gold." In Barbara Ehrenreich and Arlie Hochschild (eds) *Global Woman: Nannies, Maids, And Sex Workers in the New Economy.* New York: Henry Holt and Company.

―――. 2001. *Doméstica: Immigrant Workers Cleaning and Caring in the Shadows of Affluence.* Berkeley, CA: University of California Press.

Hondagneu-Sotelo, P. 2002. "Families on the frontier: From Braceros in the Fields to Braceras in the Home." In Marcelo M. Suárez-Orozco, and Mariela M. Páez (eds) *Latinos: Remaking America.* Berkeley, CA: University of California Press.

Hondagneu-Sotelo, P. and Ernestine Avila. 1997. "I'm Here, but I'm There: The Meanings of Latina Transnational Motherhood." *Gender & Society* 11: 548–571.

Horton, Sarah. 2009. "A Mother's Heart is Weighed Down with Stones: A Phenomenological Approach to the Experience of Transnational Motherhood." *Culture, Medicine, and Psychiatry* 33(1): 21–40.

Human Rights Watch. 2005. "Maid to Order: Ending Abuses against Migrant Domestic Workers in Singapore." *Human Rights Watch* 17(10): 1–124. http://www.hrw.org/reports/2005/singapore1205/, accessed on 31 August 2009.

Gordon, Linda. 1988. *Heroes of Their Own Lives: The Politics of the History of Family Violence-Boston, 1880–1960.* Chicago, IL: University of Illinois Press.

Lan, Pei-Chia. 2006. *Global Cinderellas: Migrant Domestics and Newly Rich Employers in Taiwan.* Durham, NC: Duke University Press.

Maglipon, Jo-Ann. 1993. "DH in HK." *Primed: Selected Stories, 1972–1992.* Pasig, Metro Manila: Anvil Publishing. 45–53.

Ogaya, Chiho. 2004. "Filipino Domestic Workers and the Creation of New Subjectivities." *Asian and Pacific Migration Journal* 3(3): 381–404.

Ortner, Sherry B. 1995. "Resistance and the Problem of Ethnographic Refusal." *Comparative*

Studies in Society and History 37(1): 173-193.
Parreñas, Rhacel S. 2001. *Servants of Globalization: Women, Migration, and Domestic Work*. Palo Alto, CA: Stanford University Press.
―――. 2005. *Children of Global Migration: Transnational Families and Gendered Woes*. Palo Alto, CA: Stanford University Press.
Ponnampalam, Lingam. 2000. "Mirror or Mold: Newspaper Reportage on Unskilled Labor Migration in Singapore." *Asian Migrant* 13(3): 75-80.
Pratt, Geraldine (in collaboration with the Philippine Women Center). 1999. "Is This Canada?: Domestic Workers' Experience in Vancouver, BC." In Janet Henshall Momsen (ed.) *Gender, Migration and Domestic Service*. London: Routledge.
Romero, Mary. 1988. "Sisterhood and Domestic Service: Race, Class and Gender in the Mistress-Maid Relationship." *Humanity & Society* 12(4): 318-346.
―――. 2002. *Maid in the U. S. A.* 10th Anniversary Edition. New York, NY: Routledge.
Sacks, Harvey. 1979. "Hotrodder: A Revolutionary Category." In George Psatha (ed.) *Everyday Language: Studies in Ethnomethodology*. New York: Irvington Press.（山田富秋・好井裕明・山崎敬一編訳 1987「ホットロッダー――革命的カテゴリー」『エスノメソドロジー――社会学的思考の解体』せりか書房，19-37頁）．
Scott, James C. 1985. *Weapons of the Weak: Everyday Forms of Peasant Resistance*. New Haven, CT: Yale University Press.
―――. 1990. *Domination and the Arts of Resistance: Hidden Transcripts*. New Haven, CT: Yale University Press.
Ueno, Kayoko. 2008. "Foreign Domestic Workers in Singapore." In Emiko Ochiai and Barbara Molony (eds) *Asia's New Mothers: Crafting Gender Roles and Childcare Networks in East and Southeast Asian Societies*. Folkestone, UK: Global Oriental.
Yeoh, Brenda. S.A. and Shirlena Huang. 1998. "Negotiating Public Space: Strategies and Styles of Migrant Female Domestic Workers in Singapore." *Urban Studies* 35(3): 583-602.
―――. 2000. "'Home' and 'Away': Foreign Domestic Workers and Negotiations of Diasporic Identity in Singapore." *Women's Studies International Forum* 23(4): 413-429.

第11章

日本における移住セックスワーカー
「社会的排除」に遭う変化の体現者

青山　薫

はじめに

　日本の性産業の規模は大きい。多数の人びとがそこで働いている。多数の外国人女性もそこで働いている。とはいえ，性産業においては使用者と労働者のあいだに雇用契約を結ばない事業所が多いうえ，フルタイムではない，職場を変えること・転職することが多い，外国人の場合はそもそも日本滞在資格の期限が切れている非正規労働者が多い，などの理由で，そこで働く人びとの数を正確に知るための統計は存在しない。

　「セックスワーク」はそもそもあいまいさがとりえの概念だが[1]，日本においては性労働を労働と認めること自体に社会的な抵抗が根強く，この仕事に従事する人びとへの偏見とあいまって，現在風俗営業法の規制下で合法に営まれている業態が多数あるにもかかわらず，関係するすべてのものごとがあたかも犯罪であるかのような「逸脱化」あるいは「社会的排除」の的になっている。しかし，実際に，合法に営業されている現場で売春防止法違反になる行為（金銭の授受をともなう不特定多数との性交）が提供されていること

1）　本文で後述する SWASH (Sex Work and Sexual Health: http://www.geocities.jp/swashhp/menu/about.html, 2010 年 4 月 28 日参照) は，「セックスワーク」を，「性風俗産業や売春などの，性的なサービスを提供する仕事」と，「そこで働く人を『セックスワーカー』」と定義し，これらの長所を「偏見や蔑視的な意味合いが少ない」，「女性以外のセックスワーカー（男性やトランスセクシュアル・セックスワーカー）も含んでいる」，「幅広い職種を含めることができる」などとしている。

も多いためと，いわゆる暴力団・地下経済とのつながりが(事実はそうでない場合があるとしても)知られているため，「すべてあたかも犯罪であるかのような社会的排除」は，まったく根拠がないこととも言えない。

　この章は，セックスワーク自体をどう評価すべきか，という終わらない議論を続けるものではない[2]。そうではなく，性産業で働きながらこの「根拠がなくはない」社会的排除を受けている人びと，とくに外国人女性として排除を二重にも三重にも受けている人びととの側に立場を定め，この排除が不当なものであることを議論する。そして，この不当な状態を改善するには，彼女たちを被害者として救済するのではなく，現在の日本社会に適合するようリハビリ(矯正)する —— つまり「社会的包摂」をする —— のでもなく，社会全体の変化のエイジェントとして認識することが必要である，と議論する。そして，それには日本社会の側も変わることをまぬがれないと議論する。

1 外国人女性が性産業で働く環境

　売春防止法は，「対償を受け，又は受ける約束で，不特定の相手方と性交すること」，「公衆の目にふれるような方法で，人を売春の相手方となるように勧誘すること」，「人を売春の相手方となるように勧誘すること」(2，5，6条)などを禁じている。しかし「性交」については，法の運用上，「ペニスをヴァギナに挿入すること」と解釈されているものの(水島 2008)，明文化された定義はない。「不特定の相手方」についても定義がない。また，プライヴェートな関係においてなされるどんな性交にもこれらの禁止を適用するものではない。一方で風俗営業法は，各都道府県の公安委員会の監督下で，「性風俗関連特殊営業」を許可している。

　これらのことが実際に意味するのは，性交をサーヴィスの一部にふくみ対価を生む，プライヴェートな空間，もしくはプライヴェートな関係を触発す

---

2) この点で現在進行中の議論については，中里見(2010)，青山(2011)を参照のこと。

る関係のなかで行われる多数の性にかかわる仕事が，そもそも法の埒外に存在しているということである。たとえば，ソープランドは，「入浴介助サーヴィスの提供」という性風俗関連特殊営業を行う通常合法の事業所だが，実際には「ホンバン（上記の意味での性交）」が行われる場所として知られている。しかし，その行為を警察が売春防止法違反で摘発しないのは，現場を押さえられないからというばかりでなく，入浴介助サーヴィス中に，サーヴィスを施すソープ嬢とサーヴィスを受ける客のあいだに個人的な関係ができ性交にいたった，と申し開きをされれば法的に規制できないからである。

ところが，日本国籍をもたず，日本への永住権・定住権ももたない人が性産業で働く場合，状況はまったく異なる。戦後の制定いらい一貫して，出入国管理及び難民認定法（19条）が，この人たちにとくに性風俗関連特殊営業に従事することを禁じているからである。この規則には最近まで大きな抜け道があった。年間何万人という単位のフィリピン人に「興業」（芸能活動）の日本滞在資格が発給され，実際にはそのなかの多くの人が性産業で働いていたのである。ところが後述するように，この抜け道も，近年の性産業に対する取り締まりが強化されるにしたがって非常に細いものになっている。

このような不法性があるにもかかわらず，日本の性産業は，とくに1985年以降の対ドル円高の始まり以降，収入が必要な移住女性を惹きつけ続けている[3]。

社会史的に移住労働にはいくつかの画期があるが，ここでは移住セックスワーカーの法的環境を一変させた年といえる2005年に注目しよう。この年のある刑法改正にともなって，性産業全体に対する取り締まりが強化されたのである。それは，刑法のなかに「人身取引罪」を創設した一連の新しい条項がつくられ，風俗営業法，旅券法，入管法などの関連法が改正されたことから生じた。その背景には，日本政府が，2003年に発効した「国連越境組織犯罪防止条約」を補完する「人身取引禁止議定書」を批准する目標があった。日本政府は，国外から日本領土への人身取引を犯罪化するためとその被害者を保護・救済するために既存の法改正が必要だったのである。

---

3) 2011年3月11日の東北大震災とその後の原発事故による日本経済への影響，移住労働者増減への影響は執筆の時点で明らかになっていない。

法務省入国管理局と警察庁は，人身取引の加害者を処罰し，被害者を救済し，そして「不法」残留者の数を減らしたことを高らかに宣言した（右表図11-1，図11-1参照）。しかし，セックスワーカーとその支援者および彼女たちとともに調査をする研究者は，この一連の法執行機関による成功談について楽観的ではいられなかった。こちらのグループは，取り締まりの強化によってふたつの傾向がつくりだされたと考えていたのだ。ひとつは，2005年以降に性産業で働いている非永住・定住外国人は「不法」な人びとではなく，たとえば日本人の配偶者資格などをもつ「合法」滞在者である場合が増えたこと。もうひとつは，しかし「不法」滞在者はいなくなったわけではなく，研究者や日本人セックスワーカーなどの手の届かないところへ行ってしまった —— つまり，よりアングラ化（地下化）してしまったのではないかということである。

地下化している事象については事の本質において統計的な根拠を得るすべもなく，参加行動調査などの質的調査によって裏打ちするしかない。しかし，やはり2000年前後から性産業に対する取り締まりを強化してきたイギリスやスウェーデンにおいて，インタヴュー調査にもとづく同様の懸念が表明されていることから，取り締まり強化と地下化のあいだにある程度普遍的な関係があるといえるだろう（cf. Hubbard 2006; Ministry of Justice and the Police, Norway 2004: 46-47）[4]。

性産業に従事する外国人の表象は，他のすべての表象と同じく，誰がどのようにそれをするかによって異なるが，日本ではとくに，今までのところ彼女たちに関する研究の類が量的にも質的にもほとんど行われてきていないこ

4） イギリスでの調査に関しては Phil Hubbard が，スウェーデンの調査に関してはオランダとの比較でノルウェー法務省・警察報告書が同様の懸念を表明している。スウェーデンの取り締まり強化が注目されているのは，同国が1999年に世界で初めて売春に罰則を設けず買春のみを犯罪化したからである。これに関してさまざまな報告書や意見が公刊され，スウェーデン政府自身2010年に10年後の評価報告を出し，買春禁止によってスウェーデンの売買春廃絶計画は順調に進んでいると結論した（http://www.regeringen.se/content/1/c6/14/91/42/ed1c91ad.pdf, 2011年4月28日参照）。しかし，この報告書自体に方法論に関する説明が皆無で具体的な根拠に乏しく，政治的ステートメントに留まっているという批判も多く（例えば Laura Agustin のブログに詳しい：http://www.lauraagustin.com/behind-the-happy-face-of-the-swedish-anti-prostitution-law, 2011年4月28日参照）。結果，スウェーデン方式の取り締まり強化も賛否両論というところが現状である。

第 11 章　日本における移住セックスワーカー

表 11-1　人身取引事犯の検挙状況

	2001	2002	2003	2004	2005	2006	2007	2008
検挙件数	64	44	51	79	81	72	40	36
検挙人員	40	28	41	58	83	78	41	33
ブローカー	9	7	8	23	26	24	11	7
被害者総数	65	55	83	77	117	58	43	36
フィリピン	12	2		13	40	30	22	7
インドネシア	4		3		44	14	11	
台湾	7	3	12	5	4	10		5
タイ	39	40	21	48	21	3	4	18
韓国				3	1	1	5	
ルーマニア					4			
オーストラリア					1			
エストニア					1			
コロンビア	3	6	43	5	1			
ロシア				2				
ラオス				1				
中国（＋マカオ）			4	2				
カンボジア				2				3（2）
日本							1	2

出典：警察庁生活環境課「平成 17 年度中における人身取引事犯の現状について」（2009 年 2 月 17 日報道発表）：http://www.npa.go.jp/safetylife/seikan22/20060209.pdf，2011 年 4 月 28 日参照

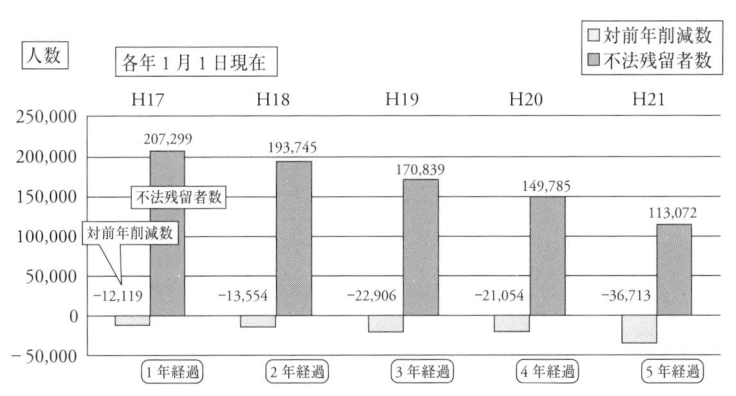

図 11-1　「不法滞在者 5 年半減計画」実施期間中に減少した「不法」滞在者数
出典：法務省入国管理局「本邦における不法残留者数について（2009 年 1 月 1 日現在）」（2 月 17 日報道発表）：http://www.moj.go.jp/nyuukokukanri/kouhou/press_090217-2.html，2011 年 4 月 28 日参照

とから，彼女たちの「現実」について印象批評が独り歩きしている感が強い。そこでこの章では，この分野の最初の実証研究の一端と，日本の性産業に従事する外国人女性という「現象」をグローバル化する現代の社会状況に結びつける概念上の枠組みを紹介したい。

② 個人的な経験とマクロな社会変化との相互規定性
── エイジェンシーを中心に

　私の理論的な関心は，性産業に従事する個々の移住女性の経験とマクロな社会変化がたがいに規定しあうところにある。大まかに言って，セックスワークの倫理と政治は，セックスワークが行われているその場の文化，言説，地理，時代などのコンテクストによって変わるものだ。したがって，私はセックスワークを普遍的な倫理で判断することに意義を感じていないし，できるとも思っていない。その代わりに，私がセックスワークについて判断できるのは次のようなことである。

　状況によっては，性取引は暴力をともなうことが多く，奴隷制に近いような極度なはく奪に性的「サーヴィス」の提供者をさらすことがある。そのような状況下では，最初は「サーヴィス」を提供する「セックスワーク」であるという認識で当事者がその取引に参入しても，結果したものは「ワーク（労働）」とは呼べず，当事者を「セックスワーカー」とも呼べなくなる（この章ではこのような状況におかれた人については言及しない）。別の状況では，性取引はグローバルに広がる階級，ジェンダー，民族などの不平等のうえになりたっている社会において，その格差・差別の底辺におかれた人びとに経済的・精神的な自立をももたらす手段になりうる。たとえば，いわゆる「開発途上国」の農村や都市貧困層出身の，あまり公教育を受けていない若い女性は，その複合的な不利益によって移住セックスワークへと押し出されることがあるが，同時に，「先進国」で性産業に従事することによって，他では得られない量の収入を短期間で得て，みずからの現在と将来の生活の糧を稼ぎ，出身地の親兄弟姉妹の現在と将来の生活にまで投資することもありうる

（詳しい議論は，青山 2007 参照のこと）。

そのような状況があることが，現在性取引に従事する人がおり，当面いなくなる見通しがないひとつの理由である。ならば，従事する当事者にとっては，より良い労働としての状況に少しでも近づくこと，奴隷状態に近いような悪状況を回避することが重要である。そしてセックスワークについて調査する者にとっては，セックスワークに従事する人びとがみずからのエイジェンシーをできるだけ発揮できるような方向で，仕事をすることが望ましい（詳しくは Aoyama 2009: 194-200 参照のこと）。

ここでいう「エイジェンシー」とは，ある人（または行為体＝エイジェント）が社会的な存在として周囲の状況を理解し，その現におかれた状況のもとで，何が得策かを決断しつつ行動することができるための潜在能力である（cf. Stones 2005: 66-67; Giddens 1984/2001: 2）。この言葉は，あらゆる圧力を内在させている社会とその社会を個々の事象を通して経験する人 —— この章のなかでは移住セックスワーカーがそれにあたる —— の関係を強調するのに適切な言葉だと私は考えている。そして，両者の関係は，つねに現在進行形で，つねに相互規定的な関係である。下図 11-2 が，その関係を概念化した図だ。

移住セックスワーカーについての調査をするという目的に応じて，個人の

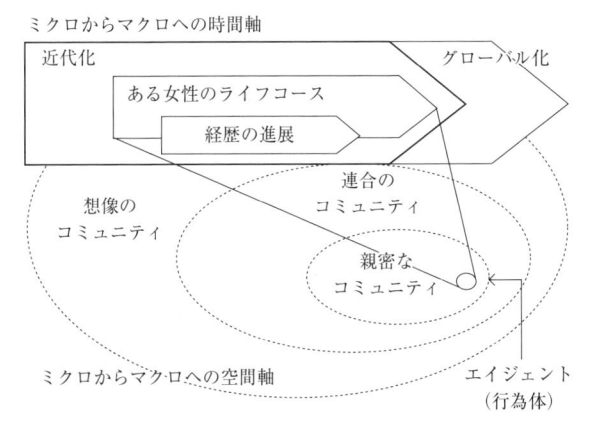

図 11-2 「エイジェントと社会の関係」概念図

経験とそれをふくむ社会の相互規定性を考察するにあたって，ここには大きなふたつの枠組みがある。時間軸と空間軸である。時間軸は，行為体の経歴の進展，彼女のライフコース，近代化からグローバル化へとつながる歴史を貫いて流れている。空間軸の方は，「親密なコミュニティ」，「連合のコミュニティ」，「想像のコミュニティ」と広がる人間関係の圏域をカヴァーしている（それぞれのコミュニティがどのようなものであるかは後述する）。ふたつの軸とも，ミクロからマクロへ伸張している。

　時間軸のうえでは，行為体は経歴をもち，その経歴は彼女のライフコースのなかで未来へ向かって時系列に進展する（二次元の世界ではこのように描くしかないが，現実には経歴は違うものが重なりあったり同じものが行きつ戻りつすることもあり，もっと重層的・立体的なことが多い）。そして彼女のライフコースは，より大きな近代化からグローバル化への社会史を背景に進展する。グローバル化はここでは近代化の延長にあると考えられている。空間軸においては，行為体の周りには直接的な親密な関係からなる「親密なコミュニティ」があり，それを取り囲むかたちで，より機能的で制度的な意味合いが強い「連合のコミュニティ」が存在する。学校，寺，会社などを中心としたコミュニティがここにふくまれる。しかし，図示したとおり，それぞれのコミュニティの境界線はそれほど明確ではない。たとえば，「親密なコミュニティ」は，「連合のコミュニティ」のなかにあるだけでなくつねにそれと相互作用をしながら存在している。たとえば「家族」は，「親密なコミュニティ」と「連合のコミュニティ」の両方のなかに位置づけられ，両者を架橋する存在として理解しやすい。そして，「親密なコミュニティ」と「連合のコミュニティ」は，両者よりも広がりのある「想像のコミュニティ」との関係抜きには存在しえない。

　「想像のコミュニティ」は，より理念的で，その成員の想像力に支えられてのみ存在することができる。ベネディクト・アンダーソンの国民国家の例に明らかなように（Aoyama 2009: 108; Anderson 1991/2003: 5-6; 154），私たちがそこに住み，見て触れることができる具体的な土地が存在するだけでは，「日本国家」は存在しない。「日本国家」が存在するには，その成員（そして成員でない外にいる人びとも）が「日本国家が存在する」という想像力，その

うえに国籍や主権や「日本の」通貨という信用制度や,「日本の」歴史などを成立させる想像力でこれを維持することが必要なのである。もしも「日本国家」の成員がこの想像力をもちあわせていなければ,彼らはこの土地を現代国民国家のひとつとしての「日本」と呼ぶこともできない。

　この想像力はしかし,私の関心においては,アンダーソンが想定したものよりも繊細で許容量が大きい。それは,国家を支えるだけではない。想像のコミュニティを支える想像力が個人から発し,かつ個人と別の個人に共有されるものである以上,それは,エイジェント内部と上のすべてのコミュニティをつなげ貫く力なのである。同時にこの想像力は,個人の記憶や希望と社会の歴史をつなげ将来への見通しをもたらすことによって,空間軸を時間軸につなげる役割を果たしている。

　これらすべてのコミュニティと,スケールの違う時間の流れのすべてにつねに関係し,相互作用しながら,行為体は存在しているのである。

③ 近代化,グローバル化と女性

　行為体としての人と彼女が暮らす社会との相互規定関係を,時間軸に沿って,移住セックスワークとの関連でさらに考察するために,ここでまず近代化の特徴といえるものについて説明したい。近代化は,とくに工業化あるいは産業構造の転換,個人主義の発展,宗教的あるいは共同体的な規範の価値の低下によって特徴づけられる。これらの特徴をもって,近代化は,ある社会の成員のアイデンティティを構成する多数の要素のなかでも,ジェンダーとセクシュアリティの意味にとくに大きく影響してきた。

　工業化,個人化および共同体の規範の変化の経験は,人がその社会でどのジェンダーに位置づけられているかによって違ったものになる。よく知られた例は,どの社会でもおおむね工業化を通じて女性たちが賃労働者になる(労働力の女性化が起こる)ということである。そしてこの現象が両義的なものだということである。たとえば,現金収入をもたらす工業的生産に社会的に高い価値がおかれるようになると,女性が担ってきた再生産労働の価値は

低下する。しかし同時に，女性たちにも少ないとはいえ現金収入がもたらされ，仕事が終われば帰って家事労働をしなくてはならないとはいえ，家や家事から離れて一人で過ごす時間ができる。この状態は，たとえば，ヴァージニア・ウルフが主張したように，近代化過程のヨーロッパで，女性が人権の基礎として自律的な人格をもつために希求されていた状態だ。このような社会の変化に影響されてみずからも変化した個々人（ここでは女性）が，さらなる変化，違う方向への変化を推進する行為体になっていくのである（詳しい議論は，Aoyama 2009: 40-55）。

　再生産労働のシャドウ・ワーク化，女性に課せられる家事と賃労働のダブルシフト，「男性並み」をめざして働けど働けど平等な権利が行使できない女性，という現行の問題が，これらを要求する近代化の特徴がある限り克服できないジレンマであることは理解しやすい。しかし，いずれにしても女性は（男性も）その近代化のただなか，あるいは延長線上で生きながら，その社会に参加しながら変化を推進していくほかはないのである。

　つぎにグローバル化だが，それは近代化を進める力の延長で起こってきたといえるだろう。その特徴は，国境を越える情報，金，物，人の移動が増大し国境内外の変化をうながすことにある。これらは，これらをコントロールするために権力の集中が必要な政策，経済，メディアにけん引されてきた。そして，その権力が典型的にすることは，一国内の商品取引，金融，労働力市場の規制緩和や撤廃によって，グローバル経済に参加し，富を蓄積する力のあるアクター（多国籍企業など）がより活動しやすいよう国境を低くすることである。情報のグローバル化には，インターネットと電話など遠距離通信へのアクセスとスピードが大きく関係している。ここで，以前より幅広い情報ネットワークに小さなコストでアクセスができることが，近代化における社会の変化と個人の経験の相互規定性と同様，一般の個々人をもグローバル化の推進力にしたのである。彼女らはインターネットを通じて情報を集め，通貨の種類を越えてショッピングをし，外貨預金をし，あるいはより高い通貨で賃金が支払われる仕事の口を見つけて労働力市場に参加し，移住をするかもしれない。それは他方で，国家規模，国家を越えた規模で出入国管理政策や労働政策，ひとつの社会が何を排除するか・包摂するかに影響する。

このような相互規定性は，現実には，直截的に原因と結果を表すような単純なものではないし，何が，具体的に，どのような速度で起こるかは社会ごと，文化的特性ごとに違ったものになる (cf. Chang 2010)。けれども，大まかには，社会と行為体はつねに双方向的に影響しあい規定しあっていわばスパイラル状に相互に展開していくのである。

　グローバル化にも良い面と悪い面がある。しかし，中心的な行為体が「開発途上国」か新興工業国の農村または都市貧困層出身の女性である，自分の研究領域に引きつけて考えると，現在のところ負の作用の方がより強力であるというほかない。規制緩和によってつくり出された「自由」市場経済が公正な競争を提供することはない。経済，政治，情報を左右する権力の集中は，植民地主義時代にさかのぼる力関係にその基礎をおいているからだ。開発学が明らかにしてきたように，「自由」な経済交易のスタート地点から労働力と資源をはく奪されるハンディを負わされた「低開発」の旧植民地には，経済的に先進宗主国に追いつく真のチャンスは与えられていない (Nussbaum 2001: 248-252; Sen 1999: 13-86 参照)。

　この，近代化からグローバル化にわたる不平等な開発とジェンダーによる分断があいまって，世界銀行の基準である1日1米ドル以下の収入で暮らす女性が男性より多くなる「貧困の女性化」が，とくに「開発途上国」で引き起こされた。女性の貧困率は，世界的な開発計画が始まって20年が経過した1980年代に目に見えて男性より高くなったのだが，それは多くの国や地域において，開発政策と開発以前から存在した文化的な条件の両方が，女性に不利なジェンダーの偏りをもっていたためと考えられる。どちらも1980年代までは，たとえば，男性世帯主から独立した女性の資源へのアクセスを促進することはなかったし，女性の公教育や公的経済への参加促進にもあまり成功しなかった。したがって，多くの文化において，女性の仕事はより非正規で国家からも社会からも認知度の低いものであり続けた (Devaki 2005: 107-122 参照)。

　女性の貧困は，彼女たちをますます現金収入が必要な立場に立たせた。そして，近代化のなかですでに賃労働者になっていた女性たちは，他方ですでに工業化していた国々がより多くの労働力需要と賃金の供給を可能にしてい

たことを受けて，より流動性の高い労働力になっていった。「感情労働」の概念を生みだしたアーリー・ホックシールドは，この現象を女性の労働力という「新しい金」が開発途上国から先進国によって「採掘されている」と表現したが (Hochschild 2002/2003: 26)，「新しい金」は，中国，タイ，フィリピンなどさまざまな国から採掘され，日本の非正規経済のなかでおそらくもっとも大きな産業である性産業へ多く流入したのだった。

4 人身取引と人身取引防止政策

タイを例にとると，近代化のなかで，たとえば法制度を整備し土地所有の権利を記録することをタイ国家開発計画は奨励したが，これが北タイの女性たちの場合には，それまで文化的実践における「権利」として，この地域の「女性中心相続制」の一部として，女性が母から実の娘へと継承していた土地を奪われることに結びついた。土地所有権は登記簿に書き記されるようになり，公的・法律的書類に書き記されるものごとについてはこれも慣習的に男性が担うものとされていたからだ (Aoyama 2009: 42-46)。女性たちはいわば近代化によって土地から切り離され，あるいは解き放たれ，労働市場へ参入する基礎を得たのである。

しかし，多くの社会で多くの女性が非正規経済活動をしているという事実は，移住における彼女たちの立場も脆弱なものにしている。法的に整備された公的な職業あっせんなど，正規のグローバル労働市場へのアクセスがほとんどなく，かつ収入が必要，かつ先進国の高賃金に惹かれるなどの理由から，「途上国」の女性たちが「ブローカー」と呼ばれる仲介業者に頼る傾向が出てくる。

「トラフィッカー」とも呼ばれるこのような業者は，人を労働力として非正規な交易（人身取引）の対象にするが，最近の研究では，人身取引をされる側も，国家の出入国管理の観点から見れば「非合法な」業者の手によって，あるいは組織的に，自分たちが取引されていることを意識している場合が多い。このような取引に乗れば，彼女たちも国家にとって非合法な存在に

なり，虐待や搾取に遭ったときに国家の法によって保護されることも難しくなるのだが，いずれにしても当事者は，そのような保護を得られるとは最初から思っていない場合が多い。さらに，業者の末端には取引される人の親兄弟姉妹，親戚，同郷の知人，友人など「親密のコミュニティ」に属する人びとが連なっており，コミュニティのなかでは「良い仕事の口を紹介してあげる」「その謝礼を払う」という感覚で業者の介入が始まることが知られている（青山 2007；如田・青山 2006：69-70；JNATIP and F-GENS 2005 参照）。つまり，人身取引は悪意と故意に満ちた犯罪者が無垢な被害者をだまして行うものではなく（そうである場合も散見されるが），善意に満ちた隣人同士が日常の親しい関係と生活感覚の延長できっかけをつかみ，実行されることが一般的なのである。

　一方で，人身取引は，1990 年代初頭から国際社会の課題として浮上し，10 年後には国連越境組織犯罪防止条約が制定されるにいたった。日本社会と日本政府は，ILO をはじめとする国連機関，Human Rights Watch のような国際 NGO および米国政府から，国内の性産業が国際的な組織犯罪の主要な温床となっているとして，性産業へ向けての人身取引を廃絶する手立てを打つよう勧告されてきた。越境組織犯罪防止条約を補完する人身取引禁止議定書および米国国務省が発行する『人身取引報告書』2004 年版は，日本政府に行動計画を打ち立てさせた。とくに後者は，人身取引を廃絶するための努力を国別に評価するランク付けで，日本を最低ランクに落ちる一歩手前に位置づけたのだ (US Department of State 2004: 14; 96-97; ILO 2004; Human Rights Watch 2000)[5]。前述した 2005 年の法改正も，このような外圧によってもたらされたものと言えるだろう。

　もっとも基本的な改正は，刑法のなかに人身取引予防条項を創設したこと

---

[5] この米国政府報告書は当時，それ自身問題ぶくみの報告書だった。まず，少なくとも次の 4 点で米国中心主義が激しかった。米国内法たった一つがその根拠であること，そのうえに立って成績が芳しくない国に対して経済制裁を示唆していること，人身取引を人権問題ではなく米国にとっての安全保障問題と位置づけ軍事的な威嚇も示唆していること，そして，自国の人身取引関与については評価していないこと（オバマ政権下でここには変化が見られる），の 4 点である。そして，にもかかわらず米政府も日本政府も，さらには人身取引の被害者救済に働く人権団体までも，この報告書を世界標準としてあつかってはばからないということも，間接的ではあるが大きな問題と私は見ている。

にある。これに関連して、出入国管理及び難民認定法も、人身取引の被害者と認定された人には、入国とその後の滞在の不法性を問うことなく日本に滞在する機会を開いた（実際には、加害者を起訴するための時間を確保する滞在許可に留まっているという批判もあるが）。日本における性産業の大きな部分を合法化・規制している風俗営業法はといえば、あらためて使用者が移住労働者と見える被使用者の滞在資格を検査し記録することを義務づけ、違反者に罰則を設けた。その結果現場で懸念されているのが、先に述べたいっそうの地下化である。

ここに見られるのは、国家やNGOをふくむ国際機関による人身取引防止対策と、「移住労働」をするつもりで「人身取引」に、しかも良かれと思って参入するさまざまな人びとの事情のあいだの大きなギャップである。この人びとの事情と、業者に頼ってでも移住労働をしようとする動機をつくり出すグローバルな構造要因を理解して改善に取り組まないかぎり、人身取引対策は終わりのない「モグラたたき」になるだろう。

5　「不法」滞在者半減計画 —— 外国人「不審者」イメージの創出

2004年は、日本の法務省入国管理局が「不法滞在者5年半減計画」を打ち出した年でもある。この計画は上図11-1に見られるとおり、2009年までに、査証の滞在期間が過ぎてから新たな滞在資格を得ず日本に滞在し続けていると見積もられる外国人の数を半減させ、法務省の側から見て大きな成功をおさめた。計画実施1年後の2005年に前年から1万2千人減っておよそ20万7千人だった「不法」滞在者の数は、2009年には11万3千人になっている。

これを、「厳格な入国審査や関係機関との密接な連携による摘発など、総合的な不法滞在者対策を展開した結果」、「国民が安心して暮らせる社会の実現に貢献した」と発表した入国管理局は（平成21年2月17日報道発表）、この期間にウェブからダウンロードできるリーフレットを発行し、「外国人の

第 11 章　日本における移住セックスワーカー

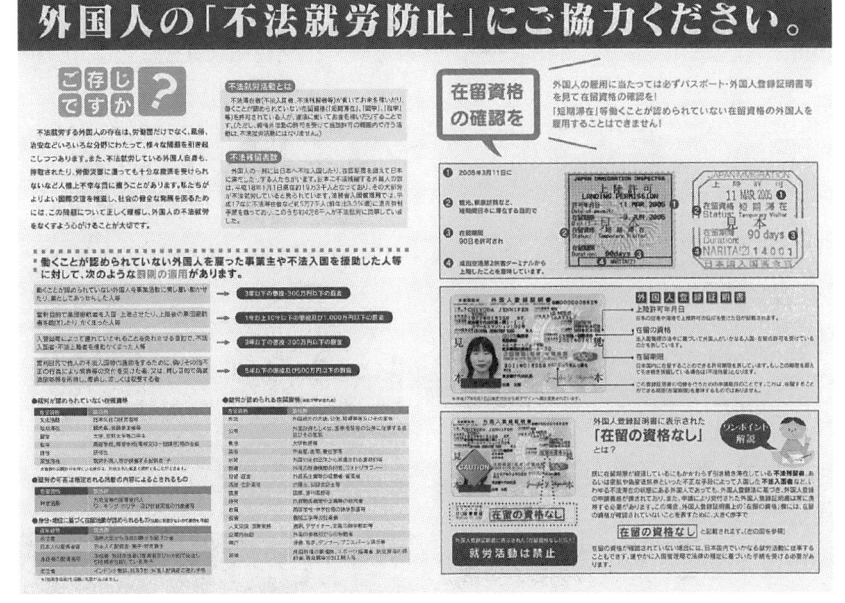

図 11-3　外国人不法就労防止リーフレット
出典：法務省ウェブサイト：http://www.moj.go.jp/NYUKAN/campaign18nen.html（2009 年 8 月 31 日にダウンロードした 2006 年版のリーフレット。2011 年 4 月 27 日現在は削除されている）

不法就労防止にご協力を」と呼びかけていた（図 11-3）。人身取引対策と地続きであるこのキャンペーンを通じて，それまでもつねに被使用者の滞在資格チェックを要求される可能性があった使用者だけではなく，日本社会一般に対して外国人の身分に注意を払い，当局がこれを把握することに協力するよううながしたのである。

　しかし，その人を非合法の外国人ではないかと疑ってかからないかぎり，人の日本滞在資格がどのようなものであるかを第三者が知る余地はない。したがって，このような政策の運用法は，実際のその人の滞在資格にも国籍にも関係なく，外国籍と考えられる人すべてを「犯罪者かもしれない」人物としてあらかじめ疑う言説を社会に浸透させる「乗り物」になった危険がある。

6　日本における移住セックスワーカーの横顔

　それでは、上記のような政策・運用の示唆することと国の統計と、移住労働をする、あるいは人身取引に参入する人びとの事情のあいだのギャップを認識するために、人びとの側の言説を紹介しよう。それは、性産業にたずさわる外国人の言い分である。ここで紹介するのは、2003年から2009年までに、私がひとりで行った聞き取りとSWASHと共同で行ったより大きな複数の調査・アウトリーチの過程で出会った、首都圏と関西圏の移住セックスワーカーの言い分である。SWASHは、セックスワーカーの健康と安全を促進するための当事者と支援者からなる自助団体である。

　この間、筆者とSWASHは合計約80人の外国人セックスワーカーに会っているが、インデプス・インタヴューをすることができたのは3人のタイ人、6人のフィリピン人、10人の中国人に留まった。彼女たちは、少しでも話をできた人たちのうち、質問に応じ、国籍も答えてくれた少数の人たちだった。少数派とはいえ、この人たちの証言に光をあてることは先述の枠組みに照らして意味がある。彼女たちは、その経験が社会的条件によって形づくられた、移住セックスワークという現象における「社会的行為体」であり、したがって、その社会的条件を変化させる主要な力（エイジェンシー）をもつ者として中心的にあつかわれる必要があるからだ。

　まず、人身取引行動計画の一環として関連改正法が施行された約半年後、2006年の12月に記されたSWASH調査者のアウトリーチノートを見てみよう。

　　〔Kで〕店の前に立っている従業員や客引きは、「いま警察の取り締まりでなかなか厳しい」とか「どこも今厳しくなってて観光ビザじゃぁ働けないよ」と言い、具体的に外国人の働ける店はここだと教えてもらえなかった。彼らがすぐに答えられないくらいアングラ化して、どこに何軒どういう店があるのか、正確な情報をつかめなくなってしまった。ある中国人のエステ店長は、某都知事の任期が終わったら戻ってくるとか、正月は警察が動かないから正月にみんな出てくるとか言う。Oの店長は、年末前の一斉摘発があると言う。

〔……〕多くのワーカーは，これでまた不条理な処罰や，捜査過程の人権侵害や，強制送還に遭い，〔帰国費用のため〕借金を背負うことを恐れている。

このＫやＯという風俗店がある都内の地域では，そしてアウトリーチ担当者も，法改正の性産業への影響，とくに警察による「手入れ」とその結果の外国人ワーカーの強制送還を警戒している。定住や永住などの滞在資格をもっていない外国人ワーカーは，日本人管理者や業者，同僚にも分らないところへ行ってしまったと見られており，このノートを記した担当者は，とくに外国人ワーカーへの人権侵害が悪化した可能性を案じている。担当者自身この業界を長いこと知っている人だが，性風俗産業で働くこと自体が出入国管理法で資格外労働として禁じられている外国人ワーカーの場合，「手入れ」によって違反が発覚することは強制送還を意味し，さらに帰国費用を工面するために，おそらくは非正規経済世界から借金しなければならない可能性も知って案じているのである。

対象的に，アウトリーチ担当者や調査者の目の届かないところに行かず，聞き取りに応えてくれた人たちは全員正規滞在資格をもっていると証言していた。風俗営業法で規制され合法的に営業する店で働く資格，つまり，日本人の配偶者などとしての定住資格，いわゆる「配偶者ヴィザ」か「興業」資格，いわゆる「エンターテイナー・ヴィザ」をもっていると言うのだ。

彼女たちのしていることを，「性風俗産業で働くために配偶者ヴィザを取得した」と解釈し，取り締まる観点から見れば，近年人身取引の抜け道として監視強化が図られている「偽装結婚」にあたるだろう[6]。しかし，当事者のある人は「配偶者ヴィザがほしかったわけではないけれども，なんとなくそうなった」と言い，別の人は「日本に来たときから日本人と結婚することを考えていた」と言って，入国のために結婚を周到に計画していたわけではないことを示唆している。そして，結局結婚した理由については，二人とも異口同音に「日本人と結婚する方がブローカーを通すにしても安いし安全に働くことができる」からと言っている。

---

[6] 警察庁生活環境課の 2006 年 2 月 9 日報道発表で言及されている。

性産業に労働者を送り込んできた仲介業者がその人に課す「借金」は，タイ人のケースで1990年代前半のピーク時に350万円程度，2000年代に入ると600万円という高額も見られるようになっていた(如田・青山2007)。それに対して，上の回答者二人(中国人)は，100万円を紹介料として支払っただけだったと言う。100万円は親，兄弟姉妹，親戚などからの借金ではあるが，業者や夫に対する前借金ではないため，前借金を返済するために働かされていたケースとも事情が異なっている。「安い」という言い回しにすでに「安全」だと思う感覚(安心)がふくまれていたとも言える。結婚は，経済的な安定だけでなく，強制送還に怯えることなく日本に滞在できる精神的な「安全・安心」も，彼女たちに提供しているのである。

「エンターテイナー・ヴィザ」をもっている人は，私たちの調査ではフィリピン国籍の6人に限られていた。6人のうち5人は，ヴィザをもっていても「住むところが自由に選べない」と言った。使用者・管理者またはワーカー自身が移動を制限しているのだ。それには，使用者側には，2005年の取り締まり強化以前からということだったが，ワーカーが風俗営業法で認められていない資格外活動をしないよう見張っている，つまり，自分たちは順法営業をしていることをアピールしたい，という理由があった。ワーカーの側には，なるべく人目につくことを避ける必要がある，という理由があった。とくに入管による「不法滞在者5年半減計画」以降，自分たちが合法で滞在し働いていても，疑いの目で見られ，通報されてあらぬ詮索をされることをあらかじめ避けていたのである。さらに，エンターテイナー・ヴィザ自体，2005年に人身取引対策の一環で資格要件が厳格化され発給数が激減し，以降取得が非常に難しくなっている。その頃を境に，このヴィザをもっていると言うことも虚偽と思われる可能性を，彼女たちは危惧するようになっている。フィリピン人が人目につきたくない理由は正規，非正規滞在を問わず増加しているわけだ。

この点，安全・安心な配偶者ヴィザをもっていても事情はあまり変わらない。警察や入管などの法執行機関とかかわり合いたくないのは誰もがもっている感覚かもしれないが，外国人セックスワーカーの場合には，二重に犯罪者化されることでこの感覚がいっそう増幅される。外国人を「犯罪者かもし

れない」人びととみる社会意識は彼女たち自身のなかにも浸透しており，さらに性産業で働くことには，売春防止法によって（違反していなくても）逮捕される可能性がつきまとっているからだ。

　したがって，取り締まりが強化されればされるほど，性産業全体がますますアウトリーチや調査研究の手の届かないところに潜る可能性が増えることはやはり想像に難くなく，この点で，人身取引の加害者を処罰し被害者を保護・救済するための法政策にも落とし穴があることがわかる。

7 おわりに ── 移住セックスワーカーから日本社会へのメッセージ

　結論として，聞き取りのなかで19人の外国人セックスワーカー自身にあげてもらった日本の人びとへの注文を取り上げたい。こちらからの質問は「日本社会に何を望むか」で，次のようにまとめられる答えが返ってきた。すべての項目は複数の人の意見の集成である。

・「私たちがどれだけ日本社会のリスクを背負っているか考えてほしい」── 「リスク」の内容を訊くと，経済的，性的な格差や男女間の関係の悪さからくる問題という指摘。
・「私たちに支援がしたいなら，警察や入管の直接の介入を招かない支援をしてほしい」「なぜなら，働きたくて働いている自分たちの場合は，仕事を取り上げられることを望んでいないから」。
・「（具体的な）支援としては，母語での情報がインターネットを通じて得られれば助かる」──「情報」の内容は，「とくに医療や権利に関すること，性産業の内部情報がわかる雑誌やリーフレット」を歓迎する。これは，2005年の法改正によって性産業の広告が禁止され，事前により良い労働条件を提供する店や使用者を探すことが困難になったことによる。事前に労働条件に関する情報が少ないところで働かなければならないことが労働者側に不利になるのは，他の産業と同じである。

・「警察の差別的な態度をあらためること」——一方で，人身取引対策の被害者保護目的がここでは功を奏したのか，「最近，個々の警察官や入国管理官によっては知識をもち当事者の事情にも心を配る」，要するに「親切な人が増えた」と言う人もいた。
・「売防法違反の疑いで逮捕されたとき（法令で定められているとおり），取り調べや裁判で通訳の提供がされるのはいいが，通訳自身のセックスワーカーや外国人についての偏見にのっとった恣意的な解釈をやめること」。「自分たちが不利になるから」。
・「私たちのプライヴァシーを尊重してほしい」。
・「今安全に働いている場所を取り上げないでほしい」。

　これらの指摘が最終的に問うているのは，この社会に彼女たちの要望にどれだけ応える用意があるか，ではないだろうか。
　現在彼女たちがおかれている脱法・「偽装」状態，ひいては滞在資格のない「不法滞在/就労者」の状態全体をふくめて，日本社会がつくりだした経済，ジェンダーその他の格差からなる負荷によるものだという指摘は正しい。そして，それはさらにグローバルな社会状況からつくりだされたものだ。そこで再度私が強調したいことは，彼女たち外国人セックスワーカー自身に，この状況のなかにありながらそれを少しでもましなものにしていくことをつうじて，日本社会，グローバルな社会を少しずつ変えていく契機がある，ということだ。そのエイジェンシーを発揮する機会を彼女たちが得る必要があるということだ。それは具体的には，現在まで（日本に限らず），国家によって一方的に決定されることが当然視されている入国管理・性産業政策に，彼女たちの声を反映させる回路が必要だということにもなるだろう。それはつまり同時に，とくに彼女たちと対極にいると思われている日本社会の多数派構成員も，この問題にかんするエイジェントとして，変化をつくりつつみずから変化する者になる必要がある，ということだろう。

• 参考文献 •

日本語

JANATIP・F-GENS (Frontiers of Gender Studies) 2005「日本における人身売買の被害者に関する調査研究」報告書，JNATIP・F-GENS．

青山薫 2011「セックスワーカーの人権・自由・安全 ── グローバルな連帯は可能か」辻村みよ子・大沢真理編『ジェンダー社会科学の可能性』第 1 巻所収，岩波書店．

────── 2007『「セックスワーカー」とは誰か ── 移住・性労働・人身取引の構造と経験』大月書店．

水島希 2008「日本の売春政策とセックスワーカーの現状」『女性・戦争・人権』9 号所収．

中里見博 2010「性をめぐる新たな権利と希望」玄田有史・宇野重規編『希望学』第 5 巻所収，東京大学出版会．

如田真理・青山薫 2007「タイ王国チェンライ県 7 郡における帰国女性一次調査」『アジア太平洋地域の人身取引問題と日本の国際貢献 ── 女性のエンパワメントの視点から』所収，国立女性教育会館．

英　語

Anderson, Benedict, 1991/2003. *Imagined Communities: Reflections of the Origin and Spread of Nationalism* (Revised Edition), Verso, London and New York.

Aoyama, Kaoru, 2010. 'Changing Japanese Immigration Policy and Its Effects on Marginalized Communities', *Journal of Intimate and Public Spheres Vol. 0*, Kyoto University Press.

────── 2009, *Thai Migrant Sexworkers: From Modernisation to Globalisation*, Palgrave/Macmillan, Hampshire and New York.

Chang, Kyung-Sup, 2010. *South Korea under Compressed Modernity: Familial Political Economy in Transition*, Routledge, Oxon and New York.

Devaki, Jain, 2005. *Women, Development, and the UN: a Sixty-year Quest for Equality and Justice*, Indiana University Press, Bloomington.

Giddens, Anthony, 1984/2001. *The Constitution of Society: Outline of the Theory of Structuration*, Polity Press, Cambridge.

Hochschild, Arlie Russell, 2002/2003. 'Love and Gold', in *Global Women: Nannies, Maids and Sex Workers in New Economy*, Ehrenreich, B. and Hochschild, A. R., eds., Granta Books, London.

Hubbard, Phil, 2006. 'Out of Touch and Out of Time? The Contemporary Policing of Sex Work', in *Sex Work Now*, Campbell, R. and O'Neill, M. eds., Willan Publishing, Devon.

Human Rights Watch, 2000. *Owed Justice: Thai Women Trafficked into Debt Bondage in Japan*,

Human Rights Watch, New York, Washington DC, London and Brussels.
ILO (International Labour Organization) Office in Japan, 2004. *Human Trafficking for Sexual Exploitation in Japan* (in collaboration with Special Action Programme to Combat Forced Labour).
Kaname, Yukiko and Aoyama, Kaoru, 2007. 'Trafficked Women in the Sex Industry in Japan: Their HIV/AIDS Prevention Skills', unpublished presentation for *The 8th ICAAP (International Congress on AIDS in Asia and the Pacific)*, Colombo, Sri Lanka, August 16–23.
Ministry of Justice and the Police, Norway, 2004. *Purchasing Sexual Services in Sweden and the Netherlands: Legal Regulation and Experiences* (An abbreviated English version, A Report by a Working Group on the legal regulation of the purchase of sexual services), Oslo.
Nussbaum, Martha C., 2001. *Women and Human Development*, Cambridge University Press, Cambridge.
Sen, Amartya, 1999. *Development as Freedom*, Oxford University Press, Oxford and New York.
Stones, Rob, 2005. *Structuration Theory*, Palgrave/Macmillan, Hampshire and New York.
US Department of State, Office of the Under Secretary for Global Affairs, 2004 and 2006. *Trafficking in Persons Report* 2004 and 2006, US Department of State Publication 11150 and 11335, respectively.

第12章 韓国の移民政策における多文化家族の役割

李　惠景
（辻　由希訳）

はじめに

　2000年以降，移民政策において，移民の拡大と包摂という方向へ向かう世界的な潮流が生じてきた。韓国もこのような世界的な変化の例外ではない。2004年以降，韓国の移民政策は大きく変化した。第一の変化は，外国人労働者の受け入れに関する政策領域で生じた。そして第二の変化は，移民の社会的統合に関する政策の試みが始まったことである。1980年代後半に外国人労働者の韓国への移住が始まって以来，このようなスキームが構築されたのは初めてである。
　本章の問いは，(1) なぜ，そしてどのようにして，韓国政府は外国人労働者に対する政策を悪名高い「産業研修生制度 (1993-2006年)」から「雇用許可制 (2004年-)」へと変化させたのか，(2) 移民の「統合政策」を求める要望を，多文化社会の形成という方向へと向かわせたのは何だったのか，の二点である。最初の問いについては，過去20年間の韓国の移民政策の変化を三つの段階，すなわち初期 (1987-1994年)，雇用許可制への改革を求める闘いが行われた中期 (1995-2003年)，そして制度化の段階 (2004年-) に分けて検討する。この三段階について概説した後に，(1) 韓国の移民政策を変化させた要因と，(2) 2004年以降，変化のスピードが大きく加速した理由につ

いて説明する。第二の問いについて，本章では結婚による移民の増加と，それが社会的統合政策に及ぼした影響について分析を行う[1]。

1　韓国の移民政策の変遷

　1980年代半ば以前は，韓国の労働人口はほとんど韓国人によって構成されていた。この時期には韓国への移民は存在しなかったため，本当の意味での移民政策も存在しなかった。1980年代に状況は変化し始め，多くの外国人労働者が韓国に入国し始めた。その結果，移民政策が策定され，1993年の後半に，産業研修生制度として知られるようになる制度が施行された。1995年から産業研修生制度を変更しようとする努力がなされたが，さまざまな障壁によって新しい制度の採用は見送られ続け，最終的に2004年に雇用許可制が採用された。さらに2007年に，外国籍を持つ韓国系民族を対象とした訪問就業制度が施行された。以上のような政策変化を概観するために，本章では3つの主要な時期に焦点をあてる。すなわち，初期（1987-1994年），中期（1995-2003年），そして制度化の時期（2004年-）である。

1-1．初期（1987-1994年）：産業研修生制度という選択

　外国籍を持つ人々が韓国へ入国し始めたのは1980年代後半のことであった。当初，移民の大半は中国の市民権を持つ韓国系の人々（朝鮮族）であった。朝鮮族の移住が増えたのには，いくつかの要因があった。第一の，公式の理由は，朝鮮族の人々が韓国国内にいる親族を訪問したいためであった。第二の理由は，中国と韓国の外交関係の改善によって訪問が可能になったこと，そして第三は，韓国で仕事を探して生活水準を改善したいという朝鮮族の人々の希望であった。その当時，韓国の製造業と建設業は深刻な労働力不足に悩んでおり，新しい移民集団に十分な雇用機会が提供された。

---

1)　筆者の既発表論文（Lee 2008a; 2008b; 2008c）で論じた中から，本章に関連するいくつかの知見に焦点をあてて分析した。

韓国系外国人の移住がずっと続く一方で，1990年代初めから，別の移民集団が韓国に入国し始めた。最初は，バングラデシュとフィリピンの国籍を持つ人々であった。この移住もいくつかの要因によって引き起こされた。例えば，中東地域における巨大な建設プロジェクトの終了によって，移民労働者たちは職を求めて新しい移動先を探さなければならなくなったことである。また，円高により日本に移住したいという人が増え，「ジャパン・ラッシュ」という現象が生じた (Lee 1994: 98-99; Lee 1997: 509-510)。これらの第一段階の移住は，労働者たちの経済的なニーズによって生じた。だが政府は，多くの人々の流入に伴って生じる政策的な含意について，十分に認識していなかった。これらの新しい集団が社会においてどのように取り扱われるべきかに関する議論は，実際に移民が増えてから始まった。議論は当初，移民を雇用していた産業部門で始まり，その後学界に広がり，最終的に政府の政策立案者たちに届いた。しかし政府も，何らかの具体的な施策をとることはできなかった。なぜなら，移民政策を政府のどの機関の管轄とすべきかという論争が生じたからである。結局，通商産業委員会が主導権争いで優勢となり，政策を提案した。1991年11月，韓国政府は正式に「海外投資企業研修生制度」を導入し，1993年にその名称を「産業研修生制度」と改めた。

1-2. 中期（1995-2003年）：改革の試み

産業研修生制度は確かに，3K（きつい，汚い，危険）と呼ばれる仕事に携わる中小企業の労働力不足を救った。しかし，産業研修生制度において移住者は労働者ではなく「研修生」に分類され，韓国人の同僚に対して与えられる諸給付を奪われていることに対して，多くの批判が寄せられた。移民の保護拡大と権利擁護の要求の先頭に立ったのは，外国人を支援する団体であった。しかし，政策変化を求める要望が政府のレベルで高まったのはこのためではない。むしろ，この制度を導入した結果，不法就労目的で韓国に入国する移住者が増えたからである。このため労働部は外国人支援団体に賛同し，改革を要求した。

1995年1月のネパール人労働者のストライキの後，労働部は「外国人労

働者の雇用及び管理に関する特別法」の法案を作成した。これはそれ以降，雇用許可制として知られるようになる制度に沿った改革を志向していた。この法は，1997年7月の施行をめざし，1996年の通常国会に提出された。しかし，中小企業の経営者は現状に変化が起こることに抵抗し，影響力を行使して，外交部，通商部，法務部といった様々な部（日本の省に相当）の内部において同法への反対勢力を形成した。国会での議論は1997年9月まで続き，労働部が提出した雇用許可制度の代わりに，既存の制度を少しだけ修正して「研修就業制度」と名付けられたものが採用された。その後，アジアを襲った経済危機に国民の注目が集まったため，国会における移民政策に関する議論は棚上げにされた。その後ほぼ3年間，国会でこの論点が採り上げられることはなかった。

　2000年の初めには，多くの韓国国内および国際的な人権団体が公然と韓国の移民政策を批判し，改革を求めるようになった。圧力を受けた金大中大統領は，移民政策の改革を視野に入れて，これらの団体と労働部の間で協議を始めるように指示した。人権団体と労働部との会合は数ヶ月間定期的に開催され，労働部はこれらの団体の多数派の見解を把握すると同時に，雇用許可制度の実現可能性について学術調査を委託した（Yim and Seol 2000）。こうして，移民政策の改革に関する議論が国会で再開された。当時，雇用許可制度の法制化を推進した金聖中（労働部・雇用総括審議官，後に雇用政策室長になった）によれば，労働部は制度改革の提案にあたって三つの主要な目的を持っていた。第一は，外国人労働者を研修生ではなく，従業員として再分類することだった。第二は，経営者は，外国人労働者を雇用する許可を得る前に，まず韓国人労働者の求人を行う義務を負うことである。第三は，政府が外国人労働力の管理全般に責任を持つことである。2003年2月，新しい法案は国会議員の李在禎によって国会に正式に提出された。通商産業エネルギー部と法務部はその段階でも同法に反対していたが，同法が多くの支持を集めたという事態に直面し，新しい雇用許可制を既存の産業研修生制度と同時並行で運用するという条件の下に譲歩した。その結果，超党派の支持を得た同法は最終的に2003年7月に国会で可決された（Kim 2004: 219-220）。

1-3. 2004年以降：拡大と包摂の制度化

　雇用許可制は2004年8月17日から，産業研修生制度と並行して実施された。二つの制度が並存したために，外国人労働者は権利や特権を享受する人とそれらから排除される人に分けられることになり，必然的に行政運営と外国人労働者の双方に多くの問題をもたらした。そのため，外国人労働者政策委員会は，2005年7月に産業研修生制度を廃止し，2007年1月よりすべての行政機能を雇用許可制に統合した。

　雇用許可制は以下のように運用される。(1) 雇用主はまず韓国人労働者の雇用に努める義務があるが，それが不可能である場合に，(2) 外国人労働者の求人を行うために必要な「外国人労働者雇用許可証」の発行を申請し，(3) 労働部から推薦された応募者リストの中から，条件にあった外国人労働者を選び，(4) 雇用主と外国人労働者は1年間の雇用計画（3年まで更新可能）を結ぶ。このような制度変化の影響は大きい。最も重要なのは，民間の組織ではなく，労働部自体が外国人労働者の選抜，導入，管理の責任を持つことになったという点である。これにより，移民の手続きにおいて便宜を図ることが可能になったと同時に，開かれた透明な移民政策の制度化につながった。

　他方，2005年4月には，盧武鉉（ノムヒョン）前大統領の諮問機関である貧富格差差別是正委員会が，外国人の社会的統合政策の準備を始めた。委員会における議論の結果は，2006年4月26日に「女性結婚移住者家族の社会的統合支援対策」および「混血者及び移住者支援計画」として発表された。さらに2006年12月，法務部が「在韓外国人処遇基本法」を国会に提出した。同法は2007年4月に国会本会議を通過し，7月に施行された。

　盧武鉉（ノムヒョン）前大統領は，2005年6月に提案された訪問就業制度の準備にも尽力した。2006年5月には訪問就業制度は法務部の所管となった。法務部は2007年1月に「外国人労働者の雇用に関する法律」と「出入国管理法」に関する修正案を提出した。同修正案は2007年2月に閣議決定され，2007年3月4日に施行された。

1-4. 韓国移民政策に変化をもたらした要因

　韓国の移民政策の変化に影響を与えてきた要因にはいくつかあるが，なかでも司法が重要な役割を果たした。例えば，1993年11月26日のソウル高裁判決，1994年9月1日のソウル高裁判決，1995年9月15日の憲法裁判所判決はすべて，外国人産業研修生および不法滞在外国人労働者には労働基準法を適用すべきであるとの判決を下した。これらの判決は外国人労働者の支援団体に力を与え，産業研修生制度に反対するマスコミや市民から支持を集めた。

　他方，1990年代に外国人の基本的人権の侵害が横行するにつれ，それらに対抗する団体の側の運動も盛んになった。1995年7月，移住者を支援するいくつかの団体が集まって，「外国人移住労働者対策協議会（外労協/FMWC）」を結成した。この協議会の役割は，外国人労働者の権利を改善するように政府に働きかけることであった。国民会議を率いた金大中が1998年に政権に就くと，「外労協」の目標に対する政府内の支持が高まった。これと並行して，外国人の権利の拡大を支持する団体の数も増加し続けていた。しかしながら2000年には，「外労協」内の主導権争いと方針に関する論争の結果，同協議会はいくつかの派閥に分裂するという結果となった（Seol, Dong Hoon 2005: 93）。それにもかかわらず，左派に属する盧武鉉前大統領の政権（2003-2007年）の下，これらの団体の代表者数人が，2004年以降政府の委員会に諮問委員として参加することとなった（Kim, Sung Joong 2004）。

　図12-1に示したように，産業研修生制度は多数の不法滞在（undocumented）移民を生み出した。政府は不法滞在移民の数を減らし，自国の移民政策に対する国内・国外の人権団体からの批判を和らげるため，産業研修生制度を改革する必要があった。筆者は拙稿（Lee 2008a; 2008b）で，2004年以降の移民政策の変化は，「政府の部処庁（日本の省庁に相当）間の管轄をめぐる争い」と「政府の見解」という二つの視点から説明できることを示した。筆者は，さまざまな部処庁間の競争，とりわけ経済的利益を代表するものと労働者の権利を代表するものとの間の争いに注目した。その一例は，法務部

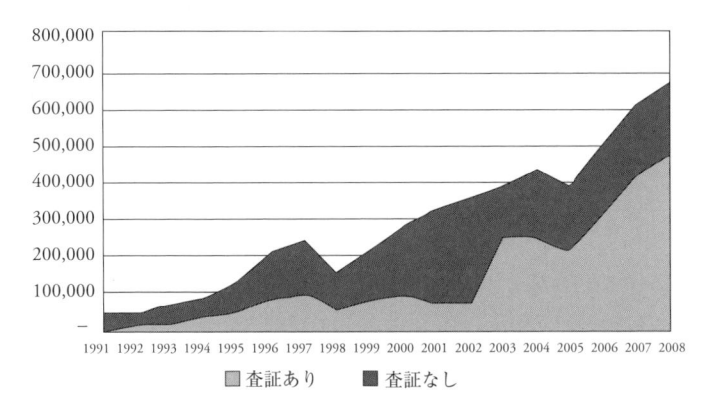

図12-1　外国人労働者数（1991-2008年）
出典：法務部, 1991-2008

と労働部との争いである。また，前政権の見解が重要であったことも同時に指摘しなければならない。移民の拡大と包摂という方向へ向けた主要な政策変化は，盧武鉉（ノムヒョン）前大統領と彼に率いられた左派政権の下で進展したからである。

　2008年に成立した李明博（イミョンバク）現大統領の政権は，政治的には右派である。前政権は移民政策において「イデオロギー」と「国民性（nationhood）」を強調したが，現政権は非イデオロギー的な現実主義を目指している。この観点からすれば，前大統領は移民政策を人権とマイノリティの権利に関する問題であると認識していたが，現大統領は労働力問題だと捉える傾向がある。同様に，前大統領は訪問就業制度を「在外同胞問題」であるとみなしていたが，現大統領は「外国人労働者問題」であると考える傾向がある。近年の景気悪化により，現大統領は現実主義的アプローチを実行に移し始めた。国内の失業率の上昇を懸念する声を受けて，現政権は外国人労働者への給付を減らし，韓国系移民の韓国への無制限の流入を制限しようと動き始めた（Lee 2008b: 19）。しかし，前・現政権ともに，国際結婚家族についてはよく似た社会的統合政策をとっているようである。この点については次節で論じる。

2　韓国への結婚移民：1990年代以降

　1990年代以前から国際結婚は存在していたが，それによって移住するのは女性であった。つまり，国際結婚と言えば，少数の韓国人男性が外国人の女性と結婚するというものであった。1960年代以降，統一教会が韓国人男性のために主に日本人女性との結婚を手配してきた。1990年代には，統一教会は花嫁候補にフィリピンや他のアジア諸国の女性を含めるようになった（Kim et al. 2006: 11）。2004年までに，約2万人の花嫁がこの手続きを通じて韓国にやってきた。

　図12-2は1990年以降の韓国における国際結婚の傾向を示している。1990年から2007年までの間に韓国人と結婚した外国人の人数を，性別ごとに示している。1990年までは，国際結婚と言えば外国人と結婚する韓国人女性の問題であった。韓国人男性の国際結婚は年間600件ほどにすぎなかった。しかし，韓国人男性の国際結婚は1992年，韓国が中国と正式に国交を回復した年に増加し始めた。1995年以降，国際結婚をする韓国人男性は国際結婚をする韓国人女性の数を上回っている（Lee 2008c）。

　図12-2によれば，外国人の花嫁の数の増加には2度のピークがある。最初のピークは，1990年代初めの「韓風（Korean Wind）」現象の結果，韓国に移住したいと希望する朝鮮族の人々によって生じた。韓国人の農家の男性と朝鮮族の花嫁との結婚仲介によって，国際結婚が急増した。1990年12月に，京畿道の農家の高齢独身男性が朝鮮族の女性と結婚したのがその始まりである。この結婚は，韓国人と韓国系中国人の融合をめざして，ある教授（前国会議員）によって仲介されたものである（朝鮮日報　1990年12月16日）。この結婚の後，いくつかの地方政府，地方議会，そして関連する農業団体が，自分たちの地域の農家の男性と朝鮮族の女性との結婚を仲介するようになった（Lee 2005a: 80-81）。1992年以降，韓国人男性と結婚した外国人女性の最大のグループは中国人（ほとんどは朝鮮族）の女性である。したがって，このような国境を越えた結婚において地方政府が果たした役割は大きい。

　韓国における他の種類の移民と同様，結婚による移民も朝鮮族がその先駆

第 12 章　韓国の移民政策における多文化家族の役割

写真 12-1　韓国人男性とベトナム人女性の結婚写真。
出典：社会開発研究所 (ISDS) (http://www.isds.org.vn/)

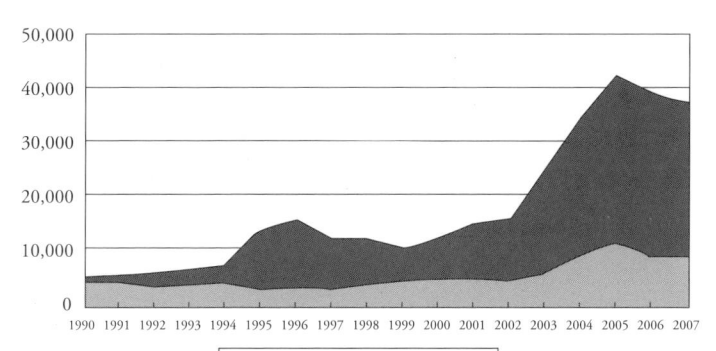

図 12-2　韓国における国際結婚の傾向 (1990-2007 年)
出典：韓国統計庁, 1999-2007

けとなった。1990 年代初め，韓国政府は移民の流入に関して二つの異なる立場をとっていた。すなわち，(1) 国境を越えた花嫁となる朝鮮族の女性に対する門戸開放政策，(2) 非熟練の移住労働者全般，とりわけ朝鮮族の労働者に対する締め出し政策，の二つである。1980 年代後半に，韓国内の親族

313

を訪問している間に不法滞在労働者となる朝鮮族の人々が増えたため，政府はそのような人々の入国を制限する方法を探し始めた。まず 1992 年から，親族訪問希望者に対して最低年齢制限を設け，1993 年には朝鮮族の人々への観光ビザ発行を停止した（Lee 2002: 179-183; Lee 2005b: 351）。朝鮮族の人が稼いだお金を持って故郷に帰るようになると，同じ村の住民も韓国に行きたいと熱望するようになった。この現象が「韓風」である。

韓国政府は，朝鮮族の人々の韓国への帰国を制限したいと思っているものの，韓国人の農家の男性と朝鮮族の女性との国境を越えた結婚の奨励によって，朝鮮族の高齢および若年の女性が韓国に来る機会が増えた。国際結婚は朝鮮族の女性にとって容易で重要なチャンネルとなった。それだけではなく朝鮮族の妻は，自分の両親に対して二通の招待状を送ることができるため，本人以外に対しても韓国に帰るルートを提供することになった。「両親の招待」ビザの売買が一般的になるにつれ，そのビザの悪用がみられるようになった（Lee 2005b）。

1994 年から 1996 年の間に「韓風」は「台風」になり，国際結婚が韓国への最も簡単な入り口になったため，1996 年に「偽装結婚」が社会問題となった（Kwon 2005; Lee 2005a: 81-82）。そのため，韓国政府は 1996 年の中国との覚書で，国際結婚の手続きをこれまでより複雑にすることを要求した。その後 2003 年 7 月 1 日に，この手続きは再度簡素化された。

したがって，1996 年から 2002 年の間の外国人労働者の増加の停滞（図 12-1）は，3 つの状況を反映している。(1) 1997 年から 1998 年の韓国における IMF 危機，(2) 1996 年から 2003 年の韓国と中国の国際結婚手続きの変更，(3) 1998 年の国籍法の大改定，である。

2002 年以後の韓国人男性の国際結婚の二度目の増加は，商業的な国際結婚仲介業者の隆盛によって説明できるだろう。1999 年 8 月，結婚仲介業者は地方政府から認可を受ける必要がなくなり，自由に起業できるようになった。これにより仲介業者が増えるとともに，仲介による結婚も増加した。これ以降，「メールオーダー・ブライド」の国籍は多様化し，タイ，ベトナム，モンゴル，ロシアの女性が含まれるようになった。非熟練労働者と娯楽産業従事者の移民が制限されたことにより，結婚移民として韓国に来る朝鮮族お

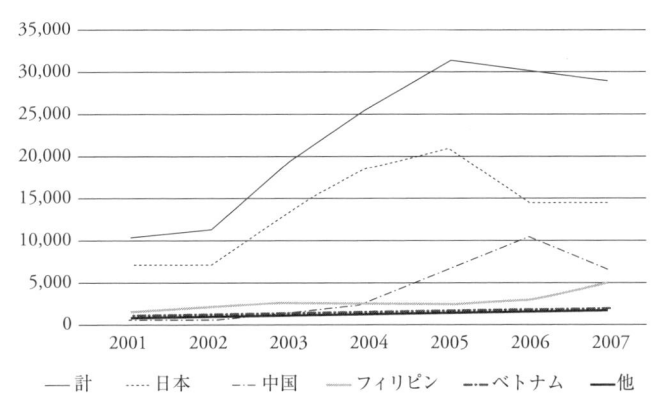

図12-3：韓国人夫と結婚したアジア人妻の国籍（2001-2007年）
出典：韓国統計庁，2001-2007

よび他のアジア人女性の増加は加速した。

3　国際結婚家族に関する政策

　国際結婚をした夫婦とその子どもたちに対しては，政府の支援が大いに必要であったものの，韓国政府は1997年に国籍法を改定（1998年から施行）しただけであった。新世紀に入って，政府のなかでも法務部，保健福祉部，女性部などは，国際結婚家族の状況を改善する方法を見つけようとしてきた。そして最終的に2006年4月，韓国政府は外国人妻とその家族の社会的統合のための包括的政策を立案すると宣言した。盧武鉉（ノムヒョン）大統領と14の行政機関による全国会議において，「結婚移民者支援対策」がつくられた。これにより，女性家族部が国際結婚夫婦とその子どもたちに関する政策の調整を行う主管部門となった。

3-1. 背景

　国際結婚によって，地域的にも国際的にも多くの問題が生じてきた。例え

ば，国際結婚仲介業者による人身売買や外国人妻の状況が社会問題となった。海外では，例えば，将来の外国人花嫁を求めてやってきた韓国人男性が人身売買仲介業者という疑いをかけられ，カンボジアで逮捕された（中央日報　2005年2月15日）。2005年1月には，在韓フィリピン大使館がフィリピン女性に対して「韓国人との仲介結婚の申し込みについては特に警戒するか，あるいは避けるように」との緊急通知を出した（*Korea Times* 2005年7月5日）。ベトナムの女性団体は，「ベトナム女性は夢の地である韓国に来ることを望んでいる」と題された2006年4月21日の韓国の新聞記事を批判した。その記事には，妻候補であるベトナム女性と面会する韓国人男性の一群の写真が添付されていた。女性たちは，番号札をつけて一列に並んで立っていた（中央日報　2006年4月27日，2006年4月29日）。韓国では，女性団体や女性移住者の支援をしているNGO，それに外国人妻の自助組織が，国際結婚仲介業者の手続きや広告を批判した。批判対象となったのは，例えば，万一花嫁が逃げたときに，業者が新しい花嫁を代わりとして用意する「花嫁保証」である。2005年2月1日，「結婚仲介業の管理に関する法律」が国会に提出された。それまでもいくつかの政府機関が韓国における外国人妻の状況を改善しようと努力してきたが，「結婚移民者支援対策」制定以前はその活動は機関ごとに個別に行われていた。

　第一に，法務部は，外国人配偶者が求職活動をすることを2002年から許可し，彼らの在留資格を安定させようとした。その後，離婚した外国人妻たちの苦境を和らげるため，離婚の原因が韓国人夫にあることを証明する文書の提出要件を緩和した。さらに2005年からは，彼女らが居住権を申請できるようにした。

　第二に，女性部は2002年11月から，専門的なカウンセリングや人身売買，性的虐待，ドメスティック・バイオレンスの被害者のためのシェルターを必要としている移民女性のための翻訳サービスを始めた。翻訳サービスは，英語，ロシア語，日本語，そして中国語で，女性の電話相談を通じて提供されている。女性部は，アモーレパシフィック社が外国人妻の支援のために2

第 12 章　韓国の移民政策における多文化家族の役割

写真 12-2　韓国語教室で学ぶベトナム人妻たち。
出典：社会開発研究所（ISDS）（http://www.isds.org.vn/）

写真 12-3　コンピューター教室で学ぶベトナム，中国などからの
　　　　　外国人妻たち。
出典：大韓民国大田市教育庁　西部多文化教育センター（http://cmc.pcu.ac.kr）

317

億ウォン（約20万米ドル[2]）を寄付した後，2005年に外国人妻のためのサービスを始めた。2004年6月，女性部は保健福祉部から保育と家族サービスの管轄を受け継いだ。2005年6月には，女性部は女性家族部へと名を変え，提供するサービスを拡大した。

　第三に，16人の国会議員と国会の社会福祉委員会のメンバー（そのほとんどが地方の選挙区出身）は2005年2月に，結婚仲介業者を規制する法案を提出した。その結果保健福祉部は，全国調査の結果を受けて（Seol et al. 2005），困窮状態にある外国人妻とその家族に対して2007年1月1日から社会保障制度を適用することを決めた。

3-2. 2006年4月26日の「結婚移民者支援対策」

　2006年4月26日に発表された結婚移民者支援対策によると，女性家族部が主管かつ主要調整部門となり，法務部，労働部，保健福祉部などの他の部と，中央と地方の政府部局が同対策に参加することとなった。

　結婚移民者支援対策のビジョンは，「外国人妻の社会的統合と多文化社会の実現」と説明されている。主要施策は次の7つである。(1) 国際結婚仲介業者の規制と，入国前の外国人妻の保護，(2) ドメスティック・バイオレンス被害者の支援，(3) 新しく移住した外国人妻への支援とオリエンテーション，例えば韓国語と韓国文化を教えるクラスの開設など，(4) 国際結婚カップルの子どもに対する学校での支援，(5) 外国人妻への社会福祉の提供，(6) 多文化問題についての社会的認識の向上，(7) 政府諸機関と中央・地方政府間のネットワーク構築による包括的政策の策定。

　改革案のうち二つは，国際結婚カップルとその子どもたちに対する韓国国民の態度の改善を目指すものである。4番目の施策の導入により，教育人的資源部は，人種差別を示唆する教科書の内容を改訂する予定である。また，二言語教育プログラムなど，異なる人種の両親を持つ子ども向けの特別プログラムの設置も計画されている。さらに同部は，人種差別の防止も推進する

---

[2]　1ドル＝1,028ウォン（2005年6月時点）。

第12章 韓国の移民政策における多文化家族の役割

予定である。6番目の施策について政府は，社会的認識を向上し，円満な多文化社会へと移行しようとしている。「混血」や「二人種・異人種間」といった言葉は人種差別的なニュアンスがあるので，政府はこれらを政治的に正しい（ポリティカリー・コレクト）用語に変更する予定である。さらに政府は，国際結婚カップルや移民の子どもに対する差別を禁止する法律の施行を検討している。

3-3. 政府の変化をもたらした要因

　移民女性を支援しているNGOの中には，結婚移民者支援対策を突然の政策転換だと受けとめているところもあるが（Han 2006: 3），これは実際には国内・国外のいくつかの要因によってもたらされたと思われる。国外の要因とは，フランスにおける人種暴動と，韓国系アメリカ人のアメリカン・フットボール選手ハインズ・ウォード（Hines Ward）の韓国訪問である。まず政府は，2005年11月にフランスで起こったような人種暴動が韓国で起こるのを避けたいと考えていた。次に，韓国人の母とアフリカ系アメリカ人の父を持つソウル生まれの韓国系アメリカ人が，自分のチームをスーパーボウルでの優勝に導き，2006年2月にMVPに選ばれスポーツ界のヒーローとなったというニュースにより，「人種」問題は社会的議論の最前線に登場した。国際結婚カップルの子どもに関する一般の認識もこれで高まった。こうして，「多文化家族支援法」が2006年4月6日に国会に提出された。また政府は，外国人妻の人権侵害により外交上不面目な問題が生じることを防ぎたいとも考えている。しかし，もし以下に概説する国内要因がなければ，国外要因はたいした効果を持たなかっただろう。

　大きな国内要因は，韓国国内の外国人の処遇に関して，より体系的な移民政策が必要となったことである。約20年前に移住労働者を受け入れ始めて以来，移民の数は顕著に増加した。移民集団は多様化し，韓国に定住するものも出てきた。その結果韓国政府は，移民問題に関するより体系的な取り組みを迫られるようになった。そして国際結婚の増加という近年の現象は，従来の制限的な移民政策を緩和させる推進力となった。

319

盧前大統領は就任後，韓国を改善するために在任中に推進する12のステップを発表した。そのうちの一つが，外国人，非正規労働者，障がい者などのマイノリティに対する偏見の除去と，ジェンダーと教育に基づく差別の撤廃である。そして，政府は2004年に悪名高い「産業研修生制度」を「雇用許可制」へと変更した。出生率低下と高齢化の進展によって，政府は移民労働者の安定供給を保証する移民政策を構築する必要を認識し，より体系的な移民政策を策定したいと考えた。しかし政府は，労働力移動に焦点を合わせる代わりに，多文化家族の韓国社会への統合を推進する政策を強調した。これは，韓国人から共感を引き出し，韓国の財界首脳や失業者からの反対を抑えるための布石として提示されたものである。特定の外国人妻たちの苦境を強調することで，政府は，すでにNFL選手のハインズ・ウォードの登場でピークに達していた国民の集団的罪悪感を利用して，法案の早期可決に成功した（Lee 2008c: 116）。

制限的な移民政策の緩和は，移民労働者全般の酷使や，とりわけ外国人妻への虐待の問題を暴露したNGO主導の強力な社会運動から大きな支援を受けた（Lee 2003）。しかし拙稿（Lee 2008c）でも述べたように，筆者は前政権の見解と特徴，および一部の部処庁の隠された利益に注目したい。

第一に，盧武鉉前大統領と閣僚の多くはもともと人権運動の指導的活動家であった。大統領自身が恵まれない生い立ちであったため，マイノリティ問題に大きな共感を抱いていた。盧大統領とその内閣の経済政策は批判を受けているが，彼らが韓国の人権状況を改善したのである。

第二に，結婚移民者支援対策は国際結婚に関する政策の責任を，法務部から女性家族部へと移管した。移民局は法務部内の小さな一部局であったため，移民者と外国人妻の増加を強調することで，自局を拡大しようとした。他方，新たに設立された女性部も，権限の拡大，予算の増加，閣内での地位向上を狙っていた。女性部は，近年の人口構造の再編という現象を自らの権限拡大のために利用した。韓国の低出生率が深刻な社会問題となり，それは「女性の反乱」であると解釈されたため，女性部はより大きな責任を担うように求められた。2005年に女性部が保健福祉部から保育と家族サービスの管轄を引き継いだとき，保育プログラムに関して6000億ウォン（約5億

9000万米ドル）と，家族プログラムに関して250億ウォン（約2400万米ドル）という予算も獲得した。この1400％という予算増加率は莫大なものであり，女性家族部を政府内で最も重要かつ影響力のある部処庁の一つにたちまち変身させた。同部は，家族プログラム予算の一部を外国人妻とその家族を支援するプロジェクトの実施のために使用することができる。したがって，政府内の影響力向上という点で女性家族部は法務部に勝利したと言うことができる。ただし，法務部もまた人員と規模をいくらか拡大した。

2006年4月以降，女性家族部は国際結婚家族の支援において主導的な役割を果たすようになった。しかし，2008年に現在の李明博（イミョンバク）大統領の政権が成立して以降，この役割は女性電話相談の維持といった小さなものに縮小された。他の業務は，保健福祉家族部（現政権下で名前を保健福祉部から変更）へと返還された。韓国における国際結婚の大半が外国人女性配偶者との結婚であるので，国際結婚家族の問題は主として女性に関係する。保健福祉家族部は現在，家族と子どもに関する問題に取り組み始めたが，それと関連するジェンダー問題は以前ほど重視されていない。

拙稿（Lee 2008a, 2008b, 2008c）で示したように，時の政権の見解と，政府部処庁間の競争が政策変化に大きな影響を与えてきた。法務部と労働部の対立の中心にあったのが移民問題であり，近年では，社会的統合政策の管轄をめぐり保健福祉家族部，女性（家族）部，そして法務部が争った。2008年には，このような対立を和らげるために移民統合部を別につくるべきだろうかという議論が続いた。しかし2008年後半に不況が到来し，この議論は沈静化した。

これらの要因と，新しい右派政権の見解，そして厳しい経済状況において現実主義的なアプローチが求められていること全てを勘案すると，その後実施される移民政策には変化があると予想できるだろう。しかしこれまでのところ，社会的統合政策の実践には概して変化がない。したがって，なぜ国際結婚家族の社会的統合政策にあまり変化がなかったのかという問いが浮かぶ。言い換えれば，なぜ現政権は多文化家族への多様なサービスを提供し続けているのだろうか。

その答えは，前・現政権ともに，国際結婚とその結果形成される家族の問題を，深刻な低出生率と進行する人口の高齢化を緩和するための「人口」政

写真 12-4　通訳養成講座で学ぶ外国人妻たち。韓国に何年か滞在して韓国語が上達した外国人妻たちが対象。修了後は小学校や警察などでの仕事の機会を提供される。このクラスでは日本，タイ，中国，モンゴル等の出身の女性たちが学んでいる。
出所：大韓民国大田市教育庁　西部多文化教育センター (http://cmc.pcu.ac.kr)

策とみなしているという事実にある。前政権と現政権の政治的見解は異なっているものの，両者とも「家父長制家族」を支持する類似したイデオロギーを共有している。したがって，両政権ともに「家族の価値」を重視し，より重要な「独立した人間」としての役割より，外国人花嫁の「妻」と「義理の娘（嫁）」としての役割のほうを強調している。

　結婚移民者支援対策あるいは社会的統合政策によって，これまで同質性の高かった韓国社会は「多文化主義」という概念に遭遇した。しかし，多文化社会が正確に何を意味するのかはまだ不明であり，結婚移民者支援対策は，外国人の個々の文化的アイデンティティを維持しながら社会に統合するというより，彼らを同化させる方向に傾きがちである。

　結婚移民者支援対策の実施に伴うもう一つの欠点は，韓国の人々の心に他のアジア文化に対する優越感を植え付けたことである。韓国人は「恵まれない」隣人に対して情け深くあるように促された。このような傾向は政府の先

導によって生み出されたため，我々はこれを「上からの多文化主義」と呼ぶことができる。社会的統合について大いに必要とされる議論や論争が，現在行われていることを筆者は歓迎する。その一方で筆者は，本当の変化が生じていないこと，そして「多文化主義」が人々の心を実際には変えず，一時的な流行に終わることを懸念している。

結　論

　移民政策それ自体は，国家における自由主義のレベルを測るある種のテストとして機能する。移民団体，外国人労働者の運動（NGOs），司法制度，国際法，これら全ては韓国の移民政策の変化に影響を与えてきた。しかし，韓国では移民政策はいまだ政府によって策定されるため，2004年以降の韓国移民政策の突然の転換を十分に説明するためには，ボスウェル（Boswell 2007）が強調する時の政権の見解と，ローゼンヘック（Rosenhek 2000）によって示された省庁間の競争とを検討する必要がある。世界中の移民政策において包摂という方向への「収斂効果」は見られるものの，結婚による移民の増加は，韓国の移民政策が労働力の輸入という第一段階から，社会的統合政策の策定という第二段階へ移行するスピードを大きく向上させた。

　加えて，多民族家族は「我々」と「彼ら」，あるいは「市民」と「外国人」との間の境界線を曖昧にするため，彼らは韓国の「多文化主義」に関する公的言説の形成に貢献した。例えば，多民族家族は1990年代後半には「コジアン（Korean＋Asian）」家族と呼ばれていた。しかし，2003年にNGOの指摘を受け，混血の韓国人に対する政治的に正しい用語を求めて，「コジアン」や「混血の子ども」は「多文化家族」や「多文化家族2世」という用語に公式に置き換えられた。多文化社会がどのような意味を持つか，政府とNGOの見解は異なっており，韓国にとって理想的な多文化社会とはどのような内容なのかについての合意はまだない。しかし，「多文化家族」という語を用いた社会サービスに対して政府が資金を拠出したため，この新しい言葉はよく知られるようになった。さらに，多文化家族は社会的統合を目的とする他

の変化にも貢献した。その中には，韓国国民を政策ターゲットとするものも含まれている。教科書の人種差別的な内容を改訂するという計画はその好例である。

　最近の社会的統合政策および関連する社会サービスは，多文化家族に大いに集中しているが，これらがもたらす利益から排除されている他の外国人グループが登場してきた。社会サービスは，韓国人と結婚した移民とその家族に概ね集中しているが，これは韓国人と結婚していない移民とその家族も存在するという事実を無視している。さらに，パターナリズムの傾向もある。外国人妻の過半数は朝鮮族の女性であるが，政府とメディアは国民の同情を引くために，朝鮮族女性との国際結婚事例を軽視し，東南アジア女性との国際結婚という事例を強調している。このアプローチは韓国国民の共感を得るものの，韓国における二級市民という階層イメージを意図せずに作り出してしまうのである。

　最後に，外国人妻に対する現行の社会的統合政策は，一貫した傾向を持っている。それは，妻，母，嫁としての外国人妻の役割を強調するという，家父長制家族を支持する傾向である。しかしながら，国際結婚におけるジェンダー化された権力関係が，家父長制的な韓国社会にどのような影響を与えるかを検討すると興味深いことがわかる。外国人花嫁は，韓国への適応の初期段階では何らかの問題を抱えるが，ほとんどの人は，しばらくすると新しい「権力配置」の中で自らの位置を再調整する。近年の国際結婚カップルの離婚率上昇は，これが進展している兆しかもしれない。筆者の意見では，将来の政策は，家族に注目する代わりにジェンダー平等に取り組まねばならない。なぜなら，そうしなければ国際結婚カップルに関わる深刻な社会問題は解決しないからである。

　要約すれば，多文化家族は，韓国社会が持つ同質的かつ家父長制的な概念に異議を申し立てることになるだろう。社会的・政治的な試行錯誤を経て，韓国社会は，多文化社会の実現には何が必要かを見出さなければならない。

第 12 章　韓国の移民政策における多文化家族の役割

• 参考文献 •

Boswell, Christina. 2007. "Theorizing Migration Policy: Is There a Third Way?" *International Migration Review*, 41(1): 75-100.

Han, Gook Yum. 2006. "International Married Families: A Direction of the Governmental Policy." Paper presented in NGOs meeting at the Seoul Women's Plaza, on June 12, 2006 (In Korean).

Kim, Minjung, Myungki Yoo, Hye-kyung Lee, and Kiseon Chung. 2006. "Being 'Korea' Wives of Vietnamese and Filipino Migrants: Dilemmas and Choices." *Korean Cultural Anthropology*, 39(1): 3-37 (Korean).

Kim, Seung Joog. 2004. "The Development of Employment Policy in Korea." Ph. D. Dissertation, Department of Economics, Wonkwang University (Korean).

KNSO (Korea National Statistical Office). 1999-2007. *Annual Report on the Marriages and Divorces Statistics*.

Kwon, Tae Whan. 2005. *A Change in Korean-Chinese Communities in China: Post 1990s*, Seoul: Seoul National University Press (Korean).

Lee, Gwang Gyu. 2002. *Korean-Chinese in a Rapid Change*. Seoul: Back San Seo Dang (In Korean).

Lee, Hye-Kyung, 1994. "The Employment of Foreign Workers: Its Impact on Labor Market." *Korean Journal of Sociology*, 28: 89-113 (Korean).

―――― 1997. "Employment of Foreign Workers in Asia Pacific Region." *Korean Journal of Sociology*, 31: 497-527 (Korean).

―――― 2003. "Gender, Migration and Civil Activism in South Korea." *Asian and Pacific Migration Journal*, 12(1-2): 127-153.

―――― 2005a. "Marriage Migration to South Korea: Issues, Problems and Responses." *Korean Journal of Population Studies*, 28(1): 73-106 (Korean).

―――― 2005b. "Changing Trends in Paid Domestic Work in South Korea." In Shirlena Huang, Brenda S. A. Yeoh, and Noor Abdul Rahman (eds) *Asian Women and Transnational Domestic Workers*. London, New York, etc.: Marshall Cavendish Academic.

―――― 2008a. "The Shift in Immigration Policy towards Expansion and Inclusion in South Korea." *Korean Journal of Sociology*, 42(2): 104-137 (Korean).

―――― 2008b. "The Role of the State in Korean Immigration Policy." Unpublished paper, presented at the International Conference on Global Migration and Multiculturalism in East Asia, November 7-8, 2008, Inchon Memorial Hall, Korea University.

―――― 2008c. "International Marriage and the State in South Korea: Focusing on Governmental Policy." *Citizenship Studies*, 12(1): 107-123.

Ministry of Justice, Korea. 1991-2008. *Annual Report on Emigration and Immigration*.

Rosenhek, Zeev. 2000. "Migration Regimes, Intra-State Conflicts and the Politics of

Exclusion and Inclusion: Migrant Workers in the Israeli Welfare State." *Social Problems*, 47(1): 49-67.

Seol, Dong Hoon. 2005. "Migrant Movements in Korea." In Yoon Soo Jonget et al. *Minority Movements in Our Times,* 69-110 (Korean).

Seol, Dong Hoon, Yun Tae Kim, Hyun Mee Kim, Hong Sik Yoon, Hye-Kyung Lee, Kyung Taek Yim, Hyun Jin and Dong Hoon Seol. 2000. "Plan for supporting Employment Permit System." *Report to Ministry of Labor* (Korean).

索　引

【A-Z】
DH　271, 272, 277
H. O. M. E.　259
Human Rights Watch　295
ILO　295
Women's Era　87

【あ行】
アイデンティティ　8, 28, 322
　　関係的――　116
　　個別的――　116
アジア人妻　233, 235
新しい金　294
柳寛順　123
育児（子どもの世話含む）　40, 58, 60
移住の女性化　202
偽りの服従　267, 276, 277
異文化適応　234, 243
移民　49
　　移民送出コミュニティ　205, 227
　　――の包摂　305
インデプス・インタヴュー　286
ウルフ　133
永安公司　163
エイジェンシー　289, 302
英雄的母親　24
エンパワーメント　206
オークレー　58, 186
オリエンタリズム　30

【か行】
外国人家事労働者　9, 226, 240
隠されたトランスクリプト　223
カースト　84, 89, 94～96
家事（労働）　8, 154～156
　　――の合理化　25, 30, 42
家事使用人（女中含む）　40, 61, 67, 70, 83, 95, 131, 155
家事実務　105～107
家政専門学校　64
家族史　85, 95, 99, 103
家族主義　27, 44, 47, 49, 109
家族レトリック　277
家庭性　38～42, 47
家庭(奥)婦女　153, 155, 166
家内性，家内領域　62
家父長制　322, 324
快楽家庭　166
学之光　117
感情の偽装　267, 277
感情労働　10, 14, 294
機会費用　188～189
偽装結婚　314
偽装された無知　277
犠牲　24, 32
「近代的賢母」と「伝統的良妻」　122
業者婚　248～250
金一葉（金元周）　118, 120
黒魔術　261, 277
ケア　8, 26, 27, 30
　　――の倫理（道徳化）　14
　　――の市場化　38～42, 51
ケアワーク
　　――の四つの要素　41
恵羅公司　163
経済的役割　157
下郷青年　167
（国際）結婚移住　202, 204, 206, 216～220, 309
月份牌　159
健康家庭　166
献身的な妻　24
顕微鏡的マイノリティ　86
ゴシップ　257, 258, 276, 277
公私の分離　75　→領域分離
公娼制度　162
公的領域　52, 81, 113～116, 119, 161, 166
国家単位制度　158
国家平等主義　161
国際移動の女性化　26

国際結婚　28～30, 201
　──（韓国の）　312
国籍法　315
国民国家　2, 9, 79, 94, 106, 110, 144, 146, 256, 257
国民性　311
コミュニティ　290
　親密の──　295
　想像の──　290～291
　連合の──　290
雇用関係　43
雇用許可制　309

【さ行】
再生産
　──のグローバル化　26
　再生産連鎖　204, 228
　再生産労働　11, 12, 37, 39, 56, 291
サバイバル　266
サボタージュ　276, 277
産業研修生制度　305～307
賛揚会　115
ジェンダー
　──・バランスシート　204
　──規範　49, 173
　──構築　178, 186～187, 192
　──の再配置　201, 207
　──不平等　176
市場代替費用　188～190
私事化（privatization）
　ケアの──　4, 9, 15
社会主義近代　20, 24, 34
（男女の）社会的役割　59
シャドウ・ワーク　12, 175, 292
弱者レトリック　277
主体　40, 42, 61, 233, 238, 231～233, 249
主婦
　受動型──　164, 169
　能動型──　164, 169
主婦化（housewifization）　21, 156
　脱──　156
出入国管理及び難民認定法　285
女学報　166
女子界　117～119
女性解放　114～118, 132, 133, 155, 157
女性的な役割　8

女性労働力率　58, 69
上海漫画　165
小説月報　165
常習的な着服　267, 276
情動性　38
植民地近代　24, 33
職業婦人　172
職場放棄　257, 276, 277
新自由主義　3, 4, 48
新女性　114, 118, 123
新新公司　163
新中間層　85, 87
申師任堂　123
親密性の労働　8～10
　──の商品化　8
人種問題　319
人身取引　294～296
セクシュアリティ　290
清潔さ　61, 65
性労働（セックスワーク）　31, 283～285, 301
性別役割分業　20, 233
全職太太　153, 155
掃除婦　67, 97, 103
ソープランド　285

【た行】
トラフィッカー　294
ドイモイ政策　179～180
多文化家族　35
多文化主義
　上からの──　323
大新公司　163
大躍進　157
男性のまなざし　169
中傷　257
柱状化　66
直接的な奮闘　220
抵抗の様式　257, 263
東方雑誌　165
同工同酬　158
道具的な役割　156

【な行】
内在的視点　8
ナショナリズム　86, 88, 109, 114

方法論的——　45
　虹口活動映画館　164

【は行】
売春防止法　284
パートタイム労働　69
半構造化インタビュー　162
バンド地区　162
表出的な役割　156
品位（の）ある仕事　84, 99
貧困の女性化　293
夫婦間の分業　66, 67
婦女回家　22, 159
婦女雑誌　166
婦人画報　166
風俗画（genre paintings）　59
福祉国家　4, 7〜9, 15, 48
福沢諭吉　116
複数の近代　20
文化大革命　157
文脈　38, 47, 49, 52, 78, 107, 114, 208, 258
　文脈化された実践　38, 56
保証金制度　221
家庭経営（ホーム・マネジメント）　83, 87, 92, 105〜107, 137
本質主義　176, 182

【ま行】
無給労働　70

無償家事労働　12, 34, 175, 179
　有償労働から——へのふりかえ　3
名誉ある解雇　65
メイド交換プラン　221, 234
モダニティ　159, 167
摩登（モダン）女性　168, 184

【は行】
花嫁保証　316
花国大統領　168
ヒンドゥーイズム　89, 92
フォーカス・グループ・インタビュー　210
フォーカス・グループ・ディスカッション
　　181, 183, 185, 210, 212〜214, 220
ホットロッダー　278

【ら行】
ライフコース　28, 56, 204, 220, 235, 289
良妻賢母（賢妻良母，賢母良妻）　16〜19, 114, 166
　——的役割　157, 168〜169
良友画報　165, 169, 174
領域分離（separate spheres）　46
ルーティン・ワーク　105
玲瓏　166, 170
礼拝六　165
レジーム　43

執筆・翻訳者紹介（執筆・翻訳順，[ ]内は担当章）

落合恵美子（おちあい　えみこ）[序章]
奥付の「編者紹介」を参照。

藍　佩嘉（らん　ぺいちゃ　Lan Pei-Chia）[第1章]
国立台湾大学社会科学院教授。
ノースウェスタン大学 Ph. D（社会学）。専攻：社会学（ジェンダー，労働），国際移動とグローバリゼーション。
主な著作："White Privileges, Language Capital, and Cultural Ghettoization: Western Skilled Migrants in Taiwan." *Journal of Ethnic and Migration Studies* 37(10): pp. 1669-1693, 2011. *Global Cinderellas: When Southeast Asian Migrant Workers Meet Newly Rich Taiwanese Families.* Taipei: Flauneur (in Chinese), 2009. "Migrant Women's Bodies as Boundary Markers: Reproductive Crisis and Sexual Control in the New Ethnic Frontiers of Taiwan." *Signs: Journal of Women in Culture and Society* 33(4): pp. 833-861, 2008.

山本理子（やまもと　みちこ）[第1章翻訳]
京都大学大学院文学研究科博士後期課程研究指導認定退学。専攻：家族社会学。主な著作：「働く母親の二重労働と性別分業を維持する循環メカニズム —— 核家族・正規雇用共働き世帯の母親の経験から」『京都社会学年報』15：87-110頁，2007年，「家庭内における非家族成員による家事の代替可能性 —— フィリピン駐在の日本人主婦のメイド雇用の実態から」（京都大学グローバル COE「親密圏と公共圏の再編成をめざすアジア拠点」GCOE ワーキングペーパー次世代研究11），2010年。

中谷文美（なかたに　あやみ）[第2章]
岡山大学大学院社会文化科学研究科教授。

オックスフォード大学大学院博士課程修了。D. Phil.(社会人類学)。専攻:文化人類学,ジェンダー論。
主な著作:『「女の仕事」のエスノグラフィ —— バリ島の布・儀礼・ジェンダー』(世界思想社,2003年),『オランダ流ワーク・ライフ・バランス —— 「人生のラッシュアワー」を生き抜く人々の技法』(世界思想社,2015年),『仕事の人類学 —— 労働中心主義の向こうへ』(共編著,世界思想社,2016年)。

押川文子(おしかわ　ふみこ)[第3章]
京都大学名誉教授。専攻:南アジア社会研究
主な著作:『学校化に向かう南アジア —— 教育と社会変容』(南出和余との共編著,昭和堂,2016),『暮らしの変化と社会変動(激動のインド第5巻)』(宇佐美好文との共編著,日本経済評論社,2015),「教育の現在 —— 分断を超えることができるか」(水島司編『変動のゆくえ(激動のインド第1巻)』,日本経済評論社,2013)。

徐　智瑛(そ　じよん　Suh Jiyoung)[第4章]
高麗大学研究教授を経て,ブリティッシュコロンビア大学アジア研究科博士課程。西江大学大学院博士課程修了。博士(韓国研究)。専攻:文化史,女性学,ジェンダーとセクシュアリティ。
主な著作:*Chendō, kyŏhŏm, yŏksa* (Gender, Experience, History), Seoul: Sogang University Press, 2004, co-authored with Cho Ok-ra, Chŏng Ji-yŏng et al.*Ichu wa traensnaesyŏnalism* (Migration and transnationalism). Seoul: bokosa, 2011, co-authored with Lee So-hŭi et al. "The Moderngirl in Colonial Korea: Female Flaneur on the Streets of Seoul in 1920–30s." *han'kuk yŏsŏnghak* [Korean Women's Studies] 22(3): pp. 199–228, 2006. "Women on the Borders of the Ladies' Quarters and the *Ginyeo* House: The Mixed Self-Consciousness of *Ginyeo* in Late *Joseon*." *Korean Journal* 48(1): pp. 136–159, 2008.

赤枝香奈子(あかえだ　かなこ)[第4章翻訳]
奥付の「編者紹介」を参照。

呉　咏梅（う　よんめい　Wu Yongmei）［第 5 章］
香港大学現代言語文化学院名誉助理教授。
北京外国語大学北京日本学研究センター准教授を経て，香港大学大学院文学研究科博士課程修了。博士（文学）。専攻：日本研究，文化人類学。
主な著作：『図像と商業文化 ―― 中国近代広告分析』（香港大学出版会，2014）。『日本映画』（北京外語教学興研究出版社，2011 年）。*The Care of the Elderly in Japan*. Routledge, 2009.『サブカルで読むセクシュアリティ ―― 欲望を加速させる装置と流通』（谷川建司・王向華と共編，青弓社，2010 年），『越境するポピュラー・カルチャー ―― リコウランからタッキーまで』（谷川建司・王向華と共編，青弓社，2009 年）。

鄭　楊（てい　よう　Zhang Yang）［第 6 章］
中国哈爾濱師範大学政治与行政学院副教授。
大阪市立大学大学院文学研究科博士課程修了。博士（文学）。専攻：教育学。
主な著作：『孤独な中国小皇帝　再考　都市家族の育児環境と子どもの社会化』（大阪公立大学共同出版会，2008 年）。

クアット・チュ・ホン（Khuat Thu Hong）［第 7 章・第 8 章］
ベトナム社会開発研究所所長。
ハノイ社会学研究所 Ph. D（社会学）。専攻：ジェンダー，家族，セクシュアリティ。主な著作：*Sexuality in Contemporary Vietnam: Easy to joke about but hard to talk about*. Hanoi: Knowledge Publishing House and VNN Publishing, 2009. "Stem Family in Viet Nam." In Antoinette Fauve-Chamoux and Emiko Ochiai (eds) *The Stem Family in Eurasian Perspective: Revisiting House Societies, 17th-20th Centuries* (Population, Family, and Society Vol. 10), Peter Lang, 2009. "Sexual Harassment in Vietnam: A New Term for an Old Phenomenon." In Drummond and Rydstrom (eds) *Gender Practices in Contemporary Vietnam*, Singapore: NIAS Press, 2004. *Traditional Family in Red River Delta*, *Vietnam*. Hanoi: Social Science Publishing House, 1998.

執筆・翻訳者紹介

ブイ・チュ・フォン（Bui Thu Huong）［第7章］
ホーチミン国立政治行政学院コミュニケーション・ジャーナリズム学院講師。ラ・トローブ大学 ARCSHS（Australian Research Centre in Sex, Health & Society）博士候補生。
ハル大学犯罪学・社会学部 MSc。専攻：ジェンダー，セクシュアリティ。
"'Let's talk about sex, baby': Sexual communication in marriage in contemporary Vietnam." *Culture, Health & Sexuality: An International Journal for Research, Intervention and Care* 12(5), Supplement 1: pp. 19-29, 2010.

リ・バック・ズン（Le Bach Duong）［第7章・第8章］
ベトナム社会開発研究所所長。
ニューヨーク州立大学ビンガムトン校 Ph. D（社会学）。専攻：国際移行，開発学，セクシュアリティ。
主な著作：*From Countryside to Cities: Socio-economic Impacts of Migration in Vietnam*, Ha Noi: Workers' Publishing House, 2011, co-edited with Nguyen Thanh Liem. *Market Transformation, Migration, and Social Protection in a Transitioning Vietnam*. Hanoi: World Publisher, 2008, co-edited with Khuat Thu Hong. *Social Protection for the Most Needy in Vietnam*. Hanoi: World Publisher, 2006, co-authored with Dang Nguyen Anh. Khuat Thu Hong, Le Hoai Trung, Robert Bach. "Transnational Migration, Marriage and Trafficking at the China-Vietnam Border." In Isabelle Attané and C. Z. Guilmoto (eds) *Watering the Neighbour's Garden: The Growing Demographic Female Deficit in Asia*. Paris: CICRED, 2007, co-authored with Danièle Bélanger and Khuat Thu Hong.

戸梶民夫（とかじ　たみお）［第7章翻訳］
京都大学大学院文学研究科 GCOE 研究員。専攻：セクシュアリティ論。
京都大学大学院文学研究科博士後期課程研究指導認定退学。
主な著作：「クイア・パフォーマティヴィティと身体変形実践——トランスジェンダーの性別移行に関する移行目標の実定化と恥の解決」『ソシオロジ』第165号，69-85頁，2009年。

ダニエル・ベランジェ (Danièle Bélanger) [第 8 章]

ラバル大学教授。
モントリオール大学 Ph. D (社会人口学)。専攻:ジェンダー,国際移動,家族,リプロダクティブ・ヘルス。
主な著作:"Labour Migration and Human Trafficking in Asia." *The American ANNALS of Political and Social Science* 653: pp. 87-106, 2014. "Precarity, Gender and Work: Vietnamese Migrant Workers in Asia." *Diversities*. 15: 1, 17-32, 2013, co-authored with Tran Giang Linh. *The Reinvention of Distinction: Modernity and the Middle Class in Urban Vietnam*. Springer/Singapore National University Press, 2012, co-edited with Van Nguyen-Marshall and Lisa B. Welch Drummond. "From Trainees to Undocumented Workers: Vietnamese Migrant Workers in Japan." *Asian and Pacific Migration Journal* 20(1): pp. 31-53, 2011, co-authored with Kayoko Ueno, Khuat Thu Hong and Emiko Ochiai. "Ethnic diversity and statistics in East Asia: 'Foreign Brides' Surveys in Taiwan and South Korea." *Ethnic and Racial Studies* 33(6): pp. 1108-1130, 2010, co-authored with Hye-Kyung Lee and Hongzen Wang. *Reconfiguring Families in Contemporary Vietnam*. Stanford: Stanford University Press, 2009, co-edited with Magali Barbieri.

チャン・ジャン・リン (Tran Giang Linh) [第 8 章]

ベトナム社会開発研究所シニア・リサーチャー
ウェスタン・オンタリオ大学 MA (社会学)。専攻:ジェンダー,国際移動,開発。
主な著作:"Impact of Migration on Rural Place of Origin." In Le Bach Duong and Nguyen Thanh Liem (eds) *From Countryside to Cities: Socio-economic Impacts of Migration in Vietnam*, Ha Noi: Workers' Publishing House, 2011, co-authored with Nguyen Thi Phuong Thao. "Marriage Migrants as Emigrants: Remittances of Marriage Migrant Women from Vietnam to their Natal Families." *Asian Population Studies* 7(2): pp. 89-105, 2011, co-authored with Danièle Bélanger and Le Bach Duong. "The Impact of Transnational Migration on Gender and Marriage in Sending Communities of Vietnam." *Current Sociology* 59(3): pp. 1-20, 2011, co-authored with Danièle Bélanger.

髙谷　幸（たかや　さち）［第 8 章翻訳］
岡山大学大学院社会文化科学研究科准教授。
京都大学大学院人間・環境学研究科博士課程修了。博士（人間・環境学）。専攻：社会学。
主な著作：「脱出のプロセスのなかで」『非正規滞在者と在留特別許可』（近藤敦・塩原良和・鈴木江理子編, 日本評論社, 2010 年），「第三の道」『現代社会論のキーワード』（佐伯啓思・柴山桂太編, ナカニシヤ出版, 2009 年）。

郝　洪芳（かく　こうほう　Hao Hongfang）［第 9 章］
京都大学大学院文学研究科博士後期課程。専攻：社会学。
主な著作："A Tale of a Global Family: Shifts and Connections among Different Streams of Marriage Migrations in Asia" *Cross-Currents: East Asian History And Culture Review* (No.15), 9–29, 2015.6.

上野加代子（うえの　かよこ）［第 10 章］
徳島大学大学院ソシオ・アーツ・アンド・サイエンス研究部教授。
大阪市立大学大学院生活科学部博士課程単位取得退学。博士（学術）。専攻：社会問題の社会学。
主な著作：『アジアの出稼ぎ家事労働者 —— 国境を越える女たち』（世界思想社, 2011 年），『21 世紀アジア家族』（落合恵美子と共編, 明石書店, 2006 年）。"Strategies of Resistance among Filipina and Indonesian Domestic Workers in Singapore." *Asian and Pacific Migration Journal* 18(4): pp. 497–517, 2009. "Identity Management among Indonesian and Filipina Migrant Domestic Workers in Singapore." *International Journal of Japanese Sociology* (Japan Sociological Society) 19: pp. 82–97, 2010.

青山　薫（あおやま　かおる）［第 11 章］
神戸大学大学院国際文化学研究科教授。
エセックス大学社会学部大学院博士課程修了。Ph. D（社会学）。専攻：社会学, ジェンダー / セクシュアリティ・スタディーズ, 移住研究。
主な著作：『「セックスワーカー」とは誰か —— 移住・性労働・人身取引の構造

と経験』(大月書店,2007年)。*Thai Migrant Sex Workers from Modernisation to Globalisation.* Basingstoke and New York: Palgrave and Macmillan, 2009.

李　惠景(い　へぎょん　Lee Hye-Kyung)[第12章]
培材大学社会学・公共行政学科教授
カリフォルニア大学ロサンゼルス校 Ph. D (社会学)。専攻：社会学(国際移動，トランスナショナル・コミュニティ，ジェンダーと労働)。
主な著作："Family Migration Issues in the North East Asian Region." In International Organization for Migration, *World Migration Report 2010 Background Paper*, 2010. "Preference for Co-ethnic Groups in Korean Immigration Policy: A Case of Ethnic Nationalism?" *Korea Observer* 41(4): pp. 559-591, 2010. "International Marriage and the State in South Korea: focusing on governmental policy." *Citizenship Studies* 12(1): pp. 107-123, 2008. *Migrant Workers in Korea*. Seoul: Center for Future Human Resource Studies (in Korean), 1998, co-authored with Kiseon Jung, Soodol Kang, Donghoon Seol, and Hyunho Seok. *Migrant Workers and Korea's Economic Crisis*. Seoul: Center for Future Human Resource Studies (in Korean), 2003, co-authored with Hyunho Seok, Kiseon Jung, Jung Whan Lee, and Soodol Kang.

辻　由希(つじ　ゆき)[第12章翻訳]
東海大学政治経済学部准教授。
京都大学大学院法学研究科博士課程修了。博士(法学)。専攻：ジェンダー政治論。
主な著作：「選挙キャンペーンにみるジェンダーと政治 ── 衆議院選挙候補者の有権者認識，選挙戦略，ジェンダーアピールの比較分析 (1) (2) (3・完)」『法学論叢』160巻2号：59-88頁，161巻3号：72-108頁，161巻4号：94-119頁，2006-2007年，「ジェンダーと代表/表象 (representation) ──『月刊自由民主』と衆議院選挙公報にみる女性の政治的代表」『年報政治学』2010年II号：127-150頁，2010年。

[編者紹介]

落合恵美子（おちあい えみこ）
京都大学大学院文学研究科教授。
東京大学大学院社会学研究科博士課程単位取得退学。専攻：家族社会学。
主な著作：『21世紀家族へ――家族の戦後体制の見かた・超えかた（第3版）』（有斐閣，2004年），『アジアの家族とジェンダー』（共編，勁草書房，2007年），『親密圏と公共圏の再編成』（編著，京都大学学術出版会，2013年）。
Asia's New Mothers: Crafting Gender Roles and Childcare Networks in East and Southeast Asian Societies. Folkestone: Global Oriental, 2008, co-edited with Barbara Molony.

赤枝香奈子（あかえだ かなこ）
筑紫女学園大学現代社会学部現代社会学科講師。
京都大学大学院文学研究科博士後期課程研究指導認定退学。博士（文学）。専攻：ジェンダーとセクシュアリティの社会学。
主な著作：『近代日本における女同士の親密な関係』（角川学芸出版，2011年），『セクシュアリティの戦後史』（共編，京都大学学術出版会，2014年）。

（変容する親密圏／公共圏　2）
アジア女性と親密性の労働　　　　　© E. Ochiai and K. Akaeda 2012

2012年2月24日　初版第一刷発行
2016年5月20日　初版第二刷発行

編　者　　落合恵美子
　　　　　赤枝香奈子
発行人　　末原達郎
発行所　　京都大学学術出版会
　　　　　京都市左京区吉田近衛町69番地
　　　　　京都大学吉田南構内（〒606-8315）
　　　　　電話（075）761-6182
　　　　　FAX（075）761-6190
　　　　　Home page http://www.kyoto-up.or.jp
　　　　　振替 01000-8-64677

ISBN 978-4-87698-574-6　　　印刷・製本　㈱クイックス
Printed in Japan　　　　　　定価はカバーに表示してあります

本書のコピー，スキャン，デジタル化等の無断複製は著作権法上での例外を除き禁じられています。本書を代行業者等の第三者に依頼してスキャンやデジタル化することは，たとえ個人や家庭内での利用でも著作権法違反です。